# 中亚五国竞争法律制度研究

郭学兰　邱天　买小芳　著

九州出版社　全国百佳图书出版单位

**图书在版编目（CIP）数据**

中亚五国竞争法律制度研究 / 郭学兰，邱天，买小
芳著. -- 北京 : 九州出版社，2024.6
ISBN 978-7-5225-2984-4

Ⅰ. ①中… Ⅱ. ①郭… ②邱… ③买… Ⅲ. ①反不正
当竞争－经济法－研究－中亚 Ⅳ. ①D936.022.9

中国国家版本馆CIP数据核字(2024)第109583号

## 中亚五国竞争法律制度研究

| | |
|---|---|
| 作　　者 | 郭学兰　邱天　买小芳　著 |
| 出版发行 | 九州出版社 |
| 责任编辑 | 肖润楷 |
| 地　　址 | 北京市西城区阜外大街甲 35 号（100037） |
| 发行电话 | (010)68992190/3/5/6 |
| 网　　址 | www.jiuzhoupress.com |
| 印　　刷 | 北京九州迅驰传媒文化有限公司 |
| 开　　本 | 720 毫米 ×1020 毫米　16 开 |
| 印　　张 | 17.25 |
| 字　　数 | 240 千字 |
| 版　　次 | 2024 年 5 月第 1 版 |
| 印　　次 | 2024 年 6 月第 1 次印刷 |
| 书　　号 | ISBN 978-7-5225-2984-4 |
| 定　　价 | 62.00 元 |

本书由伊犁师范大学学术著作出版基金资助出版。

本书由伊犁师范大学法学院重点学科经费资助出版。

本书为伊犁师范大学中国与周边国家合作发展研究中心课题成果，
项目编号：2015ZBGJZX08。

# 前　言

　　随着经济全球化的发展，中国与世界其他国家的经济贸易往来不断增多。2013 年 9 月和 10 月中国国家主席习近平分别提出建设"新丝绸之路经济带"和"21 世纪海上丝绸之路"的合作倡议，[①] 合称为"一带一路"倡议。2013—2022 年，中国与"一带一路"共建国家进出口总额累计达到 19.1 万亿美元，年均增长 6.4%；与共建国家双向投资累计超过 3800 亿美元，其中中国对外直接投资超过 2400 亿美元。[②] 截至 2023 年 6 月底，中国与 150 多个国家、30 多个国际组织签署了 230 多份共建"一带一路"合作文件。2023 年 11 月 24 日，中国发布共建"一带一路"未来十年发展展望。[③] 中亚作为"一带一路"的首倡地与核心区域、世界上最大的内陆国和双内陆国所在地区、中国西出的首站，是中国联通亚欧、在"丝绸之路经济带"上开展经济合作的重点对象之一；中国作为中亚国家的邻国和最早与中亚国家建交的国家之一，也是中亚国家走向海洋和东南亚、东北亚的重要通道。

　　在此背景下，为更好地帮助跨国企业了解和熟悉中亚五国的投资营商环境，熟悉中亚五国竞争法律体系，本书分别从哈萨克斯坦、塔吉克斯坦、乌兹别克斯坦、吉尔吉斯斯坦、土库曼斯坦五国竞争法历史发展背景和现

---

　　① 　http://theory.people.cn/n1/2018/0226/c40531-29834263.html，最后访问时间：2023 年 12 月 11 日 22:30:03.

　　② 　https://baijiahao.baidu.com/s?id=17796665748073650905&wfr=baike，最后访问时间：2023 年 12 月 11 日 22:32:09.

　　③ 　https://www.jiemian.com/article/10308945.html，最后访问时间：2023 年 12 月 11 日 22:34:00.

状、立法主要内容、立法依托的理论依据以及与中国竞争法律体系的比较几个方面系统地阐释分析中亚五国竞争法律体系与中国竞争法律体系的不同，点明了中国竞争法律制度较为系统、全面、完善的优势以及中亚五国对中国竞争法律体系可以借鉴的地方，以便跨国企业在进行投资时更加精确地进行风险评估，在跨国贸易过程中更加系统地处理经济纠纷，有效防范各类风险，提升企业国际化经营能力和水平，应对各类风险和挑战。

2021 年被称为中国针对数字平台经济反垄断执法的元年。继国务院反垄断委员会发布《国务院反垄断委员会关于平台经济领域的反垄断指南》（以下简称《平台经济反垄断指南》）后，国家市场监督管理总局先后对多家互联网巨头进行了反垄断执法并作出处罚。随后，《中华人民共和国反垄断法》于 2022 年 8 月 1 日起施行，而国家市场监督管理总局于 2022 年 11 月 22 日发布关于公开征求《中华人民共和国反不正当竞争法（修订草案征求意见稿）》意见的公告，拉开了《反不正当竞争法》新一轮修订的序幕。近几年来，我国竞争法无论是从立法动态、学科建设还是司法实践方面都进入了新的阶段，因此，新的桎梏、新的挑战层出不穷。为深化对竞争法的认知，笔者和笔者的研究生们借助于伊犁师范大学所在地毗邻霍尔果斯市中哈边境等不可替代的区位优势，决定对处于转型时期的中亚五国竞争法进行查找、翻译和研究。力求通过对外国竞争法律文本的研究和借鉴，为我国新阶段竞争法领域的理论研究和实务经验提供丰富的立法实践范本和绵薄裨益。

本书主要研究对象为中亚五国的竞争法律制度，文本内容具备即时性、准确性与系统性。本书以中亚五国市场经济发展进程为背景，分析五国竞争法律制度的形成与发展，法律制度的理论依据及法律条文的内涵、外延及适用。笔者首先分析了中亚五国建立竞争法律制度的历史背景。从中亚五国的国情出发，论述了五国在 1991 年独立以后，实行了从计划经济到市场经济的转型，市场经济的发展与对外开放，使五国面临建立竞争法律制度的需求；较为详细地论述了中亚五国竞争法律的制定过程、主要内容和实施情况；对五国间竞争法律制度进行了比较分析。

我们认为，五国的竞争法的维度评价如下表 0-1 所示：

表 0-1　中亚五国竞争法维度评价表

| 国家 | 竞争法立法体例 | 发展沿革过程 | 评价 |
|---|---|---|---|
| 哈萨克斯坦 | 合并立法 | 从 1991 年带有计划经济色彩的竞争法立法模式，到 2001 年扩大范围并与国际逐步接轨的重新修订，经过 2006 年和 2008 年的曲折前进，再逐步过渡到相对前述竞争法较为完备且更新至今的《哈萨克斯坦共和国企业法典》。 | 颁布竞争法相对其他四国比较早，且当前竞争法制度相对比较完善。对于国有企业的竞争监管、处罚力度、反垄断合规、商品定价监管等方面均有了实时更新和发展，还通过宪法修正案和第五套反垄断法案，进一步减少国家干预，消除竞争发展的阻碍。 |
| 塔吉克斯坦 | 合并立法 | 在外国专家的帮助下，该国 2000 年 11 月 29 日颁布实施的《关于大宗商品市场竞争和限制垄断活动》虽然为其自身奠定了最初的法律基础，确立了合并立法的体例，竞争法既监管垄断行为，也规范不正当竞争行为。但受限于国内政治环境并未能得到良好实施，2006 年的立法旨在清晰化具体化前述立法，并为商品市场的有效运作创造条件，直至 2017 年《保护竞争法》才进一步完善。 | 独立后的新法律和其他法案通过之前，苏联的法律和其他法令一直适用，竞争法发展在中亚五国中相对缓慢，对于违反反垄断法律的责任至今仍不甚明晰。塔吉克斯坦的许多法律，特别是被认为在经济发展中发挥重要作用的法律，都是在外国法律专家的协助下制定的。 |
| 乌兹别克斯坦 | 合并立法 | 从 1998 年通过《乌兹别克斯坦共和国垄断政策和竞争法》以来，利用法律修订和竞争法政策委员会不断加以完善，最终在 2012 年才废止该部法律，采用了新的《乌兹别克斯坦共和国竞争法》，旨在不断适应经济变化，推动乌兹别克斯坦市场的竞争和经济多样化，并确保企业和消费者享有公平和公正的条件。而该部法律也在十一年后的 2023 年 10 月为晚近所生效的最新《乌兹别克斯坦共和国竞争法》所取代。 | 作为一个独立以来经济体制转型并不断推进市场经济改革的独立国家，对于竞争法立法的更新在中亚五国中相对保守。2023 年的《乌兹别克斯坦共和国竞争法》进一步推动了该国的数字化转型和数字经济建设。 |

| 国家 | 竞争法立法体例 | 发展沿革过程 | 评价 |
|---|---|---|---|
| 吉尔吉斯斯坦 | 从分立到合并立法 | 于 1994 年为推进市场经济改革而以合并式立法的方式颁布第一部竞争法，并通过 1999 年《吉尔吉斯共和国自然和允许垄断法》来补足该部法律的缺陷。经过数次修订后，该国最终于 2011 年 10 月颁布新竞争法《关于竞争》，在 6 次修改后命名为《吉尔吉斯共和国竞争法》，并最终于 2022 年基本形成了该国的竞争法体系。 | 主要以法律修订来弥补彼时立法存在的内生缺陷，竞争法律体系形成时间较晚。 |
| 土库曼斯坦 | 未形成体系，散见于部门法中 | 到目前为止，只有部长内阁职权、保障食品安全规定、对食品安全与质量的专门规定、行业协会法、农业发展监管规定、企业法、消费者保护与合作规定、创新活动法、关于建立国家农业股份公司的决议对竞争法相关内容有所规定。 | 由于政治体制高度集权、民生与人权保障制度匮乏、治理体系存在系统性问题、经济发展和市场竞争环境呈现颓势，并未形成完整的竞争法体系。 |

　　通过比较分析，哈萨克斯坦的竞争法制度相对较为完善，乌兹别克斯坦和土库曼斯坦的竞争法制度发展相对滞后；从共性看，五国竞争法律在政府管制经济的影响下，对自然垄断行业的规制较弱；五国在 20 世纪 90 年代陆续制定了竞争法，以规范市场经济秩序；竞争法主要规定了反竞争协议、市场支配地位滥用以及企业兼并的审查制度，并设立了相应的竞争执法机构；但各国竞争法实施中也存在监管力度不足、竞争文化建设缓慢等问题。笔者通过分析五国的竞争法律框架、竞争机构建设和竞争政策实践，分析了各国与中国在竞争法律制度方面的异同之处；通过比较分析各国在竞争政策、反垄断法、市场监管等方面的差异，探讨各国在依法促进经济发展和保护市场竞争方面所面临的挑战。

　　由于作者局限的认知和相关译本的缺少，本书在内容阐述、观点表达等方面或许会出现一些疏漏或不足之处。在此，我们诚挚地欢迎读者朋友们能够不吝赐教，对书中的问题和错误给予指正和建议，以帮助我们不断完善和提升本书的质量和价值，从而让这本书能够更好地为大家服务。

# 目　录

# 第一章　哈萨克斯坦竞争法律制度研究

## 第一节　哈萨克斯坦竞争法的研究背景及意义

### 一、哈萨克斯坦是我国的重要贸易伙伴

哈萨克斯坦横跨欧亚大陆，是世界上面积最大的内陆国，国土面积居世界第九位。哈萨克斯坦西部濒临里海，北部与俄罗斯连接，南部与乌兹别克斯坦、土库曼斯坦和吉尔吉斯斯坦接壤，东部与中国毗邻。哈萨克斯坦自然资源丰富，尤其是油气及矿产资源非常丰富，有着"能源和原材料基地"之称。哈萨克斯坦已探明石油储量居世界第七位、独联体第二位。根据哈萨克斯坦储量委员会公布的数据，目前哈萨克斯坦石油可开采储量40亿吨，天然气可开采储量3万亿立方米，已经探明的矿藏90多种。作为苏联的加盟共和国之一，虽然自苏联解体之后，哈萨克斯坦曾因相对滞后的工业基础和经济体制导致国内GDP连年递减，但依托于丰富的自然资源和良好的农业基础，自20世纪90年代末起，哈萨克斯坦经济发展增速开始日趋稳定，目前已成为中亚地区最大经济体之一。作为独联体国家之一，除其他独联体成员国外，俄罗斯、中国、意大利、荷兰等都是哈萨克斯坦较重要的贸易伙伴。2022年，哈萨克斯坦对外贸易总额为1344亿美元，其中出口844亿美元，进口500亿美元。2022年，中哈双边贸易额311.7亿美元，同比增长23.6%。2023年上半年双边贸易额182.5亿元，同比增长

26.8%。[①]

## 二、哈萨克斯坦广阔的投资前景

哈萨克斯坦自 1991 年独立至今持续致力于加快经济发展和民生改善。该国的经济以油气工业和农业为主，近年来也不断推动工业化进程，不断引进技术和资本促进本国产业升级。哈萨克斯坦积极参与世界经济秩序调整和全球经济整合进程，坚定支持多边贸易体制，推进"一带一路"建设等开放合作倡议，为发展自身经济注入新的动力。哈萨克斯坦的国民经济重点行业包括采矿业、加工业、建筑业、农业等，外国直接投资则主要集中在采矿业、制造业、批发和零售贸易、电力、交通、电子信息等领域。近年来，哈萨克斯坦政府陆续修订并发布了哈萨克斯坦《2025 年前国家发展战略规划》《2020—2025 年产业和创新发展国家规划纲要》等一系列政策方针，计划引入全新的经济增长模式，通过提高生产率和经济复杂度、开发人力资本、鼓励民间资本、激发地方发展潜力等手段，立足于发展出口型生产。在此基础上，除传统能源行业外，哈萨克斯坦政府大力提倡促进电力、交通、通信等领域的发展，为外国投资者提供了极具潜力的市场机会。

## 三、哈萨克斯坦竞争法的研究意义

哈萨克斯坦与中国的友好关系源远流长，在政治、经济等领域一直保持着密切的合作关系。近年来，两国之间的经贸合作得到了迅速发展，特别是在"一带一路"框架下，两国之间的经济和贸易往来日益频繁。中国是哈萨克斯坦的第一大贸易伙伴，而哈萨克斯坦则是中国在中亚地区的重要战略合作伙伴。此外，在文化、教育等领域，两国也展开了广泛合作，有着深入而友好的交往（如表 1–1 所示）。

---

① 中华人民共和国商务部官方网站，http://kz.mof.com.gov.cn/article/jmxw/202302/ 20230 203385031.shtml，最后访问时间：2023 年 12 月 5 日.

表 1-1 哈萨克斯坦与中国双边文件签署与政策变化表 ①

| 日期 | 双边文件 | 政策变化 |
|---|---|---|
| 1992 年 1 月 3 日 | 《中华人民共和国和哈萨克斯坦共和国建交联合公报》 | 两国正式建立大使级外交关系，互派驻大使，标志两国关系全面正常化。 |
| 2002 年 12 月 23 日 | 《中华人民共和国和哈萨克斯坦共和国睦邻友好合作条约》 | 将双边关系提升为睦邻友好合作伙伴关系，确立互利合作与睦邻友好的基本方针。 |
| 2011 年 6 月 13 日 | 《中华人民共和国和哈萨克斯坦共和国关于发展全面战略伙伴关系的联合声明》 | 将双边关系提升为全面战略伙伴关系，确定在国际事务中加强战略协作。 |
| 2013 年 9 月 7 日 | 《中华人民共和国和哈萨克斯坦共和国关于进一步深化全面战略伙伴关系的联合宣言》 | 中国提出"一带一路"倡议，双方决定以此为契机深化互联互通、贸易投资等领域合作。 |
| 2015 年 8 月 31 日 | 《中华人民共和国和哈萨克斯坦共和国关于全面战略伙伴关系新阶段的联合宣言》 | 双边关系进入新阶段，决定加强产能合作，实现合作更高水平。 |
| 2016 年 9 月 2 日 | 《中哈丝绸之路经济带与光明之路对接合作规划》 | "一带一路"倡议与"光明之路"战略正式对接，推进基建、贸易、产能等领域合作。 |
| 2017 年 6 月 8 日 | 《中华人民共和国和哈萨克斯坦共和国联合声明》 | 高度评价双边关系持续健康发展，决定继续深化各领域务实合作。 |
| 2019 年 9 月 11 日 | 《中华人民共和国和哈萨克斯坦共和国关于建立永久全面战略伙伴关系的联合声明》 | 双边关系提升为永久全面战略伙伴关系，构建命运共同体。 |
| 2022 年 9 月 14 日 | 《中华人民共和国和哈萨克斯坦共和国建交 30 周年联合声明》 | 双边关系具有独特性和战略性，决定构建世代友好的命运共同体。 |
| 2023 年 5 月 17 日 | 《中华人民共和国和哈萨克斯坦共和国联合声明》 | 决定进一步提升双边关系水平，深化经贸、人文等合作内涵。 |

　　总体而言，哈萨克斯坦在不断推进经济发展和社会进步的同时，积极参与国际交流和合作，致力于成为中亚地区的稳定引领者和重要经济合作伙伴。中哈关系在不断发展，未来双方可以在贸易投资、基础设施建设、

---

　　① 文件名称与内容引用于中华人民共和国商务部官方网站，http://search.mof.com.gov.cn/allSearch/?siteId=0&keyWordType=title&acSuggest=%E5%93%88%E8%90%A8%E5%85%8B%E6%96%AF%E5%9D%A6，最后访问时间：2023 年 9 月 3 日．

能源合作和文化交流等方面继续拓展深化合作，共同推进两国发展和地区繁荣。

哈萨克斯坦竞争法在三十余年的发展历程中几经更迭（如表1-2所示）。从1991年起，哈萨克斯坦竞争法经历多个版本修订，在反垄断执法方面持续完善，但也存在一定历史局限性，整体反映了从计划经济向市场经济转型的过程，近年来进一步加强了对数字经济、自然垄断行业的监管力度，并于2015年制定《企业法典》，较为系统地将反不正当竞争法和反垄断法合并立法。

表1-2　哈萨克斯坦竞争法历史演进表

| 时间 | 法律文件 | 内容变化及评价 |
| --- | --- | --- |
| 1991年6月 | 《哈萨克苏维埃社会主义共和国发展竞争和限制垄断活动法》 | 哈萨克斯坦第一部竞争法，对传统的反竞争行为和政府行政部门实施的反竞争行为进行限制，推动了市场发展和私营企业繁荣。 |
| 2001年1月 | 《哈萨克斯坦共和国有关竞争和限制垄断活动法》 | 取代《哈萨克苏维埃社会主义共和国发展竞争和限制垄断活动法》，反垄断执法机构相对独立，但实施中也存在问题，如对特定企业实施价格监管。 |
| 2006年7月 | 《哈萨克斯坦共和国保护竞争和限制垄断活动法》 | 被认为是竞争法历史上最差的法律之一，没有达到预期效果。 |
| 2007年7月 | 对2006年的《保护竞争和限制垄断活动法》进行修改 | 废除了部分不合理的价格监管规定，但仍存在选择性监管。 |
| 2008年12月 | 《哈萨克斯坦共和国反垄断法》 | 补充和强化了发展中小企业、保护民族工业以及使哈萨克斯坦经济顺利融入国际经济体系等方面的内容；规定了国家参与经营活动的形式和依据，禁止某些利益集团干扰反垄断执法部门的工作；界定了反垄断部门及其他协调部门的执法权限；强调了反垄断执法部门执法的程序性，以避免反垄断机构滥用职权随意执法检查；赋予了市场实体拒绝反垄断机构随意性执法的权力。 |

续表

| 时间 | 法律文件 | 内容变化及评价 |
|---|---|---|
| 2015 年 10 月 | 《哈萨克斯坦共和国企业法典》 | 哈萨克斯坦司法部登记《哈萨克斯坦共和国企业法典》(以下称《企业法典》),作为竞争法的主体部分,加强了数字市场和自然垄断行业监管。《企业法典》规定了与竞争有关的问题,如卡特尔协议和不公平竞争。竞争保护和发展署负责审查与竞争有关的交易,对自然垄断的监管仍由国民经济部负责。 |
| 2021 年 7 月 | 《哈萨克斯坦共和国竞争发展法》 | 哈萨克斯坦议会下院审议《竞争发展法》草案,减少国家对企业经营干预,确保企业平等获得国家支持。 |
| 2022 年 1 月 | 《法律修正案》 | 总统签署法律修正案,引入了新的反垄断概念和最佳做法,包括反垄断合规。在 2022 年 1 月的活动之后,政府成立了取消垄断委员会,旨在减少垄断在经济中的作用,并就政府现在认为已被非法私有化的资产可能的国有化提供政策建议。 |
| 2023 年 7 月 | 《哈萨克斯坦共和国企业法典》 | 哈萨克斯坦《企业法典》再次修订,加大反垄断执法力度,提高违法成本。 |

在"一带一路"倡议提出的十周年背景下,中哈合作持续深化,两国人民关系进一步加深,研究哈萨克斯坦竞争法具有重要的政治和经济意义。

了解哈萨克斯坦市场经济发展进程和法治建设,有助于更好认识其政治和经济发展方向;其竞争法发展历程是从该国计划经济向市场经济转型的缩影,反映了哈萨克斯坦在建设市场经济和法治方面进行的各种探索和努力。通过竞争法的角度可以判断哈萨克斯坦在经济体制改革中积极引入竞争机制的程度,以及政府调控和市场力量之间的关系转变。这有助于更全面地考察哈萨克斯坦的政治和经济发展路径,对于中国在"一带一路"背景下加强与哈萨克斯坦的沟通与合作具有重要意义。

研究哈萨克斯坦的竞争法律制度,可以洞察其在经济政策上与市场经济原则的契合度,判断其改革开放程度。哈萨克斯坦的竞争法发展可以看出，其在经济政策上逐步与市场经济原则接轨，如引入"禁止垄断""保护公平竞争"等概念。但是其竞争法制建设也存在局限性，反映了从计划经济转型的过程中不可避免的痕迹。通过竞争法制的研究，可以比较全面地判断哈萨克斯坦市场化改革的深度和广度，考察其在不同经济领域开放程度的差异，为中哈经贸关系提供背景分析。

通过竞争法研究，可以判断哈萨克斯坦政府对公平竞争与企业活力之间平衡的态度和政策取向。哈萨克斯坦的竞争法在维护市场公平竞争的同时，也体现出政府对企业发展活力的高度关注。例如，在特定行业采取差异化的竞争政策与监管方式。这反映出哈萨克斯坦在引入市场竞争的同时，也强调促进企业发展与保护就业。通过研究不同时期的竞争法，可以看出哈萨克斯坦在公平竞争与企业活力之间权衡的态度变化，这有助于中国企业更好理解哈萨克斯坦的政策取向，做出投资决策。

同时，哈萨克斯坦竞争法律制度的研究有助于评估哈萨克斯坦营商环境透明度与公平竞争程度，为双边经贸合作提供政策依据。哈萨克斯坦竞争法的发展状况直接影响其营商环境的公平开放程度。竞争法律的健全性决定了市场主体是否存在公平竞争的机会。同时，竞争法的执法力度也影响外资企业面临的竞争环境。通过研究可以判断哈萨克斯坦不同行业和领域的市场开放程度及公平竞争水平。这为双方企业正确评估哈萨克斯坦的投资环境，制定市场战略提供政策依据，也可以为双方政府深化经贸合作谈判提供分析支持。

了解哈萨克斯坦的竞争法制与执法情况，有助于判断其市场开放度与投资环境。哈萨克斯坦的竞争法制是否健全直接影响其市场的总体开放程度。竞争法明确规定了市场准入规则，如反垄断条款的设置直接影响外资进入市场的难易程度。另外，竞争法的执法力度也决定法律是否得到有效执行。如果执法力度不足，即使法律制度先进，也难以营造公平竞争环境。因此，研究竞争法有助于准确判断哈萨克斯坦市场的开放程度和外资投资环境。

研究哈萨克斯坦的反垄断政策，可以判断其对外资企业进入市场的态度。哈萨克斯坦的反垄断政策直接关系到外资企业能否参与竞争和进入该国市场。如果反垄断法过于宽松，容易产生本地企业充分利用垄断地位排挤外资企业的情况。反之，则会影响外企进入市场。因此，研究反垄断法的执法态度，可以判断哈萨克斯坦对外资进入市场敞开大门还是设限的政策取向，可以评估哈萨克斯坦市场公平竞争环境，为双边贸易投资合作提供参考，这对外企正确定位市场战略至关重要。哈萨克斯坦竞争法的效力直接决定了其国内市场的公平竞争程度，这会影响外国商品和投资是否可以在公平环境下开展活动。如果竞争法不健全或执行力度弱，外国企业将面临不公平的市场环境。研究哈萨克斯坦竞争法有助于判断哈萨克斯坦市场的公平竞争状况，这对双边贸易投资的开展具有直接影响。只有在公平竞争基础上，中哈两国双边经济合作才能持续发展。

研究哈萨克斯坦竞争法的演变，可以洞察其经济体制改革进程，判断未来的发展趋势。哈萨克斯坦竞争法的发展变化反映了其经济体制转型的进程。从最初的竞争法到后来反垄断法的完善，标志着市场化程度的提升。未来哈萨克斯坦竞争法法制是否继续改进，直接关乎其经济改革方向。如果竞争法转向强调政府干预，则经济可能回落；若继续强调公平竞争，将促进经济持续开放。因此，研究竞争法演变趋势，可以洞察哈萨克斯坦经济发展的前景。

对哈萨克斯坦竞争法律制度的研究可以发现其市场潜在机会，为中哈双方企业进一步拓展合作提供依据。研究哈萨克斯坦的竞争法状况，可以发现其国内市场中存在哪些潜在机会。例如某些领域竞争不充分，可以有进一步投资空间。又或者反垄断法使得某些垄断企业地位被削弱，也为外资进入哈萨克斯坦国内市场创造机会。这些对竞争法制的研究，可以协助双方企业深入分析哈萨克斯坦国内市场，找到竞争空白点，从而拓展双边投资与经贸合作。

## 第二节　哈萨克斯坦竞争法的发展沿革

哈萨克斯坦竞争法制度是以《哈萨克斯坦宪法》中规定的"任何垄断活动受法律监管和限制"为依据的。自独立以来，哈萨克斯坦以宪法规定为依据，共颁布实施了四部竞争法和一部《企业法典》。

### 一、《哈萨克苏维埃社会主义共和国发展竞争和限制垄断活动法》

哈萨克斯坦第一部竞争法是 1991 年 6 月 11 日颁布的《哈萨克苏维埃社会主义共和国发展竞争和限制垄断活动法》（以下简称"1991 年《竞争法》"）。这是哈萨克斯坦制定的第一部反垄断立法，开启了该国反垄断法律建设的历史进程，为后续立法奠定了基础。1991 年的《关于发展竞争和限制垄断活动的法律》是参照西欧立法而制定的，其基础是通过制止滥用垄断来控制垄断。与此同时，哈萨克斯坦政府还宣布该法的目标是刺激企业家精神，包括遥过企业的解体（取消垄断）。为此目的，哈萨克斯坦反垄断机构被授予向国家当局和行政部门、组织和管理机构以及市场实体发出强制性禁令，要求重组垄断的组织和行政机构，并要求分解（分离）占支配地位的市场实体。[①] 此外，该法还宣布公共当局和行政部门通过的反竞争法以及这些机构和市场实体的反竞争协议无效。这部法律赋予了政府监管企业反竞争行为的权力，明确了政府有权对企业的垄断行为进行监督和制裁，这一进步打破了原来国企的竞争特权；引入了现代市场经济的竞争理念，规定了反竞争行为类型，体现了维护市场公平竞争的价值理念，有利于引导企业竞争理念转型；推动了国有企业改革进程，促使国企提高经营效率、降低成本，以适应市场竞争；鼓励了私营企业的发展壮大。为私企发展提供了相对公平的竞争环境，有利于激发私营经济活力，促进私企数量和规

---

① 该说法来源于哈萨克斯坦 2021 年竞争政策发展年度报告，https://one.oecd.org/document/DAF/COMP/AR(2022)47/en/pdf.

模增长；带动商品市场化进程。反垄断立法的实施，使商品流通走向市场化，价格也由政府指令向市场调节机制转变；推动了要素市场的发展，有利于劳动力、土地等要素市场的形成，资源配置更趋优化。

1991 年《竞争法》具有明显的历史进步意义，推动了哈萨克斯坦早期的市场经济发展，但其也存在历史局限性，主要体现于以下几个方面。

第一，计划经济体制的约束。1991 年，哈萨克斯坦刚独立，长期的计划经济体制对国民经济和社会结构造成深刻影响。政府主导资源配置，企业缺乏竞争意识，这些都对实施市场经济体制及竞争制度形成障碍。

第二，不完善的市场体系。商品市场化程度不高，多数产品仍由国有企业垄断，缺乏市场竞争。要实施竞争法需要有大量独立市场主体，这仍是空白。同时，金融、劳动力等要素市场也不顺应竞争需求。

第三，模糊的企业产权制度。虽然哈萨克斯坦国内的竞争政策实施是国有企业主导，但产权关系不明晰。这导致国企主导地位合法性难以判断，也为利用公权力限制竞争留下空间。明晰产权是实施竞争政策的基础。

第四，监管体系的缺失。法律虽设立反垄断委员会，但缺乏独立法人地位。调查权、处罚权都较弱，且易遭行政干预。没有建立专业化的反垄断执法机构。

第五，决策者意识形态的制约。决策层对市场经济认识还不到位，重视扩大政府干预而非建立竞争秩序。立法也带有一定计划经济色彩，不完全符合市场规律。

第六，司法体系不独立，执法难度大。司法系统处理经济纠纷容易受政府影响。且证据规则不健全，不利于反垄断执法。这都削弱了法律实施效果。

第七，配套法规不足。此法仅针对商品市场竞争，没有形成竞争政策与经济体制改革之间的协调配合，效果大打折扣。

因此，该法律在当时历史条件下执法和司法必然面临种种困境。

## 二、2001 年《哈萨克斯坦共和国有关竞争和限制垄断活动法》

1995 年的《哈萨克斯坦共和国宪法》没有禁止垄断活动，而是规定法律管制和限制垄断活动，禁止不正当竞争。在 1998 年，哈萨克斯坦通过了第一部综合性法规，统一了防止、发现和制止不正当竞争的规范——这就是《哈萨克斯坦共和国反不正当竞争法》。该部法律在规定防止、发现和制止不正当竞争的规则的同时，还规定了旨在限制竞争的反垄断规则。同时，该部法律参考 1991 年《竞争法》，对禁止不正当竞争的规则予以保留。2001 年 1 月 19 日，哈萨克斯坦通过了历史上第二部竞争法《哈萨克斯坦共和国有关竞争和限制垄断活动法》，（以下简称"2001 年《竞争法》"），取代了 1991 年《竞争法》。该法律在许多方面都是进步的，通常考虑到市场中各种利益的平衡。但与此同时，这部法律的起草者没有考虑到适用先前法律的经验。2001 年《竞争法》没有考虑到前一条款的负面后果，该条款规定对经济实体在相关产品市场的份额设立限制，超过该限制被视为具有主导地位。因此，在市场数量指标的基础上继续确认市场实体占主导地位的做法，而没有考虑到质量特征。

相较于 1991 年第一部《竞争法》只对反竞争行为做了原则性规定，2001 年《竞争法》加强了反垄断法律体系的完备性。对反垄断执法程序、禁止的反竞争行为类型、滥用市场支配地位、经济集中监管、豁免制度等方面都做出了详细的规定，形成了一个系统完备的反垄断法律框架。这使《竞争法》中的反垄断法部分的适用性大为提高，处理反不正当竞争案件有了清晰的法律依据，也提高了法律确定性，有利于维护市场公平竞争秩序。同时，2001 年《竞争法》扩大了反垄断法的适用范围。

1991 年《竞争法》主要规制商品市场领域的反竞争行为，而 2001 年《竞争法》中的反垄断法部分扩大了调整范围，不仅包括商品市场，还覆盖了服务市场、技术市场、外国投资者、自然垄断行业等领域的反竞争规制，使更多相关市场主体纳入反垄断法部分调整之下。这有利于哈萨克斯坦全面打破各领域的垄断状况，建立统一开放、竞争有序的市场体系，更好发挥反垄断法部分的作用。

2001年《竞争法》增强了反垄断执法的独立性。1991年设立的哈萨克斯坦国家反垄断委员会隶属政府机构，容易受到行政干预，执法独立性有限。2001年《竞争法》中的反垄断法部分设立了相对独立的反垄断机构，明确其负责反垄断执法工作，有自己的调查权和处罚权。这种机构设置有利于避免政府部门对执法的不当影响，也便于专业化的反垄断执法，增强了执法的客观性和公正性。这是重要的体制创新，可避免反垄断法部分"有法不依"的情况发生。具体包括：

第一，提高了违法成本和制裁力度。2001年《竞争法》中的反垄断法部分不仅提高了违法行为的行政罚款标准，还增加了对违法所得的没收处罚。这大大提高了违反反垄断法部分的成本，具有强大的威慑力。同时，增加了对企业主要负责人的个人责任追究制度，可通过对决策者个人施加压力达到规制企业行为的效果。完善的制裁措施为反垄断法部分的实施提供了有力保障，是重要的进步。

第二，与国际接轨，借鉴经验。2001年《竞争法》中的反垄断法部分吸收借鉴了欧盟、美国等西方发达国家的成熟反垄断执法经验，使哈萨克斯坦的反垄断法与国际规范更加接近，这有助于博取国际社会的认可和信任。例如建立了禁止垄断协议的概念、首次引入对结合的监控审查制度等。与国际标准接轨，使反垄断法更符合市场经济规律和需要，也便于哈萨克斯坦进一步融入全球化经济大市场。

第三，保护消费者权益和社会公共利益。2001年《竞争法》中的反垄断法部分的实施，有效打击企业的垄断行为，使消费者有更多的选择，价格也会向合理区间收敛，消费者的利益得到保护。同时，企业公平竞争也促进技术创新，提高产品质量。公共利益不会因企业滥用市场支配地位而受损害。反垄断法部分维护的不仅是个体消费者，也是社会整体利益的最大化。这体现了以人为本的立法理念。

第四，有效规制了自然垄断行业。针对电信、铁路等自然垄断行业的特点，2001年《竞争法》中的反垄断法部分实施了特别的规制措施，如必须向反垄断机构申报涨价，避免其滥用垄断地位损害公共利益。同时反垄断机构有权进行价格审查，必要时可要求降低价格。这种差异化的竞争政策，既发挥了行业自身优势，也防止其排除竞争和损害消费者。是重要的制度创新之举。

第五，为创业创新提供了良好环境。2001年《竞争法》中的反垄断法部分维护公平竞争环境，为中小企业提供了平等进入市场和扩展业务的机会。这有利于激发中小企业的创业活力和创新动力。同时，反垄断法部分禁止的各类垄断行为，如搭售、差别待遇等，也为创业创新减少了壁垒。一个公平开放的竞争市场，必将产生活力四射的创业创新浪潮。

第六，推动产业结构优化升级。2001年《竞争法》中的反垄断法部分打破各行业的垄断状况，使企业之间形成充分竞争。这将促使企业专注自身经营，提质增效，通过技术创新和管理创新增强竞争力。同时，也会淘汰落后产能，使资源优化配置到效率更高的领域。由此带动整个经济产业结构的升级，实现由粗放式增长为主向集约式发展的转变。

第七，促进对外开放与合作。符合国际标准的反垄断法使哈萨克斯坦的市场经济系统更加透明，这增强了外国投资者和贸易伙伴的信任，有利于扩大双边及多边经济合作。同时，2001年《竞争法》中的反垄断法部分的执行也需要汲取国际经验，加强对外交流与互鉴，共同提高全球反垄断执法水平。利用反垄断法这一高度国际化的法律手段，带动经济一体化进程。

三、2006 年《哈萨克斯坦共和国保护竞争和限制垄断活动法》

2006 年 7 月 7 日实施的《哈萨克斯坦共和国保护竞争和限制垄断活动法》（以下简称"2006 年《竞争法》"）代替了 2001 年《竞争法》。但这一部竞争法对鼓励商业和竞争的推动作用并未达到预想和期望的程度，以至于

2007 年 7 月 27 日，哈萨克斯坦立法监管部门对 2006 年《竞争法》进行了修改。部分废除了不公平的价格监管。该法对在国家登记机构登记的从事铁路运输、电力、热力、石油、天然气、石油运输、民航、港口作业、电信和邮政服务的企业依然保留了选择性价格监管，使修改过的《哈萨克斯坦共和国民营企业法》将"潜在的公共监管下所有的民营企业开展业务是平等的"作为基本原则，但选择性价格监管并没有被彻底废除。

在反垄断监管方面，该法比较软弱。相比 2001 年《竞争法》，2006 年《竞争法》删除了禁止滥用市场支配地位的条款，并且大幅削弱了哈萨克斯坦政府对自然垄断行业的管制，削弱了法律对巨头企业反竞争行为的约束力。该法在起草和执行过程中，没有充分吸收公众和专家的意见建议，导致该版法律把反垄断执法权集中到一个政府部门，没有建立独立的反垄断执行机构，削弱了执法的独立性和权威性。该法规定了大量的豁免，给予某些行业、企业或协议较大的豁免空间，为部分垄断行为开了绿灯，过于强调行政监管使得行政权力过分扩张，缺乏对市场机制的发挥。最后，在保护消费者利益方面不够积极，也未能充分促进技术创新。

尽管如此，2006 年《竞争法》在某些方面仍旧发挥着一定的积极作用。譬如，该法在制止不正当竞争行为方面比较积极，对各种商业欺诈行为进行了禁止；加强了对网络产业监管方面的反垄断规定，特别是互联网行业的平台企业；加强了反垄断法律对并购案件的审查，特别是涉及外资的并购；加大了对违法企业的处罚力度；改进了反垄断调查程序，提高了反垄断执法效率；加强了与其他国家反垄断机构的合作，表明了哈萨克斯坦积极开展国际竞争法合作的意愿。在该法的实施过程中，哈萨克斯坦于 2007 年成立了竞争保护局，负责处理垄断及不正当竞争相关事宜。

### 四、2008 年《哈萨克斯坦共和国竞争法》

2008 年 12 月 25 日颁布的《哈萨克斯坦共和国竞争法》（以下称 2008 年《竞争法》）继续体现公共监管的灵活性，但是该法包含了一些模棱两可的条款。例如，该法未将外国人、无国籍人、外国营利性组织纳入监管对象。① 2008 年《竞争法》是哈萨克斯坦实施效果相对较好的竞争法，在实施后经历数次修改，最后的一次修改是 2013 年，直到 2015 年被《哈萨克斯坦共和国企业法典》取代，而哈萨克斯坦现行的竞争法便是《哈萨克斯坦共和国企业法典》。

2008 年《竞争法》补充强化了发展中小企业、保护民族工业以及使哈萨克斯坦经济顺利融入国际经济体系等方面的内容；规定了国家参与经营活动的形式和依据，禁止某些利益集团干扰反垄断执法部门的工作；界定了反垄断部门及其他协调部门的执法权限；强调了反垄断执法部门执法的程序性，以避免反垄断机构滥用职权随意执法检查；赋予了市场实体拒绝反垄断机构随意性执法的权力。②

五、2015 年《哈萨克斯坦共和国企业法典》

2015 年 10 月 29 日，哈萨克斯坦共和国议会通过了编号为 375-V 的《哈萨克斯坦共和国企业法典》（以下简称《企业法典》），该法典最后一次修订的日期为 2023 年 7 月 1 日（截至 2023 年 9 月）。作为改革的一部分，该法典将反垄断法和反不正当竞争法的层面从法律层面上升到法典层面。2015年以来，反垄断法的所有规范（包括反垄断政策改革的规范）都被纳入了《企业法典》，从而增加了其在立法层次上的重要性。而相较之下，2008 年的《竞争法》规定相对分散和简单，2015 年《企业法典》吸收了《竞争法》的内容，在第 7 章、第 14 章、第 15 章等反垄断或者反不正当竞争章节对竞争法规定进行了较为系统和详细的规定，形成了一个相对完整的竞争法体系。这有利于相关主体更好地了解竞争法的框架和内容，也有利于竞争法规定的实施。《企业法典》第 90-1 条加强了反垄断执法机构的地位和权力，

---

① 阿热阿依·赛力克.试析《哈萨克斯坦竞争法》[J].伊犁师范学院学报（社会科学版），2016, 35(02):50-55.
② 中国国际贸易促进委员会.企业对外投资国别（地区）营商环境指南（哈萨克斯坦卷）[Z].2020.

明确规定了反垄断执法机构的制度，其统一系统由中央反垄断机构及其地方单位组成，这进一步明确了反垄断机构的地位。《企业法典》第90-6条还详细规定了反垄断机构的权力，包括调查权、制止违法行为的权力、对违法行为作出处罚的权力等。该部法律较2008年《竞争法》中关于反垄断机构的规定比较详细和系统，进一步明确了不正当竞争行为的定义，对不正当竞争行为如不正当竞争协议、滥用市场支配地位等进行了较为详细的规定。如第169条对不正当竞争协议的概念、类型做了明确，第174条对滥用市场支配地位的行为类型也做出了规定。这些定义更加细致和具体，有利于操作，可以为执法机构等主体提供更清晰的操作标准，而2008年《竞争法》相关规定相对简单。

《企业法典》进一步明确了不正当竞争行为的定义，对不正当竞争行为如不正当竞争协议、滥用市场支配地位等进行了较为详细的规定。如第169条对不正当竞争协议的概念、类型做了明确，第174条对滥用市场支配地位的行为类型也做出了规定。这些定义较2008年《竞争法》相关规定更加细致和具体，有利于操作，可以为执法机构等主体提供更清晰的操作标准。

《企业法典》新增了关于经济集中审查的一整套规定，这在2008年《竞争法》中是缺失的。《企业法典》明确了需要反垄断机构批准的经济集中行为类型，规定了申请审批的主体、申请材料、审批期限等程序性内容，还规定了禁止实施未获批准的经济集中的后果。这将有助于防止通过经济集中导致的市场过度集中、排除、限制竞争的行为。具体规定如下：

加强了对国有企业的竞争中性监管。依据吴晓求教授在新京报"中国经济的定力与潜力"2020财经峰会上的发言[①]，竞争中性原则是指在政策实施过程中，不会有所有制的歧视，国有企业、民营企业、外资企业或混合经济都是平等地配置资源，不能有政策有意识或无意识地歧视。《企业法典》要求国有企业在市场中的经营活动同样需要遵守竞争法规定，这有助于塑

---

① http://www.bjnews.com.cn/finance/2019/12/18/663392.html，最后访问时间：2023年9月2日．

造公平的市场竞争环境。如第 192 条规定国有企业需要通过反垄断机构批准后才能设立或改变经营范围，这显示了竞争中性原则的体现。

扩大了处罚力度。《企业法典》扩大了可以对违反竞争法的行为进行的处罚范围。如对个人和法人实施罚款、没收违法所得，对自然垄断和特许经营违法可以吊销其资格等。这将对违法行为形成更强的威慑力。

加强与其他国家和地区的反垄断合作。《企业法典》第 90-4 条规定了反垄断机构可以在欧亚经济联盟框架内开展跨国反垄断合作。这表明哈萨克斯坦希望通过加强国际合作，借鉴其他国家和地区的经验，推进本国反垄断法的发展。

新增反垄断合规内容，鼓励企业建立内部的反垄断合规体系，以预防违法。同时也赋予企业一定的法律评估权，可以就具体协议或做法向反垄断机构进行合法性咨询，有利于企业主动遵守竞争法。

商品定价监管更加具体。《企业法典》在商品定价监管方面也有所发展，如第 11 章对政府对不同商品和服务的价格监管做了较为具体的规定，该处变化有利于防止价格垄断、维护消费者利益。

除上述主要规定外，《企业法典》在竞争政策、调查程序等方面也有了新的规定，使得竞争法体系更加严谨和细致，有利于竞争法的实施。因此，2015 年《企业法典》在系统性、规范性和操作性上进一步完善了哈萨克斯坦的竞争法体系，使其更加接近国际通行的做法和标准，有助于维护市场公平竞争。这显示出哈萨克斯坦竞争法立法的进步与发展，但具体实施效果还需继续观察。

在 2015 年《企业法典》之后，哈萨克斯坦竞争政策也经历了一系列调整，2018 年 10 月 5 日，哈萨克斯坦国家元首纳扎尔巴耶夫在致哈萨克斯坦人民的讲话中提出，在规定的任务框架内，提出了第三次反垄断一揽子计划"增加哈萨克斯坦人民的福利：提高收入和生活质量"的建议，以改革反垄断机构的工作，加强保护竞争的功能。2018 年 5 月 24 日，哈萨克斯坦共和国《关于修订和增补哈萨克斯坦共和国关于改善商业活动监管的某些立法法案》将这些建议纳入其中。该法案规定了在组织和进行采购和招标中保护竞争的要求，加强了反垄断当局在进行招标、拍卖和采购中查明卡特尔的权力。该法案明确了反垄断机构官员在调查过程中的权力，特别是规定了对文件和电子媒体进行复制的权利，对被调查对象进行录音、拍照和录像的权利，并扩大了通知的范围。修订后，认定的招标采购卡特尔数量从 2018 年的 4 个增加到 2019 年的 24 个，增加了 6 倍。

2020 年，作为竞争立法现代化的第四次一揽子计划的一部分，6 月 29 日颁布的《哈萨克斯坦共和国宪法》，通过了"关于哈萨克斯坦共和国关于改善商业环境的某些立法的修正案和增补"的修正案，旨在开发预防工具和防止违反反垄断法。为了防止串通和协同行动，反垄断机构在法律上被赋予监督商品市场价格的职能。此外，根据实际经验，执行通知的截止日期已从 10 天增加到 30 天，并且还提供了延长通知期限的可能性，为减轻企业负担，优化协调经济集中的国家服务，还通过了旨在进一步减少国家参与企业活动的修正案。

2021 年底的里程碑事件是哈萨克斯坦共和国议会通过了《关于修订和增补哈萨克斯坦共和国竞争法某些立法的法律》，也即第五套反垄断法案，并在 2022 年 1 月 3 日由国家元首签署。该法的目的是实施哈萨克斯坦共和国 2020 年 12 月 31 日第 484 号总统法令"关于国家竞争发展政策的主要方向"批准的国家竞争发展政策的主要方向，该法令将解决商品市场运行的系统性问题，并消除竞争发展的障碍。

下文对哈萨克斯坦竞争法律制度的研究，将以 2015 年颁布的《哈萨克斯坦企业法典》截至 2023 年 9 月的修正版本为基础。

## 第三节　哈萨克斯坦竞争法的立法目的与原则

### 一、哈萨克斯坦竞争法的立法目的

（一）规范和限制垄断、不正当竞争活动，维持和创造公平竞争的条件

《企业法典》的第四章第 14 节第 160 条提出，国家监管竞争的目标是保护竞争、维持和创造哈萨克斯坦共和国商品市场公平竞争的有利条件以及商品市场的有效运作，确保经济空间的统一、自由市场的统一。哈萨克斯坦共和国的货物流动和经济活动自由，根据本法规范和限制垄断活动，促进公平竞争，防止违反哈萨克斯坦共和国在保护竞争领域的立法，防止国家和地方执行机构、具有国家监管市场主体活动和不正当竞争职能的组织的反竞争行为。法条明确指出竞争政策的一个重要目标是保护竞争，这意味着国家希望确保市场上没有垄断行为或不正当竞争，以促进市场竞争和公平性。第 160 条着重提到维持公平竞争的有利条件，这对于所有市场参与者来说都至关重要，这包括确保市场规则和制度不会对某些市场主体产生偏袒或不公平的影响，同时也强调了自由市场的统一性。这意味着国家希望确保经济活动在整个国家范围内自由进行，而不受地域限制或不合理的市场障碍；还提到了反对国家和地方执行机构、具有国家监管市场主体活动和不正当竞争职能的组织的反竞争行为。这强调了政府的承诺，确保其自身不会妨碍竞争。

《企业法典》第 163 条明确指出反垄断机构的职责之一是限制垄断活动。防止垄断是竞争法的核心内容之一，也是实现其他立法目的的前提；第 160 条明确了防止违反竞争立法的行为，不仅规定了规范性原则，对违法行为类型和法律责任可起到威慑作用，同时防止了政府部门的反竞争行为，这表明哈萨克斯坦竞争法力求建立统一开放、公平透明的市场环境。同时，《企业法典》第 160 条明确指出国家监管竞争的目标是保护竞争，维持和创造公平的竞争条件。这体现了哈萨克斯坦竞争法立法的出发点在于建立一个公平有序的竞争市场，防止出现不正当竞争行为，破坏市场竞争机制。

保护竞争，维持和创造公平竞争的条件，是哈萨克斯坦竞争法立法的一个重要目的。

在市场经济条件下，竞争是企业生存发展的动力所在。它可以促使企业不断提高效率、减少成本、提升质量、创新发展，以更好地满足消费者需求。同时，竞争也让消费者有更多选择，更好地保障自身权益。因此，公平而有序的竞争机制对于经济效率至关重要。但如果缺乏约束和规范，个别企业为追求私利，很容易通过各种方式扰乱竞争秩序，如滥用市场支配地位，或采取不正当竞争手段打击竞争对手等。这不但损害其他市场参与者的权益，也损害公共利益和社会利益。因此，需要竞争法来规范市场秩序，制止破坏性竞争，以保护公平竞争。在哈萨克斯坦竞争法反复改易、国内市场竞争秩序面临无法可依境地的背景下，这一立法目的的实现可以防止出现新的寡头垄断，保护民营经济发展，减少腐败现象，建立透明的市场规则。有助于形成统一的国内市场，促进不同地区经济一体化，更好维护消费者权益，提高人民生活质量，为创新发展营造良好环境，提升经济竞争力。为实现这一目的，《企业法典》对垄断行为、不正当竞争行为等进行了明确界定，并予以禁止。这为查处违法行为提供了依据。主要包括关于垄断行为的规定，如滥用市场支配地位或垄断地位；关于不正当竞争行为的规定，如商业贿赂、虚假广告等。

（二）强化对经济集中行为的审查

经济集中指企业通过合并、兼并等方式，使自身在市场中的经济力量获得显著增强的行为。企业通过兼并重组等方式达到经济集中，可能对竞争产生负面影响。因此，竞争法要求必须对可能形成较大市场力量的经济集中行为进行审查，以防止破坏市场竞争。一定程度的经济集中可以提高企业的效率。但是过度的经济集中可能会对市场竞争产生损害，处于经济集中地位的企业更有可能利用这种优势地位进行垄断、排挤竞争对手等违法行为。因此，对可能给市场竞争构成负面影响的经济集中行为进行监管，这是竞争法的一个重要方面。哈萨克斯坦竞争法也明确提出要强化这方面的审查，属于竞争法的一个重要目的。

哈萨克斯坦竞争法主要从以下几个方面加强了对经济集中行为的审查：明确了什么构成经济集中，如企业合并、股权收购等交易行为，如果达到一定标准即属于经济集中；规定了哪些经济集中行为需要提前申报并接受审查，如股权收购导致占控制性股权等；规定了审查经济集中所考量的主要因素，如对市场竞争的影响，是否形成和强化市场支配地位等；明确了审查机构的职责和工作程序，如经济集中审查制度的具体运作流程；赋予审查机构相应的管理权限。如禁止、撤销经济集中，或附加限制性条件等；建立了司法救济途径，允许相关方对审查决定申请复审或提起诉讼。通过完善审查制度和流程，赋予执法机构相应权力，可以更有效地识别和防止可能对竞争产生负面影响的经济集中，避免集中行为导致市场垄断，损害公平竞争，这将更好地保护哈萨克斯坦消费者利益和社会公共利益。同时，合理的经济集中也会获得审批，继续发挥规模效应，提高企业效率，使经济集中对竞争和效率的正面和负面影响都得到平衡，促进经济持续健康发展。

（三）建立公平竞争审查制度

在市场经济条件下，政府对经济活动实施宏观调控和行业监管的过程中可能由于信息不对称、狭隘部门利益等因素，导致其政策或行为无意中对市场竞争造成负面影响。例如给予国有企业特殊待遇、设置区域壁垒等。为防止这种情况发生，建立公平竞争审查制度就显得非常必要。通过事先审查政府政策和行为的竞争影响，并提出修改建议。有助于政府部门在制定政策时注意维护公平竞争，避免可能造成竞争扭曲的做法，建设统一开放的市场经济。哈萨克斯坦领土广阔，不同部门和地区之间可能存在某些保护倾向，公平竞争审查可以发挥纠正和预防作用，形成统一的竞争秩序。此外，这种审查有利于建立透明化的政府规则制定程序，是市场经济法制建设的需要。

《企业法典》认为，各级政府部门制定和实施的政策、规章以及行政行为，如果可能对竞争产生负面影响，都属于审查范围。为此，该部法律规定了审查原则，强调坚持客观公正、尊重事实依法的原则，综合考量可能对竞争造成的影响；规定了竞争影响审查的具体程序，如需进行审查的政策和行为应事先报告反垄断机构，反垄断机构有权提出修改意见或建议等；明确了竞争影响审查需要考量的主要标准包括是否限制竞争主体进入退出市场、是否损害竞争主体之间的公平竞争等；授予反垄断机构相应权力，如就审查事项要求政府部门说明情况并提供相关资料，对违反建议实施的政策或行为进行调查等；建立了司法救济途径，规定相关方对审查决定不服的，可以通过司法程序申请撤销。该项原则有助于纠正和预防政府的反竞争行为，营造公平竞争的市场环境，促进政府部门在制定政策时注意考量对竞争的影响，自觉维护公平竞争；可以作为社会各界监督政府的途径，提高政策的科学性和民主性，防止在经济监管中出现地区保护，有利于形成统一、开放、透明的市场竞争规则，不同区域经济的一体化更好地维护消费者权益和社会公共利益，为公平竞争创造良好制度环境，从而提升经济活力和创新动力，促进政商关系的规范化发展。

（四）强化竞争法执法力度，保障执法的资金来源

《企业法典》明确了反垄断执法机构的监管职责和权力，可以对违法行为进行调查和处罚。还允许相关方通过司法程序捍卫权益，目的在于通过各种规范手段来建立一个公平有序的市场竞争环境。但是，法律本身只是文字规定，真正实现竞争法的效力，必须依靠强有力的执法力量来监管实施。如果执法力度不够，法律就存在"空转"的可能，反竞争行为可能仍会通过各种途径出现。因此，强化竞争法的执法力度，是实现竞争法立法目的的重要保障。这也正是哈萨克斯坦竞争法制定的重要目的之一。从国家预算中安排资金保障反垄断执法机构的日常执法工作，通过加强对反垄断执法工作的制度保障和资金投入，将有助于发挥竞争法的效力，增强查处违法行为的力度，形成强大的威慑力，有助于提升政府施政公信力和形象，是实现竞争法立法目的的重要保障，也将成为哈萨克斯坦建设法治国

家、社会主义市场经济的重要内容。

　　为此，该部法律明确了反垄断执法机构的职责为维护竞争秩序，防止和制止垄断行为，并可以建立地方机构来行使部分职权。赋予反垄断执法机构相应的监管权力，包括调查违法行为的权力、处罚违法行为的权力、对经济集中行为进行审查的权力、向政府部门提出建议的权力等；明确了反垄断执法的范围包括各类市场主体的反竞争行为，以及政府部门的反竞争行为；建立反垄断执法的工作机制，规定了执法的具体机制，如调查程序、处罚程序、申诉与审查程序等相关制度安排，加大了对违法行为的处罚力度，以起到威慑作用，处罚手段包括罚款、责令停业整顿、撤销交易等；建立完善的法律责任追究机制，明确规定企业和相关责任人应承担民事、行政和刑事责任。

　　（六）保持竞争中立

　　竞争法适用于所有类型的市场主体，不因主体的经济类型而区分对待。《企业法典》第162条提出，应一视同仁对待所有市场主体，有助于树立统一、非歧视的竞争环境，这是实现公平竞争的前提；而第161条明确规定，竞争法调整影响或可能影响商品市场竞争的关系，适用于所有类型的市场主体，不因主体是私营企业、国有企业或非营利组织而区分对待。这充分体现了竞争法在维护竞争秩序方面的中立性。该部法律平等对待所有市场主体的反竞争行为，无论是私人企业还是国有企业，如果存在反竞争协议、滥用市场支配地位等行为，都将受到竞争法的规制，其并没有因为主体的不同而采取双重标准，这也显示了法律的中立性。该部法律规定自然垄断行业政府价格监管制度，赋予反垄断机构监督国有企业的权力，同时建立预防性审查制度，限制国企特权。自然垄断企业必须接受政府价格监管，避免其利用自身地位谋取超额利润。根据《企业法典》第194条，反垄断机构可以监督国有企业和政府机构的行为，如果存在反竞争行为，可以要求其纠正。这表明竞争法力求通过反垄断机构的坚决执法消除一切反竞争行为。国企改制重组时须取得反垄断机构批准，防止其利用自身优势扭曲竞争，该部法律力求让一切市场主体在同一起跑线上竞争。

哈萨克斯坦《企业法典》通过层层规定，确保政府在竞争政策上保持中立。不会因为企业的所有制类型不同而采取差异化竞争政策。这充分体现了竞争法的公平原则，有助于营造公开、公平、无差别待遇的竞争环境，推动市场经济持续健康发展。这也正是竞争法立法的根本目的所在。明确了维护竞争秩序的规则和原则，完善了执法手段，有助于遏制和惩治可能扰乱公平竞争的各种行为，使企业在竞争中不致采取不正当手段，从而使竞争机制能够在秩序化的基础上发挥应有作用。

（七）确保经济空间的统一

确保经济空间统一的立法目的，充分体现了竞争政策服务于经济社会发展的本质，是维护经济统一的竞争政策必不可少的法治基础。《企业法典》第160条明确指出，国家监管竞争的目标之一是"确保经济空间的统一"。这充分体现了哈萨克斯坦立法者通过竞争法确保经济统一的目的。哈萨克斯坦作为一个地域辽阔的国家，竞争法可以通过禁止地区保护、消除各种壁垒等措施来促进不同区域之间的经济一体化。

统一开放的经济空间，有利于商品、服务、资本、技术等要素流动，能够使资源配置达到最优效果。如果存在区域间壁垒，将妨碍要素流动，降低资源配置效率。《企业法典》通过禁止地方政府实施保护地方企业的措施，如限制外地商品进入等分割内部市场的行为，助力于形成统一的国民经济市场；禁止各类影响货物流通的壁垒措施，使企业可以充分利用全国资源，有助于要素在全国范围内流动。通过授权反垄断机构监管政府部门的反竞争行为，防止其限制商品流通或分割市场。对可能分割经济空间的企业兼并实施竞争审查，避免一个或几个企业垄断某区域市场。在资本主义国家的市场经济中，尤其是要监管自然垄断企业，防止其利用地区优势违法牟利。在各地设立分支机构，也可以确保全国经济空间的统一监管。统一经济空间使要素可以根据比较优势在全国范围流动，大幅提升资源配置效率，经济一体化使发达地区资本、技术等向欠发达地区扩散，有利于缩小区域发展差距，创造更大规模的内需市场，实现规模经济，提升全行业竞争力。

## 二、哈萨克斯坦竞争法依据的基本原则

### （一）平等原则

《企业法典》第 162 条提出，竞争应当一视同仁对待所有市场主体，不因其组织形式和法律形式的不同而歧视。这体现了竞争法的平等原则。而第 161 条提出，"本节适用于影响或应影响哈萨克斯坦共和国商品市场竞争的关系，市场主体、消费者以及国家机构和地方执行机构参与其中。在这种情况下，消费者是指为自己需要购买商品的个人或法人实体"。这一条文明确规定了竞争法的适用范围包括所有类型的市场主体，无论是国有企业、私营企业，还是非营利组织，只要其行为影响商品市场竞争，就适用本法调整。并没有因为市场主体的所有制类型和组织形式不同而有所区分。表明竞争法确立的统一、平等的市场规则，面向所有市场主体，没有实行差异化的竞争政策。这种一视同仁的立法理念体现了竞争法平等原则的内涵，有助于营造公平的市场环境。这充分说明，哈萨克斯坦竞争法不会因市场主体的差异而采取差别待遇，体现了竞争法平等原则的要求，这对确保公平竞争具有重要意义。

#### 1. 竞争法面前一视同仁

这体现为竞争法适用于各类市场主体，不因市场主体的差异而区别对待。竞争法视所有市场主体为平等的法律主体，提供一视同仁的竞争规则和环境。违法行为将受到公正、一致处理，无论何种类型的市场主体，其违反竞争法的行为都会受到相同的认定和处罚，这体现法律面前人人平等。坚持竞争规则的统一适用性，竞争法为认定违法行为制定了统一标准，不同主体违法行为时应用相同标准，无论何种主体，都应平等地遵守统一的竞争规则，该规则对所有主体通用，明确同类违法行为的处罚措施相同，没有因主体不同而区分适用。

2. 提供公平的竞争机会

竞争法明确面向法定的各类市场主体，没有将某些主体排除在外。这体现了法律的包容性；竞争法为所有市场主体提供公平、非歧视的市场准入和竞争机会。防止出现因主体差异而获得特权或受到歧视的情况。明确禁止基于主体的差异实施差别待遇，确保了平等待遇，政府保持竞争政策的中立性，制定和实施竞争政策时应保持中立，不能因为企业的差异而采取差别政策。要提供统一的竞争环境。坚持市场准入的非歧视性，授权反垄断机构监管各类主体，防止政府的差别政策，所有符合法定条件的市场主体都应当平等获得准入机会，不得设置差别门槛。

3. 平等承担法定义务，享有法定权利

竞争法规定了适用于所有市场主体的竞争规则和法定义务。同时，所有市场主体也平等地享有竞争法规定的权利保障，秉承竞争执法的公正性，执法机构对违反竞争法的行为进行公正调查和认定，不存在因主体而异的双重标准。同时坚持违法后的处罚结果一致性，对于同类违法行为，不论何种主体都将面临相同的处罚结果。处罚标准不会因主体的差异而改变。

平等原则是竞争法的基本原则，其核心在于消除一切差异待遇，为所有主体提供公平的法治环境。对确保公平竞争和促进市场经济健康发展具有重要作用。各国竞争法立法都在不同程度体现了这一原则。

（二）公平竞争原则

公平竞争原则要求提供平等的竞争环境，为所有市场主体提供一视同仁的竞争环境和规则，不存在差别待遇。市场主体应采取公正的竞争方式，通过提高效率和创新来进行竞争，不得采取欺诈、抹黑等不正当竞争手段，同时政府应通过执法惩治各类破坏公平竞争的垄断行为以维护正常竞争秩序，保护弱小企业，防止强者通过非法方式排挤中小企业，保护弱小企业的合法权益。《企业法典》第162条规定："市场竞争以竞争、诚实、合法、尊重消费者权利的原则为基础，对所有市场主体，无论其组织形式和法律形式如何，都应当一视同仁、平等相待。"明确要求市场主体之间的竞争必须在公平、诚实的基础上进行。不能通过欺诈、散布虚假信息等方式破坏竞争的公平性。同时竞争法面前，所有市场主体地位平等，不存在差异对待。体现了竞争法公平竞争原则的核心要求，即提供一视同仁的公平竞争环境，建立公正的竞争机制。这对维护正常的竞争秩序非常重要。第162条也明确指出竞争应以公平、合法、尊重消费者权利为基础。这反映了竞争法倡导的公平竞争理念。这样的规定确立了统一、公平的竞争规则，有助于营造无差别待遇的市场环境。

### 三、限制垄断，促进竞争原则

限制垄断，促进竞争可以看作是贯穿竞争法的一条重要原则。其核心内容是：防止垄断的形成，采取各种措施防止个别或少数企业占据商品市场的垄断地位；制止已形成的垄断，对已经形成的垄断行为进行制止，恢复市场的竞争；惩治滥用垄断地位的行为，对滥用垄断地位牟取非法利益的各种行为进行惩处；保护中小企业及消费者，防止中小企业和消费者权益受到垄断企业的损害。哈萨克斯坦《企业法典》通过多处规定体现了限制垄断原则，如第163条提到反垄断机构的职责就是限制垄断活动，以确保市场公平竞争，要求各级政府部门在制定经济政策时应提倡促进竞争，这反映了《企业法典》的基本价值取向。此外还明确国家监管竞争的目标是防止和限制垄断，规定了各类反竞争行为，建立经济集中审查制度对可能形成垄断效应的企业兼并实施审查，授权反垄断机构采取各种措施制止已形成的垄断现象，充分考虑对中小企业竞争的影响，对滥用垄断地位的各种行为制定了相应的处罚措施。

### 四、国家监管，协调一致原则

该原则要求建立独立的反垄断机构，作为实施竞争政策和监管的专责机构，授予反垄断机构对商品市场进行监督管理的权力，对竞争过程进行监管，通过监管维护公平有序的市场竞争，防止和制止垄断行为发生。各政府部门制定产业政策、财税政策等方面的政策和法规时，应提前与反垄断机构进行充分协商，不同部门之间就政策目标、政策工具、政策内容等保持一致，不能发布相互矛盾的政策或法规，通过协调确保政府政策之间既相互协同又不存在冲突。企业和个人应当积极配合反垄断机构开展的监管工作。应如实向反垄断机构提交相关信息和证据材料，不得拒绝、隐瞒或阻碍调查，企事业单位对反垄断机构的调查、检查应予以配合。《企业法典》第163条规定了政府部门在竞争政策制定和执行中的职责，体现了哈萨克斯坦竞争法确立的国家监管原则，即国家在一定条件下可对市场进行必要干预；要求中央和地方政府在竞争政策的执行中保持协调一致，有助于形成统一的竞争环境。国家对竞争过程实施监管，明确企业应配合监管的法定义务，要求政府部门之间的政策协调，禁止政府分割内部市场。

## 第四节　哈萨克斯坦竞争法主要条款与内容

### 一、企业实体与国家互动的目标和原则

哈萨克斯坦《企业法典》在开篇第一章第一节就强调了于2021年3月12日所修订的企业实体与国家互动的目标和原则，明确了企业实体与国家的互动旨在为哈萨克斯坦共和国的企业家和社会发展创造有利条件，鼓励企业家精神，并且在"企业实体与国家互动的原则"第5条中强调了"公平竞争"。值得一提的是，在2008年《竞争法》中，开篇乃是竞争法方向的主题和目的，包括确定保护市场主体和消费者权利免受本法限制的垄断活动、国家机关反竞争行为和不正当竞争的法律原则，旨在支持哈萨克斯坦共和国商品市场的公平竞争并创造明确的条件；保护竞争，为商品市场的有效运作创造条件，确保哈萨克斯坦共和国经济领土的统一、商品的自由转移和经济活动的自由等，从单一《竞争法》到《企业法典》目的的变化，显示了立法技术的提升和企业发展立足点的转变。最新的目的和原则兼顾了公共利益，既激发了企业活力，也维护了国家和社会利益，符合经

济法理要求。它为企业实体与国家和谐互动提供了法律依据，体现了发展和保护市场经济、鼓励企业家精神的立法宗旨。该节明确了促进企业家精神、为企业创造有利条件的目标，确立了一系列保障企业合法权益的原则。比如创业自由原则，企业可以自主选择经营领域；企业家平等原则，可以防止不合理差别待遇；财产不受侵犯原则，使企业财产得到法律保护等，这些原则保障了企业的经营自主权。强调了公平竞争原则。这是市场经济的重要基础，可以促进优胜劣汰，提高经济效率，它要求平衡各方利益，兼顾企业利益、消费者利益和国家利益。这有利于协调各方关系，实现经济社会的和谐稳定发展。明确了企业的社会责任，如环境保护、保障消费者权益等，这是对企业的必要约束，也是其获得社会认可的基础。同时也体现出了诸如明确性原则（规定的目标和原则具体明确，有利于当事人预测法律后果）、公平原则（强调各方平等地位，反对不合理差别待遇）、正当法律程序原则（通过正当立法程序制定，有助于维护法治权威）、比例原则（实现了企业自主权与国家监管、社会责任之间的平衡）、信赖保护原则（要求保护企业的合法信赖和预期）、社会公正原则（强调企业应承担社会责任，维护公共利益）等法理原则，体现了经济法和法理的价值取向，是促进市场经济健康发展、实现经济社会和谐的重要法律依据，为正确处理企业与国家、社会的关系提供了原则指引。

二、确保公平竞争

《企业法典》第 5 条关于自由企业的规定采用了"负面清单"的方式，明确商业实体可以开展哈萨克斯坦共和国法律不禁止的任何类型的创业活动；第 6 条解释了企业平等的内涵，也即商业实体在法律和法庭面前一律平等，无论其所有制形式或任何其他情况如何，企业主体在开展创业活动方面享有平等的机会；而从第 8 条开始直接规定了竞争法的法律关系调整，禁止限制、排除竞争、侵害消费者合法权益等不正当竞争的行为和垄断活动都受法律规制和限制，该条认为反垄断监管的目的是保护竞争，为商品市场的有效运作创造条件，确保哈萨克斯坦共和国经济空间的统一、商品的自由流动和经济活动的自由。

哈萨克斯坦引入国家对创业的监管形式和手段，以确保活动或行动（运营）达到足够安全水平，最有效地保护消费者权利，同时将企业家的合理要求负担降至最低，达到消费者、经营主体和国家利益的平衡。在公共监管中，只有当消费者和国家的利益大于公共监管的成本时，才可以对私营企业实体提出新的要求；而在国家监管过程中，国家机关不得要求商业实体提交哈萨克斯坦共和国监管法律法规未规定的文件和（或）其他信息。

总体来说，《企业法典》的第 5 条到第 9 条体现了依法经营与依法行政的要求，有利于保护企业法定权益，维护法治。它要求企业家必须在创业活动中遵守法律，不能违法经营，有利于建立法治环境；规定国家机关和官员也必须遵守法律，不能违法行政，体现了经济法依法行政的原则。这对国家机关的行为设置了界限，可以约束其权力，防止对企业的违法干预；同时明确规定违法的行政行为应予撤销，这为企业的合法权益提供了救济途径，亦反映了法定主义原则的法理内核，要求国家机关和企业家均须在法律框架内活动，蕴含法治的核心精神。通过对企业家和国家机关依法设定要求，使该条在经济法和法理上实现了权力约束、企业保护与法治国家建设的统一，同时也使其成为实施依法治国、建设法治政府的重要法理基础。

《企业法典》的第 8 条属于竞争法内容，包含经济法的公平竞争原则和正当程序原则与公平原则。规定了禁止不正当竞争行为的原则，维护市场公平竞争秩序，符合经济法的价值取向；通过正当立法程序确立反垄断规则，反映正当法律程序原则；明确反垄断目的在于保护竞争，体现法理的工具理性原则；它要求平等对待各市场主体，不存在不合理差别待遇，反映法理的公平原则；该条在经济法和法理上达到了维护市场公平竞争与合法程序、实质公平的统一，是确保公平竞争的重要法理依据。

### 三、国家商业监管的内涵分析

《企业法典》第 80 条规定了国家商业监管的目标和限度。国家商业监管的目标应包括确保商业实体为人民的生命和健康而生产和销售的商品质量、工程和服务的安全，保护其合法利益，环境安全，哈萨克斯坦共和国的国家安全，保护国家财产利益，为商业发展创造有利条件，刺激国家经济增长。

而国家商业监管的目标包括建立鼓励国民经济投资的监管环境和良好的创新生态系统、为公平竞争的发展创造条件、鼓励基于企业家商业声誉的公平、道德的商业行为、促进自律、消费者保护等，不仅强调保障公共利益如生命健康、环境安全，也突出促进企业发展、鼓励投资等目标，充分体现了经济法在公共利益与私人利益之间取得平衡的价值取向。这种平衡考量使经济法既发挥规范和稳定市场的功能，也给企业发展提供动力和导向。它使经济法既服务于社会整体利益，也激发个体经济活力，实现经济社会有机统一。

从法理角度，该条不仅明确监管依据和程序，也限定了可以实施监管的主体。这既体现法定主义原则，也实现了对行政权力的制约，依法监管可以有效防止监管权力的滥用和越位，保证监管合法、适度，维护企业合法权益。它增强了监管的公信力和权威性。因此，该条在监管目标和方式上实现了公共利益与私人利益、监管权力与企业自主的有机统一，为监管提供了明确路向，给企业发展留出空间，使监管既能发挥效用，也不会过度束缚企业，实现经济社会秩序与活力的良性互动，为构建服务大局、平衡利益、权责清晰、法治统一的现代市场经济秩序奠定了法理基础。

《企业法典》第 81 条经过 2021 年 12 月 30 日第 95 – Ⅶ号法律修正案重新修改，规定了国家对企业的监管形式和手段。国家对企业进行监管的形式包括商业实体的国家注册、技术法规、国家对价格和关税的监管、遵守哈萨克斯坦共和国法律的商业实体民事责任强制保险、保护竞争和限制垄断活动以及哈萨克斯坦共和国法律规定的国家其他形式的商业监管，且监管文书应根据业务监管平等、透明度、可执行性、清晰度、相称性和合理性、一致性和可预测性形成。在此处，正当性是指监管文书要求出台仅仅是为了保护个人和法人实体的权利和合法利益、人类生命和健康、环境、国防和哈萨克斯坦共和国的国家安全；商业监管平等是指在执行本监管时，禁止为某些市场参与者，包括准公共部门实体和自然垄断实体制定更有利的法律条件，除非哈萨克斯坦共和国法律另有规定；透明度是指关于将要引入或改变的监管工具要求的信息可获得性以及引入原因的明确性；可执行性是指商业实体遵守监管文书条款施加的要求的能力；清晰是指监管文书的规范要求以易于理解、易于理解的形式呈现，不允许产生含糊的解释；相称性和合理性是指国家对商业的监管影响程度与哈萨克斯坦共和国宪法和法律保护的价值观发生不利事件的风险程度的一致性；一致性和可预测性是指引入生效的监管文书要求与哈萨克斯坦共和国国家规划系统文件的一致性；监管文书的要求应符合《企业法典》第 3 条和第 80 条规定的国家商业监管目标以及商业实体与国家之间互动的原则。

该条规定的各种监管形式和手段是为了维护特定的公共利益或纠正市场失灵，如注册制度可以减少信息不对称；技术法规可以保障产品质量安全；以反垄断促进市场竞争。这体现了经济法的公共利益保护与市场调控功能，但在运用这些监管工具时，还必须基于经济法保护企业自主权的原则，保证监管合理适度，不能过分限制企业经营自主权。监管强度应与所要维护的公共利益权衡比例。从法理角度看，各种监管措施的设置和使用都必须符合法定程序、明确授权和合理利益衡量的原则。监管权力不是绝对的，其行使必须在法治轨道内进行。监管规则还应明确、公平和公正，符合法理的正当性原则，保障企业诉权，实现权力制衡。授权反垄断机构对国家监管实施反垄断审查，体现了经济法维护公平竞争市场秩序的价值取向，反垄断审查也可以纠正政府监管措施可能产生的限制竞争效果，维护市场公平竞争。这符合经济法的功能要求。但是反垄断审查也不能过度限制政府监管权，应当维持监管与竞争政策之间的平衡，兼顾公共利益。

## 四、反垄断机构及其权力

### （一）《企业法典》中的反垄断机构条款

2022 年 1 月 3 日修订的《企业法典》第 7-1 章第 90-1 条，规定了反垄断执法机构制度，很大程度上带有反垄断程序法的色彩。其明确了竞争主管机构的统一系统由公共主管机构及其下属地方单位组成，且各地区单位在哈萨克斯坦共和国法律和中央公共权力机构批准的法规规定的权限范围内开展活动。而依据第 90-2 条，哈萨克斯坦将反垄断机构的目标确立为促进公平竞争的发展，预防、侦查和调查、制止违反哈萨克斯坦共和国保护竞争立法的行为，进行经济集中度调控，限制市场竞争主体垄断。

根据《企业法典》第 90 条其他款，在国家反垄断监管中存在着三种互动关系，首先，在欧亚经济联盟框架内，反垄断机构根据国际条约与欧亚经济联盟成员国反垄断机构进行互动，包括按照规定发送通知、索取信息、咨询、通报调查情况等，而在参加国际组织的框架内，反垄断执法机构有权向其他国家反垄断执法机构提出请求，并应其请求提供信息。其次，反垄断机构和执法机关的互动与在此过程中的运行必须有边界，应在其职权范围内与哈萨克斯坦共和国执法机构进行互动，而反垄断机构的职权范围被界定为向执法机关通报所发现的保护竞争违法行为的事实、根据执法机构的要求，提供有关商品市场竞争状况的分析信息、在其职权范围内，根据执法机构的要求、对哈萨克斯坦共和国竞争保护立法进行专家审查并提出意见，以及根据执法机构的决议和要求，领土分支机构派出专家雇员参加法律诉讼和措施，调查违反哈萨克斯坦共和国竞争保护立法的行为。至于哈萨克斯坦共和国执法机关与反垄断机关进行互动的职权内容也被规定为向反垄断机构通报已发现的违反哈萨克斯坦共和国保护竞争立法的行为、根据反垄断机构的要求和上诉、派遣员工开展联合活动调查违反哈萨克斯坦共和国保护竞争立法的行为、防止反垄断机构员工妨碍履行官方义务的非法行为、采取措施查明违反哈萨克斯坦共和国保护竞争立法者的所在地点并将其移交给反垄断机构、按照反垄断机构及法典的书面要求方式追究行政责任的行为、根据哈萨克斯坦共和国刑事诉讼法规定的程序决定对反垄断机构提交的有反竞争刑事行为迹象的材料进行审前调查且通知反垄断机构、向反垄断机构提供实际援助以侦查和获取违反哈萨克斯坦共和国竞争保护立法的证据的行为等。

　　建立反垄断机构是维护市场公平竞争秩序的重要举措，其目标是促进竞争、制止违法行为，符合经济法的功能要求；授予反垄断机构进行反垄断调查、制止违法等权力，可以有效监管市场，纠正不正当竞争行为，维护公平竞争。但是这些权力也应受到适度约束和制衡，不能过分限制企业合法权益，需要平衡监管与发展，从法理角度看，反垄断机构的设置和权力授予应当有明确法律依据，符合授权明确性原则。反垄断执法也应当程序正当、分类施策，不能随意扩大调查范围，应保障企业权利以体现法治精神。而反垄断机构不仅被限定了与执法机关互动的权限，还应当负担一般反垄断机构的一般权限，此处的"权限"在其语境中等同于"义务"，并在《企业法典》中体现为以下方面。

　　第一，执行与协调：执行国家保护竞争和限制垄断活动的政策，在竞争保护和限制垄断活动方面对国家机关和其他组织进行部门间协调，开展保护竞争、限制垄断活动的国际合作；由其开展与国有企业和法人实体有关的活动，哈萨克斯坦共和国国家银行及其附属法人实体拥有50%以上的股份（法定资本份额），并与哈萨克斯坦共和国国家银行协调。

　　第二，国家监督：对哈萨克斯坦共和国保护竞争立法的遵守情况进行国家监督，行使该权力的主体包括国家和地方执行机构、具有国家监管市场主体活动职能的组织，旨在限制和消除竞争的行为、作为与不作为。对国有企业、国有控股50%以上的法人实体及其关联企业在设立、扩大和经营活动时进行监督，并征得反垄断机构的同意（或）改变其活动，仅限于开展已获得反垄断机构同意的活动；按照哈萨克斯坦共和国法律规定的方式，向执法机构申请开展业务搜查活动；监测商品市场价格，以发现违反哈萨克斯坦共和国竞争保护立法的迹象；监督国家支持措施提供者的活动是否符合《企业法典》第194条规定的要求，不包括公共当局和法人实体实施一系列反危机措施以支持经济和根据哈萨克斯坦共和国总统的命令，刺激商业活动和就业。

第三，警告制止：审议经济集中同意申请，警告并消除在相关产品市场滥用支配地位或垄断地位的行为，但哈萨克斯坦共和国自然垄断立法规定的违法行为除外；防止和制止市场主体反竞争协议、一致行动、不正当竞争，并协调竞争保护、限制垄断活动和商品市场运作方面的监管法律行为。向市场主体、国家、地方执行机构、具有规范市场主体活动的国家职能的组织的官员发出书面警告，禁止可能导致违规的行为（不作为）的哈萨克斯坦共和国竞争保护立法。

第四，制定批准：制定和批准自然垄断实体和准公共部门在保护竞争和限制垄断活动下提供强制性服务的规则；制定并批准分析具有社会重要性的市场的方法以及对国家拥有50%以上股份（法定资本份额）以上的国有企业和法人以及国有企业附属法人的商品市场进行调查的方法；制定并批准评估商品市场经济集中度的方法；与金融市场和金融组织监管、控制和监督授权机构达成协议，制定并批准评估金融市场经济集中度的方法；揭示由占主导地位或垄断市场主体设定的垄断高（低）、垄断低价；批准垄断高（低）价和垄断低价的认定方法；对市场主体、国家、地方执行机构、负有监管市场主体活动国家职能的组织违反哈萨克斯坦共和国保护竞争立法的事实进行调查，制定和批准监督国有企业、国家拥有50%以上股份（法定资本的参股权益）的法人实体及其附属实体的活动的监管条例，以获得同意设立、扩大和（或）改变所开展的活动，以及仅开展经反垄断机构同意的活动时，应遵循反垄断机构的意见；制定和批准市场主体协议草案是否符合哈萨克斯坦共和国竞争保护立法要求的审查规则；制定并批准市场主体反垄断合规外部规范行为；制定并通过商品市场价格监测程序，以便确定违反哈萨克斯坦共和国竞争保护领域立法的迹象；根据哈萨克斯坦共和国法律规定的程序，批准共和国公私合作项目的商业计划、共和国国家投资项目的投资要约、哈萨克斯坦共和国投资项目的招标（拍卖）文件共和国公私伙伴关系项目，包括对规定私人伙伴履行国家职能的项目中与保护竞争和限制垄断活动有关的部分进行修订和（或）补充。

第五，传播与分析：传播有关哈萨克斯坦共和国保护竞争和促进公平竞争的立法规范的适用情况的信息，分析商品市场竞争状况，对相关产品市场中具有支配地位、垄断地位的市场主体的活动进行分析和监测。

第六，信息公开：根据哈萨克斯坦共和国法律规定的程序，向国家机构提出请求并接受包括国家统计授权机构、国家税务机构、市场主体以及官员和其他个人和法人实体、本守则规定的行使权力所需的信息，包括构成受法律保护的商业秘密和其他秘密的信息，但银行秘密、保险秘密和市场证券中的商业秘密除外；在其互联网资源上放置对商品市场竞争状况的分析，但包含国家秘密和其他受法律保护的秘密的信息除外；向市场主体、国家、地方执行机构、赋予市场主体国家监管职能的组织发送关于市场主体、国家、地方执行机构、赋予国家监管职能的组织的作为（不作为）的通知；披露市场主体违反哈萨克斯坦共和国保护竞争立法的行为；在其互联网资源上发布关于违反哈萨克斯坦共和国竞争保护立法的调查结果和反垄断机构决定的信息。

第七，指令指示：向市场主体发出具有约束力的指令，或者向国家、地方执行机构、负有规范市场主体活动的国家职能的组织发出具有约束力的指示，废除或修改其通过的行为，消除违法行为，以及取消、撤销或修改协议他们完成的交易以及旨在确保竞争的行动的实施。

第八，参与诉讼：按照哈萨克斯坦共和国行政违法法规定的方式审议行政违法案件并实施行政处罚，参加法院审理违反哈萨克斯坦共和国竞争保护立法的案件；向执法机构发送用于对违反哈萨克斯坦共和国保护竞争立法的刑事犯罪进行审前调查的材料；违反本准则向法院提出终止、修改合同和（或）交易无效的索赔。

第九，报告与提交：每年不迟于 6 月 1 日向哈萨克斯坦共和国总统和总理提交关于某些商品市场竞争状况和限制垄断活动措施的年度报告，并且将其发表在国内互联网上。在报告年度次年的 1 月 5 日之前，向哈萨克斯坦共和国政府提交关于将国有企业、法人 50% 以上股份（章程中的股份）转移到竞争环境的提案，其中国有企业及其附属法人实体，以及更新国有企业、拥有 50% 以上股份的法人实体（章程资本中的参与权益）所从事活动清单的提案属于国家及其附属法人实体所有；提供保护竞争和限制。

第十，抑制垄断活动的国家政策的信息公开，包括每季度不迟于报告期后下个月的十五日，在媒体上发布有关其活动的信息，包括在其互联网。

第十一，特殊价格审查：审查国家垄断实体生产和（或）销售的商品的价格，这是一项特殊权利。

第十二，有权解释：对反垄断机构通过的保护竞争监管法律行为作出正式解释；规定市场主体发出的反垄断合规外部行为是否符合哈萨克斯坦共和国竞争保护领域的立法规范。

第十三，兜底：行使本法、哈萨克斯坦共和国其他法律、哈萨克斯坦共和国总统和哈萨克斯坦共和国政府法令规定的其他权力。

该条赋予反垄断机构广泛的执法权力，这有利于其对反竞争行为进行全面监管，发挥维护良性竞争秩序的作用，反垄断机构可以对各类限制竞争行为进行查处，可以控制经济集中，这对防止和纠正市场失灵十分必要。但是，反垄断执法也可能对企业合法权益造成一定影响，如增加合规成本等，这需要权衡考量。权力运行过程中还需注意采取分类施策，执法权力的行使需要正当的法律授权，监管内容和程序须明确合理，防止不合理束缚企业正常经营权。还需要通过司法审查、行政复议等途径建立权力制衡机制，防止执法机构权力过度膨胀和不合理监管。因此，虽然该条在经济法理指导下建立反垄断执法制度，但也需要注意加强监督约束，防止对企业合法权益的过度损害。这需要在经济法与反垄断法理间寻求平衡，使监管与发展得到统一。

（二）反垄断机构的权力

在履行公务时，包括审议违反哈萨克斯坦共和国竞争保护领域立法的申请、调查违反哈萨克斯坦共和国竞争保护领域立法的案件、监管根据其在出示服务证书或身份证时所赋予的权力以及反垄断机构调查该领域违反哈萨克斯坦共和国立法行为的决定，确定经济集中度和确定竞争水平在竞争保护方面。反垄断机构工作人员享有的权利主要有：按照哈萨克斯坦共和国法律的要求不受阻碍地进入国家机关和市场主体的场所和领土；在反垄断机构规定的时限内（不得少于 5 个工作日）向国家和地方执行机构、市场参与者、官员以及其他个人和法人索取并接收书面信息；对违反哈萨克斯坦共和国竞争保护领域立法事实的书面或口头解释；如果需要额外的时间，本分段第一部分中提到的人员可以向竞争主管机构提出合理的申请，要求延长按要求提供信息的期限；延长提供请求信息的期限或拒绝延期的决定应在收到附理由的申请后 2 个工作日内做出；行使哈萨克斯坦共和国法律规定的其他权力。

（三）针对反垄断机构错误行使权力的救济

要确保权力的行使遵守商业、官方和其他受法律保护的秘密的保密要求，反垄断机构在行使其权力时获得的构成商业、官方或其他受法律保护的秘密的信息不得披露，但是哈萨克斯坦共和国法律规定的情况除外。反垄断机构的工作人员应对泄露构成商业、官方或其他受法律保护的秘密的信息负责，因反垄断机构或其官员泄露构成商业、官方和其他受法律保护的秘密的信息而对个人或法人造成的损害，应根据《哈萨克斯坦共和国民法》相关条款予以赔偿。

赋予反垄断机构获取案件信息和现场调查权，是保障其能够有效行使反垄断执法职责的重要手段和权力保障。取得案件证据是制裁反竞争行为的前提，现场调查也有助于发现隐蔽的反竞争证据；但是，这些权力的行使也可能增加企业合规成本，影响正常生产经营，因此需要根据调查需要原则合理运用，避免过度频繁调查。反垄断调查权力需要有明确、合理的法律授权依据，调查范围和程序应当公平、公正，并接受司法监督；必须依法保守商业秘密等敏感信息，禁止泄密。因此，反垄断调查权力的设置必须在经济法与法理原则指导下进行制衡，使之在发挥正当作用的同时，也受到适度制约，防止对企业造成不合理负担。

五、国家对价格和税率的监管

《企业法典》第十一章第 116 条主要规定了国家对企业家的价格和关税的监管，明确表示除了《企业法典》规定的情况外，货物、工程、服务的价格和关税由商业实体自行确定，而国家需要制定价格和关税法规，以确保哈萨克斯坦共和国的国家安全、公共秩序、人权和自由以及公共卫生，同时国家对企业家的下列商品、工程、服务的价格和关税进行监管：对于具有社会重要意义的食品；自然垄断的商品、工程、服务；国家垄断、专权单位生产、销售的货物、工程和服务；国家实行价格管制的商品（工程、服务）；对于国际商业交易中的货物、工程、服务以及与国际商业交易相关的交易而产生的转让定价；通过国家规定价格的固定加油站零售石油产品，以及通过国家规定价格的固定加油站批发销售石油产品；药品边际价格的批准；制定特殊伏特加酒和伏特加酒、受原产地名称保护的伏特加酒、烈酒、干邑白兰地和白兰地的最低价格；制定过滤嘴和未过滤嘴卷烟、卷烟、小雪茄和加热烟草制品的最低零售价格；在不处于自然垄断状态的商品市场中，在某些情况下，包括紧急情况、自然灾害、国家安全等规定不能以对市场产生较小负面影响的方式解决所出现的问题。竞争状况；批准哈萨克斯坦共和国国内市场上可销售天然气批发销售的最高价格以及作为向哈萨克斯坦共和国国内市场供应液化石油气计划的一部分而销售的液化石油气的最高价格商品交易所之外；批准国家优先购买权范围内国家运营商购买的原料气和商业气的价格；批准能源生产组织的关税；关于补贴服务；对社会重要的食品的定价；贸易活动监管领域的授权机构与人口社会保护领域的授权机构协调批准具有社会意义的食品清单。

对社会重要的食品的零售价格阈值、对社会重要的食品的最高允许零售价格的大小由地方执行机构批准，阈值是允许的零售价格水平，其制定的目的是防止不合理的价格上涨，将通货膨胀控制在可接受的范围内，并确保企业家有权进入的国家的宏观经济稳定系统内。对社会重要食品的最高允许零售价格，在超过对社会重要食品零售价格阈值的情况下，由地方执行机构制定的零售价格水平予以确认。在签订对社会重要的食品供应合同时，必须强制确定边际加成的大小。违反此要求进行的交易无效，如果超过本地区社会重要食品的零售价格阈值，共和国城市、首都、地方执行机构在与交易活动主体协商后，有权设定其在该地区、共和国城市、首都的最高允许零售价格的大小，期限不超过 90 日。

自然垄断主体管制服务的关税形成。自然垄断实体管制服务的关税制定按照哈萨克斯坦共和国自然垄断立法执行。自然垄断是指商品、工程和服务的市场状态，由于某种商品、工程和服务的技术特点，不可能创造竞争条件来满足对某种商品、工程和服务的需求，或者在经济上不适宜。生产和提供此类商品、工程和服务，价格监管可以纠正市场失灵，保障消费者获取必需品，维护公共利益。但也可能扭曲价格信号，破坏市场机制，因此需慎用。对自然垄断等领域实施价格管制是必要的，但对竞争性产业则需要审慎，不能过度管制，需平衡政府与市场作用；价格监管须有明确法律授权依据，通过法定程序实施，并接受司法监督，防止行政机关酌情管制；价格管制力度应适度合理，符合比例原则，兼顾生产者、消费者利益，实现权利义务平衡。总体而言，价格监管既要发挥规范作用，也尊重市场经济规律；既依法实施，也注意结果评估。这对完善社会主义市场经济价格体制具有重要意义。通过处理好政府与市场、控制与自主的关系，可以使价格监管在保障公共利益的同时，也不过度影响微观主体的经营自主权。

国家价格监管。《企业法典》第 119 条规定，作为哈萨克斯坦共和国境内一定时期内的临时措施，按照反垄断机构确定的顺序，可以对某些商品市场和（或）个别市场的商品（工程、服务）实行国家价格管制实体。国家垄断、专权主体生产、销售的商品的定价规则由反垄断执法机构制定，指定的公共当局在审议国家垄断和特殊权利实体的申请时，应当按照本款第一部分所述的规则举行公开听证会。为了审查商品价格，国家垄断和特殊权利实体有义务以书面形式提供：销售价格信息，并附有价格水平的证明材料，最迟自实行国家专营或者专营商品之日起30个工作日内提供，在审议通知或信息时，反垄断机构可以在本法规定的期限内要求国家垄断和特殊权利实体提供做出决定所需的补充信息和文件，在提交补充信息文件期间，应暂停对通知或信息的审议，直至国家垄断或特殊权利实体提交相关补充信息文件。国家垄断或特殊权利实体提交补充信息文件后，反垄断机构应当恢复审议通知或信息。而具有社会重要性的市场的定价按照管理自然垄断的授权机构批准的具有社会重要性的市场的定价规则进行。

第119条规定国家价格监管授权反垄断机构在一定时期内实施国家价格管制。这种形式的国家价格管制是为了维护市场秩序，防止价格操纵、滥用市场支配地位和不正当竞争。通过价格管制，国家可以控制某些商品市场和特定市场的商品价格，以确保价格公平、合理，同时保护消费者免受不合理的价格波动的影响。法规明确规定了反垄断执法机构的权限和程序，以制定、审查和监督商品价格。这些程序包括公开听证会、提供销售价格信息和价格变化通知等要求。此外，法规还规定了审查期限和补充信息的提供要求，旨在确保价格监管的公平性和透明度，以保护市场参与者的合法权益。

国家垄断、特许主体生产、销售的商品的定价涉及国家垄断、特许主体生产和销售商品的定价规则。在经济法方面，这个法条体现了政府对垄断行为的监管，以确保公平竞争和防止市场滥用。反垄断执法机构负责制定和审查这些商品的价格规则，并要求国家垄断和特权实体提供相关信息，明确了反垄断执法机构的职责，包括审查垄断实体的价格，并规定了审查程序、时间限制和信息提供要求。这些规定旨在确保价格公平竞争，并避免不正当竞争行为。

具有社会重要意义的市场的定价涉及具有社会重要性的市场的定价，这些市场由管理自然垄断的授权机构进行规定。从竞争法的角度来看，这一法规旨在确保关键领域的价格合理性和公平性，以满足社会需求，同时保护消费者权益。这一法规授权特定机构对具有社会重要性的市场进行定价，以确保这些市场的稳定性和公共利益，补充了其他相关法律，以更好地管理和监督这些市场的价格。

以上法条反映了哈萨克斯坦在价格监管和垄断领域的立法框架，旨在维护市场公平竞争，保护消费者权益，并确保关键市场的稳定性。

## 六、具有社会重要意义的市场主体的服务（商品、作品）生产者的权利和义务

《企业法典》第 124-9 条关于生产者的认定体现了一定程度的社会价值取向，在消费者的前缀增加了"具有社会重要意义的市场主体的服务（商品、作品）"，并且认为这类生产者具有以下权利和义务。

（一）生产者的权利

第一，价格获取权利：生产者有权以不超过由管理自然垄断的授权机构制定的边际价格（收费率）的方式获取具有社会重要性的市场主体的服务、商品或工程。这意味着生产者有权以合理价格获得这些关键领域的产品或服务，以确保公共利益。第二，上诉权利：生产者有权按照哈萨克斯坦共和国法律规定的方式对管理自然垄断的授权机构的行为（不作为）及其做出的决定提出上诉。这确保了生产者可以在不满意授权机构决策时追求合法的司法救济。第三，申诉权利：生产者还有权向在自然垄断领域行使领导权的授权机构提出申诉，以及（或）向法院提起诉讼，针对具有社会重要性的市场主体违反哈萨克斯坦共和国立法的行为（不作为）。这确保了生产者可以报告并争取对违法行为的救济。第四，参与公开听证会的权

利：生产者有权参加公开听证会，这有助于确保他们的声音被听到，并能够对关键市场的事项进行审议。第五，其他权利：法规还提到了其他具体的权利，这些权利可能会根据哈萨克斯坦共和国法律规定的特定情况而有所不同，但都旨在确保生产者的合法权益受到保护。

（二）生产者的义务

第一，按时支付义务：生产者有义务按不超过管理自然垄断的授权机构制定的边际价格（收费率）的价格及时全额支付具有社会重要市场主体的服务、商品或工程费用。这要求服务提供者能够按照合理的价格提供服务，同时生产者需要按时支付费用。第二，满足技术要求义务：生产者有义务满足具有社会意义的市场主体根据哈萨克斯坦共和国法律规定的技术要求。这意味着生产者需要遵守相关技术标准和要求，以确保产品或服务的质量和安全性。

这一法条旨在平衡具有社会重要性的市场主体（例如自然垄断领域的服务提供者）和生产者之间的权利和义务。它确保生产者权益受到保护的同时，也要确保服务提供者能够提供合理价格的服务，并维护市场的公平性和透明度。此外，法规还为生产者提供了多种追求合法权益的途径，包括上诉、申诉和参与公开听证会等。

七、国家竞争管理领域的关系

《企业法典》认为国家竞争管理领域的关系是影响或应影响哈萨克斯坦共和国商品市场竞争的关系。市场主体、消费者以及国家机构和地方执行机构参与其中，而在这种情况下，消费者是指为自己需要购买商品的个人或法人实体。受到哈萨克斯坦共和国法人的固定资产和（或）无形资产或市场主体的股份（法定资本中的股权）、财产或非财产权受到直接或间接影响，或者哈萨克斯坦共和国国内的竞争是有限的，则该规定也适用于哈萨克斯坦共和国境外市场主体实施的行为。该条明确规定了谁会受到这些规定的约束。还考虑到了跨境经济活动，其重要性在于，它确保了所有市场参与者都在竞争政策的范围内受到约束，无论他们是国内还是国际市场上的参与者，都有助于维护国内市场和跨境经济活动中竞争的公平性。

## 八、对竞争的定义

竞争的概念在经济法中非常关键，因为它涉及市场主体之间的互动和竞争。《企业法典》第162条定义了竞争的基本概念，竞争是市场主体之间的竞争，其独立行动有效限制了各自单方面影响相关商品市场商品流通总体状况的能力，竞争以诚实、合法、尊重消费者权利的原则为基础，对所有市场主体，无论其组织形式和法律形式如何，都一视同仁、平等相待。这一法条对竞争的定义非常明确，强调了竞争的核心原则，包括诚实、合法、尊重消费者权益。这些原则构成了竞争政策的基础，确保所有市场主体都受到平等对待，不管其法律性质如何。此外，法条还明确了对所有市场主体平等对待的原则，无论其组织形式和法律形式如何，突出了在竞争政策下，所有市场主体都应受到平等和公平待遇的原则。

## 九、国家促进竞争的政策

《企业法典》第163条规定了反垄断机构是在保护竞争、限制垄断活动、控制和规范与国家垄断有关的活动方面行使领导权的国家机关，应当为保护竞争和限制垄断活动领域的国家政策的制定提出建议。中央和地方执行机构应在本法典和哈萨克斯坦共和国其他法律规定的职权范围内参与竞争领域国家政策的实施，国家机关在其职权范围内，有义务在相关经济部门执行国家政策时采取促进竞争的措施，不得采取对竞争产生不利影响的作为或不作为。

在涉及自然垄断实体和准公共部门提供的强制性服务时，为确保某些类型的商品、工程、服务的生产安全，自然垄断实体和准公共部门应向个人和法人实体提供哈萨克斯坦共和国法律规定的强制性服务。这里的强制性服务是指自然垄断实体和（或）准公共部门开展的活动（行动、过程），根据哈萨克斯坦共和国法律，对个人和法人实体具有强制性，并且确认其开展活动或行动（运营）的权利，未接受此类服务应承担行政或民事责任。自然垄断主体和准公共部门在向个人和法人提供强制性服务时使用信息化对象，并按照规定以机器可读形式向"电子政府"信息化对象提交数据。这体现了自然垄断主体和准公共部门在竞争保护和限制垄断活动框架内提供强制性服务的规则。

该法条涉及反垄断机构的角色和职责，以及其他国家机关在竞争政策领域的参与。反垄断机构负责领导国家在竞争政策领域的政策制定和实施，要求中央和地方执行机构在其职权范围内采取促进竞争的措施，并明确表示它们不得采取对竞争产生不利影响的行动或不作为，目标是确保国家机关在其各自领域内积极支持竞争政策，不会成为垄断行为的保护者。

自然垄断实体和准公共部门有向个人和法人提供强制性服务的义务。这些服务被限定为依照哈萨克斯坦共和国法律有关规定提供的服务，不接受此类强制性服务的个人和法人可能会承担行政或民事责任，目的是确保某些类型的服务（例如，关键基础设施和公共服务）在哈萨克斯坦提供给个人和法人，以维护社会和经济的稳定。信息化要求也反映了现代社会中信息技术的重要性，以提高服务的效率和透明度。

十、对市场主体的界定

以下是 2020 年 6 月 29 日修订《企业法典》164 条所规定的法定市场主体：从事创业活动的个人；哈萨克斯坦共和国法人实体或其分支机构，是独立纳税人（金融组织除外），开展企业活动；从事创业活动的外国法人（其分支机构、代表机构）；按照法定宗旨开展创业活动的非营利组织。该法条定义了市场主体，明确了谁被视为市场参与者。包括从事创业活动的个人、法人实体及其分支机构、外国法人，以及非营利组织（在其法定宗旨下从事创业活动的组织）。这一定义确定了谁受到经济法规定的义务和权利的约束，确保了法律规则适用于各种不同类型的市场参与者，包括创业者到跨国公司。

《企业法典》在166条对法人实体的附属机构进行了定义，特别是在国家拥有股份的情况下。在法人实体的附属公司中，国家拥有50%以上法定资本中的股权的法人实体，其50%以上法定资本中的股权被理解为是法人实体。法定资本直接或间接属于法人实体，其法定资本中的股份50%以上属于国家；间接关联是指每个后续关联人拥有另一法人实体50%以上的股份（法定资本中的股份）。确定在法人实体和其附属机构之间的所有权和控制关系，有利于维护竞争、保护消费者权益、防止垄断和不正当竞争，以促进公平竞争和经济的稳健发展。这些法律规定了国家监管竞争的目标、关系、概念以及相关机构的职责和义务，为哈萨克斯坦的市场环境提供了一定的法律基础和指导原则。这些法条的有效实施对于促进哈萨克斯坦的经济增长和繁荣至关重要。

### 十一、垄断活动的概念、种类和审查

（一）概念

《企业法典》第十五章第160条规定了垄断活动的定义和种类，是指市场主体能够控制相关商品市场，包括能够对相关商品市场的商品流通总体状况产生重大影响的活动，例如市场主体的反竞争协议、市场主体反竞争的协同行为以及滥用支配地位或垄断地位。

（二）种类

1.反竞争协议

反竞争协议是指涉及市场主体之间达成协议的垄断活动，其目的是限制竞争、扭曲市场，或产生不公平的竞争优势，包括价格协议、地域分割、市场份额划分等，这些协议旨在排除其他竞争者或阻止新竞争者进入市场。《企业法典》规定，这种协议属于竞争对手在同一产品市场销售或者购买商品的市场主体或者潜在竞争对手的市场主体之间的反竞争协议或者一致行动应当是横向的，竞争者是指在相关商品市场上生产和（或）销售与市场

主体商品相似或者可以互换的商品，与相关市场其他主体处于竞争状态的市场主体，且潜在竞争对手被认定为有能力（设备、技术）生产或销售与竞争对手商品类似或可以互换的商品，但不在相关商品市场生产和销售的市场主体。非竞争市场主体之间的反竞争协议，其中一方购买商品，另一方提供商品或者是其潜在卖方（供应商）的反竞争协议是纵向的。

2. 市场主体反竞争的协同行为

指市场主体之间采取协同行动导致竞争受到损害的垄断活动，即使没有正式的书面协议，一致行动也可能通过口头协议或暗示来实现，目的是干扰市场竞争并获得不正当竞争优势。禁止生产、销售商品的市场主体实施限制竞争的联合行动，包括建立和（或）维持购买或销售商品的价格或其他条件；对商品的生产、销售不合理的限制；无理拒绝与某些销售商（供应商）或者客户签订合同的；对与其他实体的同等合同适用歧视性条件。第一款规定的市场主体行为，同时满足下列条件的，可以视为同意：限制竞争；结果符合各市场主体的利益；市场主体的行为应当通过其中一个市场主体的公告或者其中一个市场主体公开发布有关该行为的信息而提前为每个市场主体所知；特定市场主体的行为是由参与一致行动的其他市场主体的行为引起的；市场主体的行为不应是同样影响这些市场主体的情况的结果（哈萨克斯坦共和国税收和其他立法的修订、消费动态、自然垄断实体的服务关税、原材料价格以及用于生产和销售的商品）；市场主体在相关商品市场的份额合计达到35%以上。在此情况下，一个市场主体在相关商品市场的份额不得低于5%以上。第一款所述市场主体的行为，无论是否存在书面协议，均应认定为约定。属于同一群体的市场主体实施的一致行动，其目的是通过引进先进技术、标准化、质量控制体系、环境保护来改善商品的生产（销售），为消费者提供相应的部分利益；中小企业的发展；标准化文件的制定和应用。

《企业法典》第170条对反竞争联合行为的禁止，体现了维护市场公平竞争机制有效运行的立法目的；反竞争联合行为将损害市场竞争，企业利用联合优势可以排除竞争对手，损害消费者利益。禁止这样的联合行为，可以减少企业的寻租行为，促进企业通过自身竞争力取得成功。有助于减少社会转型费用，促进资源优化配置。规定的行为类型明确，操作性强，有助于执法，对可带来一定积极效果的联合行为采取鼓励态度。反竞争协议和协同行为可以根据协议参与者之间的关系和目的进一步细化为横向和纵向协议。横向协议通常涉及市场主体之间的横向关系，即在同一产品市场上销售或购买商品的市场主体之间。如果这些协议导致或可能导致以下情况之一，就被视为违反法律：制定或维持价格、折扣、额外费用或加价；提高、降低或维持拍卖价格，扭曲交易和拍卖结果；商品市场的地域划分、销售数量或采购数量、销售商品范围或销售者或客户的构成；减少或终止商品生产；拒绝与某些卖家或客户签订合同。法条还定义了竞争者和潜在竞争对手的概念。竞争者是在相关商品市场上争夺市场份额的市场主体，而潜在竞争对手则指那些有潜力生产或销售与竞争对手商品类似或可互换的商品，尽管他们目前可能不在市场上进行销售。即使存在协议，但如果这些协议有助于改善商品生产或促进技术进步，或者消费者从中获益，那么它们可能被视为可接受的合理例外情况。通过将协议类型进行分类和定义，它为监管和执法机构提供了明确的指导和工具，以打击不正当竞争行为。

此外，就不当歧视和限制而言，如果市场主体之间建立或维持同等合同的歧视性条件，或者以不合理的方式在同一产品上设置不同的价格，这也被视为反竞争协议。无理限制或终止商品销售也是不允许的，除非卖方为顾客（客户）确定了商品的最高转售价格，否则由此类协议导致或可能导致确定商品的转售价格；同时规定客户（委托人）有义务不出售作为卖方竞争对手的市场实体的货物时，该禁令不适用于客户组织以商标或其他客户或生产商个性化方式销售商品的协议；此类协议规定卖方有义务不向作为客户（客户）竞争对手的市场实体出售货物。市场主体在经济、技术等方面不合理对同一产品设置不同价格（关税）的；无理限制或终止商品销售的；签订合同时，交易对方须接受额外义务。而这些义务的内容或根据传统商业惯例，与这些合同的主题无关的，限制其他市场主体作为某些商品的卖方（供应商）或其客户进入商品市场或将其排除在商品市场之外的，如果市场实体在所考虑的商品市场之一中的份额不超过20%，则本款第一部分规定的禁令不适用于纵向协议，组织和进行采购时的纵向协议除外货物和贸易或公私伙伴关系协议，包括特许权协议、特许经营权等。

反竞争协议应当以书面和（或）口头形式缔结（达成），与市场主体不属于同一群体且不在协调市场主体行为的商品市场中运作的第三方对市场主体行为的协调被认为是经济活动的协调。禁止市场主体协调经济活动可能导致、造成或者导致本条第一款至第三款所列后果的行为。反竞争协议的禁止不适用于属于一组人的市场主体之间的协议——如果这些市场主体之一控制另一个市场主体，或者这些市场主体由一个人控制。此处的控制是指个人或法人实体通过以下一项或多项行动直接或间接（通过一个法人实体或通过多个法人实体）确定另一个法人实体做出的决策的能力，或处置法人实体50%以上有表决权的股份（法定资本中的股份、单位），或行使法人执行机构的职能，根据政府和社会资本合作协议、综合营业执照（特许经营）、许可协议或者双方之间的其他协议，获得对市场主体开展创业活动条件的决定权或者对市场主体进行强制性指令的权利。版权所有者（版权所有者授权的人）和市场参与者以版权所有者的商标或其他个性化方式组织商品销售。

3. 滥用支配地位或垄断地位的垄断活动

涉及市场主体利用其支配地位或垄断地位来限制竞争，包括单方面采取行动或不采取行动，以不正当方式影响市场的正常运作。例如，一个市场主体可能滥用其市场支配地位来提高价格或阻止其他竞争者进入市场。

4. 货物和贸易采购组织的合竞争的要求

货物采购组织者、采购经营者和贸易经营者不得协调采购供应商和贸易参与者的活动，如果这种行为导致或可能导致防止、限制或排除竞争，货物采购组织者被定义为政府机关，哈萨克斯坦共和国国家银行及其部门除外。国有企业、法人实体、国家拥有 50% 及以上投票权股份（法定资本中的股份）及其附属法人实体、国家管理控股、国家控股、国家公司和组织，或国家管理控股、国家控股、国家公司直接或间接拥有的法定资本中的股份的 50% 及以上，哈萨克斯坦共和国国家银行拥有的组织和法人实体除外，哈萨克斯坦共和国国家银行拥有或由其秘密管理的有投票权的股份法定资本中的股份的 50% 及以上；地下资源使用者、大型矿藏开采者按照哈萨克斯坦共和国关于地下资源和地下资源利用的立法规定的方式购买货物；产能自然垄断，按照关税管制成本法批准关税并按照哈萨克斯坦共和国自然垄断立法规定的程序购买商品的自然垄断主体，但低税率主体除外。

采购和贸易经营者是指直接利用贸易或信息系统、商品交易所等交易平台为采购和贸易活动提供组织和技术支持的人员，但进行组织和技术支持的个人除外。使用贸易或信息系统、商品交易所和其他交易平台为采购和招标提供技术支持，以实施自有财产或为自身需要或市场主体的需要采购货物（工程、服务），与他们进入同一组。贸易经营者是指国家机关、国家机构、国有企业、法人实体、国家拥有 50% 及以上投票权股份（法定资本中的股份）及其附属法人实体、国家管理控股公司、国家控股公司、国家公司以及由国家管理控股、国家控股、国家公司直接或间接拥有 50% 及以上股份（法定资本中的股份）的组织；商品交易所以及市场主体之间、国家机关、事业单位与市场主体之间签订商品买卖合同的其他交易平台和系统，货物采购的组织者（以电子形式进行的采购除外），以及本法第 169条第 2 款第 3 项所指的地下资源用户，他们向授权的国家机构提供采购信息，或根据哈萨克斯坦共和国法律授权的组织应向反垄断机构提供。年度采购计划自批准之日起不晚于 1 个月，但在相应互联网资源上发布的除外；经反垄断机构批准的采购信息，每季度不迟于报告季度次月十日。除以电子形式进行的采购和招标外，采购和交易经营者应不迟于报告季度后下个月的第十天向反垄断机构提供季度交易信息，应反垄断机构的要求，以电子形式进行采购和交易的经营者应持续提供。通过交易信息系统、商品交易所等交易平台进行货物采购或交易的电子化，实现对货物采购和交易情况的实时监控。

《企业法典》第 169 条和第 169–1 条的立法目的与手段选择上高度一致，体现了竞争法的核心目的是维护市场竞争，防止参与主体利用自身优势采取反竞争行为，扭曲市场机制。这一立法目的契合经济法促进资源优化配置，保护消费者利益的目的。采用了经济法中常见的反垄断规则，如关于价格联盟、市场分割、抵制交易等方面的禁令规定，还建立了信息公开制度，这些手段与竞争法的一般方法一致，明确规定了构成违法的行为类型以及法律责任，这对于约束市场主体，维护市场规范运作非常必要，体现了对市场活力与公平竞争平衡的考量，如对符合特定条件的协议规定豁免条款，以兼顾鼓励创新的需要。尊重法律的公正原则，要求市场主体在竞争中地位平等，不存在歧视，遵循法律的明确性原则，对违法行为和法律责任作出明确规定；符合法律的必要性原则，仅对损害公共秩序与利益的行为进行必要的规制，体现法律的比例原则，兼顾保护公共利益与私权的平衡，贯彻法律的责任原则。明确规定市场主体的权利与义务，处理利益关系时，具有必要的灵活性，以适应多变的市场环境。符合信赖保护与公平竞争之间的平衡。

（三）垄断活动的审查内容

1. 对反竞争协议的审查

拟达成规定可受理协议的市场主体，有权向反垄断机构申请核查协议草案是否符合《企业法典》第 169 条的规定，并以电子形式附有必要的文件，反垄断机构应当自收到第一款规定的申请之日起 30 个自然日内对市场主体协议草案是否符合本法第 160 条的要求做出决定。市场主体可以向反垄断机构申请对协议草案进行审查，以核实其是否符合法律要求，有利于减少企业违法违规的机会，维护公平竞争。体现了公平原则与明确性原则，给予企业等主体平等权利，同时规定了申请和审查的时间期限，确定了企业和政府机构的权利义务。

2. 对市场支配或垄断地位的审查

市场支配或垄断地位指一个市场主体或者几个市场主体在相关商品市场中所具有的地位，使该市场主体或者几个市场主体具有控制相关商品市场的能力，包括对总体状况产生重大影响的商品流通。

市场参与者的支配地位应当按照反垄断执法机构批准的《商品市场竞争分析方法》确定。相关商品市场份额达到35%以上的市场主体，符合下列情形的，认定其具有市场支配地位：市场主体单方面决定商品价格水平并对商品市场商品销售总体条件产生决定性影响的能力；对商品市场准入存在经济、技术、行政或其他限制；市场主体对商品市场商品流通总体状况产生决定性影响的可能性存在的期限。市场主体持有50%以上股份的，不考虑前述所列情形，认定该市场主体具有市场支配地位。在相关商品市场中占有最大份额的市场主体的份额合计不超过3个，或者市场主体的份额合计不超过4个的，认定多个市场主体均具有市场支配地位。具有下列情形之一的，在相关商品市场中拥有最大份额的主体达到70%以上：长期（至少一年，或者不足一年的，在相关商品市场存续期内）市场主体份额相对规模不变或发生微小变化；市场主体出售或者取得的商品不得被其他商品替代用于消费（包括生产性消费）；有关该商品在相关商品市场上销售的价格和（或）条件的信息可供无限范围的人员获取。

满足以下条件的金融组织的支配地位应当得到承认：在相关金融服务市场中拥有最大份额的金融组织不超过两个，累计份额达到50%以上；在相关金融服务市场中拥有最大份额的金融机构不超过三个，合计份额达到70%以上，第172条第4款和第5款规定的市场主体在相关商品市场包括金融服务市场的份额不超过15%的市场主体地位，不得被认定为市场主体；自然垄断主体、国家垄断主体、特殊权利主体以及在相关产品市场上具有百分百支配地位的市场主体（垄断地位主体）的地位。市场主体有权向反垄断机构提交其在商品市场中的地位不被认定为市场支配地位的证据，反垄断机构自收到证据之日起 15 个工作日内对提交的证据进行审查并做出相应决定，并将决定发送给市场主体。对市场支配地位和垄断地位的明确规定，可以有效识别可能进行反竞争行为的企业，防止其排除、限制竞争，损害公共利益。清晰的概念和认定标准有利于法律实施，明确政府监管部门的识别和认定职责，该条有利于建立公平开放的市场环境，反映了明确性原则，清楚定义相关概念；公平原则，不因企业性质不同而有所差异对待；责任原则，规定了政府机构的监管责任。

根据《企业法典》第 174 条，滥用市场支配地位或垄断地位的行为也是受到禁止的，禁止对占据支配地位、垄断地位的市场主体采取（或不采取）导致或导致限制相关商品市场准入，排除、限制、排除竞争和（或）损害市场合法权益的行为实体或不定数量的消费者，包括：建立、维持垄断高（低）价格或垄断低价；无客观正当理由，对与市场主体或消费者达成的同等协议采用不同的价格或不同的条件，但由于生产、销售和交付商品的成本不同、非歧视性使用而采用不同价格的情况除外，考虑销售量、付款条件、合同条款的折扣系统；对从其购买的商品的转售按地域、顾客圈子、购买条件以及数量、价格制定限制；向市场主体或消费者订立协议施加条件或强加附加义务，这些义务的内容或根据传统商业惯例与这些协议的主题无关；无理拒绝与个人客户签订合同或销售商品，如果在上诉时存在生产或销售相关商品的可能性或存在逃税行为，并以未能回应在以下情况下签订此类合同的建议为依据，期限超过 30 日。

在这种情况下，如果在消费者提出请求时，没有生产或销售所需数量的商品，包括与签订相关商品销售合同相关的商品数量，则拒绝或逃避被视为合理；通过接受购买竞争对手生产或销售的商品的限制来限制商品供应；对消费者、市场主体有需求或者有生产或者供应可能性的商品，不合理地减少生产和（或）供应或者停止生产和（或）供应，将商品从流通中撤回，如果撤回的结果是商品价格上涨；对方在合同中强加经济或技术上不合理的、与合同标的无关的条款；对其他市场主体进入商品市场或退出商品市场设置壁垒；在经济上、技术上或其他方面不合理地对同一产品制定不同的价格（关税），创造歧视性条件；未能提供对关键能力的平等访问。

该条明确禁止了滥用市场支配地位或垄断地位的各种具体行为，以防止企业排除、限制竞争，损害公共利益。列举的典型滥用行为类型包括价格歧视、抵制交易、搭售、排他交易等，这些都会损害市场公平竞争，通过禁止这些行为，有利于减少企业的寻租行为，促进企业依靠提升自身效率和质量取得成功，能够更好地保护消费者的选择权和交易安全。

3. 对垄断高价和垄断低价的审查

确定商品的垄断高价时，应当考虑世界和哈萨克斯坦同类商品市场制定的交易所和场外价格指标。依据《企业法典》第 175 条，垄断高价是指具有支配地位或者垄断地位的市场主体设定的价格，如果该价格超过生产和销售该商品所需的成本和利润与该商品在竞争条件下形成的价格之和。相关或类似产品市场，包括由以下机构设定的价格：生产和销售商品所需的成本保持不变或者其变化与商品价格的变化不成比例；商品卖方或买方的会员资格保持不变，或者商品卖方或买方的会员资格变化不大；商品市场上商品流通的条件，包括国家监管措施，包括税收、关税和关税、关税和非关税监管造成的条件保持不变，或者其变化与商品价格的变化不成比例。如果合计满足以下条件，则不降低先前设定的商品价格：生产和销售商品所需的成本大幅下降；商品卖家或买家的成员资格决定了商品价格朝下降方向变化的可能性；商品市场上商品流通的条件，包括税收、海关和关税、关税和非关税监管等国家监管措施的条件，提供了使商品价格朝下降方向变化的可能性。

商品市场是指在其边界，包括地理范围内，基于经济、技术或其他可能性，不能被其他商品替代或可互换商品的商品，包括外国制造的商品的流通范围，或权宜之计，收购方可以购买商品，而除此之外不存在这种可能性或权宜之计。可比商品市场是指根据购买或者销售商品的目的以及进入条件确定的在销售商品数量、商品顾客或者销售者（供应商）构成方面具有可比性的另一个商品市场。如果无法比较同一商品市场的价格，则与可比商品市场（包括哈萨克斯坦共和国境外）的商品价格进行比较；如果无法确定可比商品市场或可比商品市场（包括哈萨克斯坦共和国境外）竞争情况下的现行价格，则应对市场主体的成本和利润进行分析，并确定合理的价格与货物的数量。

市场主体按照哈萨克斯坦共和国法律规定的商品价格不被认定为垄断性高价。在商品交易所和电子交易平台正常进行的交易中形成的交换商品的价格，如果不是由有限的垄断活动的结果确定的，则不应按照竞争主管机构确定的方式认定为高（低）垄断价格。通过本准则。如果交换商品的价格不超过审查期间在商品交易所和电子交易平台正常进行的交易中的现行价格，则按照竞争主管机构确定的方式，不应当认定为高度垄断。

垄断低价是指具有垄断地位的市场主体购买商品时的商品价格，如果该价格允许具有垄断地位的市场主体通过降低生产和（或）销售成本而获得额外收入，而牺牲向其销售商品的市场主体；该价格低于销售该商品的市场主体所需的金额、生产和销售该商品的成本以及利润。如果商品价格不符合《企业法典》175条第5款规定的至少一项标准，则不得将其视为垄断低价。

这一条款针对买方利用自身市场力量进行的垄断低价行为进行了规制，以防止买方压低供应商的价格，从而排除竞争对手，明确定义了垄断低价的判断标准，有利于执法部门的运用，防止买方利用自身实力进行价格歧视，损害供应商利益；避免买方通过低价排除竞争对手，形成或强化市场支配地位；有利于维护公平竞争环境，防止买方寻租。体现了比例原则，仅对滥用低价行为进行必要的规制；体现了明确性原则，明确定义了垄断低价的判断标准；体现了公平原则，防止买方利用优势地位压低价格；体现了保护信赖原则，维护正常的交易关系。

该条明确定义和规制了利用支配地位或垄断地位进行的价格歧视行为，以防止企业排除竞争对手，规定了判断垄断高价和垄断低价的具体标准，有利于执法部门认定，防止企业利用价格手段进行排他、歧视，损害消费者利益，有利于促进公平竞争，使企业依靠效率竞争而非不正当定价取得成功。

5. 对关键产能的审查

《企业法典》第176条规定了在市场条件下平等获取关键产能。关键产能是指市场主体（以下简称关键产能持有者）占据主导地位或垄断地位的商品、基础设施，其他市场主体无法进入该商品，无法在相关或者邻近地区生产和（或）销售该商品。商品市场。市场主体的产品、基础设施满足下列条件的，应当认定为关键能力：由于技术特点，商品、基础设施的重复是不可能的或在经济上不可行的；关键能力持有者对相关商品、基础设施享有拥有、使用和处置的权利；关键产能持有者提供相关商品、基础设施准入的能力；关键产能持有者无理拒绝进入相关商品或基础设施将对竞争产生负面影响；获取相关数量的商品，关键能力持有者的基础设施不通过交易所交易的方式提供。关键能力持有者必须按照反垄断机构批准的关键能力平等获取规则，向其他市场参与者提供平等的关键能力获取，但相关关键能力获取程序不同的情况除外。关键能力受哈萨克斯坦共和国立法管辖。而如果关键能力是原材料，相关关键能力的持有者必须仅向使用该原材料的商品生产者授予平等的准入权；如果关键能力是软件产品，则应按照哈萨克斯坦共和国知识产权领域法律规定的方式提供对其的访问。

这一规定有助于防止企业利用关键能力进行排他、歧视，促进公平竞争。强制共享关键能力，防止技术壁垒，降低进入壁垒，防止操控关键要素和进行高价歧视等排他行为，有利于新的竞争者进入市场并保护上下游企业的选择权和交易安全。企业在获得关键能力时应平等待遇，关键能力的共享应公开、公正，规定了关键能力共享的义务，仅对关键能力实施必要的规制，体现了平等原则、公正原则、明确性原则、比例原则。

## 十二、不正当竞争的概念与种类

（一）概念

《企业法典》第十六章规定了不正当竞争的内容，在第177条明确了哈萨克斯坦关于不正当竞争的概念。不正当竞争是指一个市场主体或多个市场主体为了在商业活动中获取利益而采取的任何违反哈萨克斯坦共和国法律、营业额惯例、要求的善意、合理、公平行为，已经或可能对其他市场主体和竞争对手造成损害，或已经或可能对其商业信誉造成损害的行为。不正当竞争包括但不限于下列行为：不当使用商品、作品、服务以及版权对象的个性化手段；不当使用其他生产商的商品；产品外观的复制；抹黑市场主体的；故意虚假、不公平、不准确的广告；销售或购买强制分类的商品；呼吁抵制竞争对手的销售商或供应商；呼吁歧视客户或供应商；市场主体要求其与竞争对手解除合同的；向卖方或供应商的员工行贿；贿赂客户的员工；不正当使用构成商业秘密的信息；销售商品时向消费者提供有关商品和生产商的性质、方法和地点、消费者属性、质量和数量的不可靠信息；市场主体将其生产、销售的商品与其他市场主体生产、销售的商品进行不正确比较的；为改变商品的供应商（供应商）制造障碍的。

（二）种类

《企业法典》第177条列举了多种典型的不正当竞争行为类型，有助于识别和处理扭曲市场秩序的各类违法行为，保护正常经营的企业不受不正当竞争的损害。利于营造一个规则明确、公平竞争的市场环境，防止一方打压别人利益，维护市场规则。

1. 不当使用商品、作品、服务以及版权对象的个性化手段

不当使用商品、作品、服务以及版权对象的个性化手段是指未经他人许可，不当使用他人的商标、服务标记、公司名称、原产地名称或类似商品的类似名称或使用他人的商标、服务标记、公司名称、原产地名称或类似名称。文学、艺术作品、期刊的版权所有者或授权人姓名，或以可能在

商品的性质、方法和产地、消费者属性、质量和数量方面误导消费者的形式在包装上使用这些名称，或与其生产者的关系。不当使用其他生产者的商品是指未经版权所有者或授权人许可，通过更改或删除生产者的名称，将其他生产者的商品以其自己的名称引入经济流通。禁止不当使用商品个性化手段的规定有利于防止假冒伪劣商品排挤正品，防止扰乱正常交易秩序，保护知识产权和商业信誉，维护品牌效应，防止消费者被误导，保护消费者利益；遏制不正当竞争手段，如抄袭品牌包装等，有利于惩治假冒伪劣行为，建立诚信市场。

2. 产品外观的复制

复制产品外观，是复制其他市场主体的产品外观并引入经济流通，可能误导消费者对商品生产者的认识。如果仅出于功能用途而复制产品外观或其部件，则不算不当。《企业法典》第180条属于反混淆法规，它通过禁止模仿外观混淆消费者，维护市场准入秩序。考虑功能性需求的例外，则体现法理上的平衡。

3. 市场主体信誉丧失

抹黑市场主体是指以任何形式故意传播与市场主体活动有关的虚假、不准确信息。《企业法典》第181条属于商业诽谤法规，它通过制止传播虚假言论，保护企业商誉，维护市场真实信息秩序。

4. 故意虚假、不公平和不准确的广告

不公平、不准确和故意虚假广告的特征应根据哈萨克斯坦共和国法律确定。《企业法典》第182条属于反假广告法规。它通过打击不实广告信息，规范市场营销秩序，保障消费者知情权。

5. 强制搭售商品的销售或购买

强制搭售商品的销售或购买，是指销售者、供应商或顾客为销售或购买商品设定附加要求或条件，损害销售者、供应商、消费者权利的行为。根据其内容或传统商业惯例，这些人与交易标的不相关。《企业法典》第183条禁止强制捆绑销售，属于反不正当竞争法规范。从经济法角度看，它通过制止无关的强制搭售行为，保护交易各方的自主选择权，防止一方利用捆绑获得不公平优势，扰乱正常交易秩序。这符合维护市场公平竞争的需要。从法理上看，它体现交易应建立在自愿的基础上，防止一方强制增加交易成本和限制自主权，以达到权利义务之间的平衡。

6. 呼吁抵制竞争对手的销售商（供应商）

抵制竞争对手的卖方（供应商）或其商品是竞争对手直接或通过中间人组织的，旨在拒绝客户与竞争对手的卖方（供应商）建立合同关系或购买其商品。《企业法典》第 184 条禁止呼吁抵制竞争对手，属于反不正当竞争法规范。它抑制企业通过联合行为排挤竞争对手，保护竞争对手和消费者的交易自主权，防止扭曲市场价格机制，有利于维系有效竞争。从法理上看，它限制企业滥用联合优势损害他人权益，以平衡各方权利能力。

7. 呼吁歧视客户或供应商

呼吁歧视客户或供应商，是指客户或供应商的竞争对手直接或通过中间人，旨在迫使供应商或客户拒绝签订合同或对其他客户在同等合同的条件下施加歧视性条件的行为。《企业法典》第 185 条禁止歧视要求属于反不正当竞争法规范。从经济法角度看，它制止企业因竞争关系而实施差别待遇，保障公平竞争条件，防止扭曲资源配置效率。这符合优化资源配置的目的。从法理上看，它体现平等原则，防止一方出于主观目的损害他方权益。

8. 要求终止与竞争对手的合同

要求终止与竞争对手的合同是市场主体的行为，旨在通过直接或通过中间人提供或提议，不履行或不当履行另一市场主体（与竞争对手签订的合同的一方）的合同义务。物质报酬、其他优势或对市场主体开展活动的不合理抵制。《企业法典》第 186 条禁止破坏竞争对手合同，属于反不正当竞争法规范。从经济法视角看，它保护契约关系，促进商业诚信，降低交易成本，有利于市场稳定。从法理上看，它强化了履行诺言和约定的法理义务，维护契约自愿、平等的基础。

9. 贿赂雇员、卖家或供应商

贿赂卖方（供应商）员工是指因卖方（供应商）员工的不当履行或不履行义务，直接或通过中间人向客户的竞争对手提供财产或非财产利益，从而导致或可能导致客户的竞争对手获得相对于客户的某些优势和（或）客户的损失。禁止商业贿赂，属于反不正当竞争法规范，它通过制止不正当手段获取交易优势的行为，维护公平竞争环境，促进资源合理流动，体现法律面前人人平等原则，防止一方利用贿赂获得不应有的利益。

10. 贿赂客户的雇员

贿赂客户员工是指直接或通过中间人向卖方（供应商）的竞争对手提供财产或非财产利益，以换取客户员工的不当履行或不履行义务，从而导致或可能导致蒙混过关。《企业法典》第 188 条禁止贿赂客户员工，这属于反不正当竞争法的规范。它通过制止企业利用贿赂获得交易优势的不正当竞争方式，保护公平的市场竞争秩序，防止一方以不正当手段谋取利益，避免扰乱正常的商业活动。这符合经济法维护有效市场竞争机制的目的。从法理的角度看，它体现了权利义务对等和平衡的原则，防止一方利用贿赂获得不应有的利益，进而损害其他方的权益，并维护各方在法律面前的平等地位。

11. 不正当使用构成商业秘密的信息

不当使用构成商业秘密的信息是指根据哈萨克斯坦共和国法律，未经版权所有者许可而使用构成商业秘密的信息。《企业法典》第 189 条禁止挪用商业秘密，属于知识产权保护的法规。它通过保护商业秘密避免他人免费搭便车，鼓励创新投入，防止削弱创新激励。这有助于促进市场创新活力，优化资源配置。从法理上看，它体现了知识产权依法应得到保护的原则，维护创新者的权益。

12. 销售商品时向消费者提供有关商品和生产者的性质、方法和地点、消费者属性、质量和数量的不可靠信息

提供不准确信息的商品销售是指以任何形式向消费者提供有关商品或

生产者的性质、方法和地点、消费者属性、质量和数量的不准确信息。第190条禁止提供商品不实信息，属于保护消费者权益的法规。它通过减少信息不对称，让消费者可以在充分知情的基础上做出理性选择，有助于形成顺畅的供求关系。从法理上看，它体现了消费者的信息知情权应受到尊重的原则。

13. 市场主体将生产或销售的商品与其他市场主体生产或销售的商品进行不当比较

市场主体将其生产或销售的商品与其他市场主体生产或销售的商品进行不恰当的比较，是指将任何商品与商品进行比较的公开声明、申请、肯定（被认为是其他市场主体的商品），包括在没有书面证据证明其商品优于竞争对手商品（将其商品归因于竞争对手商品）的情况下使用最高级。通过制止提供误导性比较信息，避免损害企业商誉，保护公平竞争。从法理看，它体现了公平竞争与言论自由之间的平衡原则。

### 十三、国家垄断和特许权利规范

（一）概念

国家垄断是国家在竞争市场上生产、销售和（或）购买任何产品的专有权。国家有权通过法律规定限制在竞争市场上销售商品可能对宪法秩序、国家安全、公共秩序保护、人权和自由以及公共卫生产生不利影响的商业领域的竞争。国家制造和（或）销售、购买或使用商品的专有权，或依法授予市场参与者特许权利。国家垄断实体，除"公民政府"国家公司、社会健康保险基金和国家技术服务机构外，只能是根据哈萨克斯坦共和国政府决定设立的国有企业。

特许权利是指市场参与者依法享有的在竞争市场上生产、销售或购买产品的排他性或者优先性权利。特许权利的主体可以是国有企业、股份公司、有限责任合伙企业，其100%的股份（法定资本中的参股股份）直接或间接属于国家，按照下列规定确定：按照哈萨克斯坦共和国政府规定的程序。禁止违反该条要求，授予市场主体在竞争市场上制造、销售和（或）购买任何商品的其他排他性或者优先权，反垄断机构应当编制并保存国家垄断和特许权利实体的国家登记册。

禁止国家垄断、特许权利实体生产不属于国家垄断、特许权利范围的商品，不包括与商品生产相关的技术活动；持有股份（法定资本中的参与权益）并以其他方式参与其他法人实体的活动；转让与国家垄断相关的权利、特许权利；按照反垄断机构规定的程序，对生产或销售的商品设定与管理相关政府部门（地区）的公共当局设定的价格不同的价格。如果发生自然灾害、流行病、动物流行病和阻碍核心活动进一步继续的限制，哈萨克斯坦共和国政府应授予国家垄断、特许权利实体开展技术上接近核心活动的其他活动的权力，直到核心活动恢复为止。国家垄断、特许权利实体是公共利益实体，并有义务遵守哈萨克斯坦共和国的会计和财务报告法，必须对每一类活动（包括技术相关活动）所涉及的收入、成本和资产进行单独核算，与商品、工程和服务的生产技术相关的活动清单应由负责相应公共行政部门（地区）的公共当局与反垄断当局协商批准，对国家垄断实体遵守《企业法典》第六款规定的限制的监督，反垄断机构根据本法行使特别权利。

（二）实行国家垄断与特许权利的限定条件

必须在决定颁布前至少六个月通知市场参与者；国家垄断、特许权利实行后六个月内生产、销售或者使用该产品的市场参与者，有权销售该产品，超过上述期限的交易除外；根据哈萨克斯坦共和国民法，市场参与者因引入国家垄断、特许权利而造成的损失，应以预算资金予以补偿。反垄断机构应按照批准的时间表每年对某些国家垄断或特许权利实体的活动进行分析，并在报告年度次年1月5日之前向共和国政府提交建议哈萨克斯坦关于将国家垄断或特许权利的活动转移到竞争环境的问题，向竞争环境转移时，不得在相关产品市场上出现垄断地位或限制竞争。

（三）违反法律法规的特许权利剥夺

如果该实体在一个日历年内两次或两次以上违反本规定的要求或滥用其在商品市场上的垄断地位，则根据政府确定的程序，应剥夺该特许权利实体的地位。

（四）排除适用

本条规定不适用于单一累积养老基金、哈萨克斯坦共和国国家银行为履行其职能做出贡献的子公司和（或）金融市场基础设施的一部分、自然垄断实体的活动。

（五）法律评价

《企业法典》第 193 条关于国家垄断和特许权利的规定，立法目的在于在国家监管与市场竞争之间寻求平衡。鉴于某些领域与公共利益高度相关，可能需要国家介入进行监管，以纠正市场失灵。因此，该条明确定义并赋予了国家设置国家垄断和授予特许权利的权力。国家垄断是国家对特定商品或服务行业实施的生产及销售的完全控制，特许权利则是国家授予某些企业在特定领域的排他性生产或销售权利。这为国家进行必要的市场干预提供了制度依据。与此同时，考虑到这种干预可能导致不必要的行政垄断和扭曲市场秩序，该条也设置了一系列制约措施。例如，规定了能够获得这些权利的企业范围，要求反垄断机构负责监管，明确了权利主体的业务限制，要求实行独立核算，规定了设置条件及违法后的处置措施等。这有助于防止国家监管权力的滥用，保证国家干预在必要范围内进行。

综上所述，第 193 条在充分考虑国家监管的必要性与可能的负面影响之间，设计了国家垄断和特许权利的规定，既提供了国家干预市场的权力，又设置了各种制约措施，以保证这种干预不会演变为无节制的行政垄断，从而在国家监管与市场竞争之间实现了立法上的平衡。这种平衡不仅体现了立法者的谨慎和审慎态度，也使相关规定在应对多变的市场环境时更具弹性和适应性。

### 十四、竞争保护

（一）概念

《企业法典》第十八章主要规定了竞争保护的问题，第194条的主要内容是反不正当竞争行为、国家和地方执行机构、具有国家监管市场主体活动职能的组织之间的协议。国家、地方执行机构、国家指定的具有规范市场主体活动职能的组织在履行国家职能或提供国家支持措施时的反竞争行为（不作为），表现为作为（不作为）；采取导致或可能导致限制或消除竞争的行为或决定，应按照哈萨克斯坦共和国法律规定的方式予以禁止并视为全部或部分无效，但哈萨克斯坦法律规定的情况除外。哈萨克斯坦保护宪法秩序、公共秩序、人权和自由以及人民的健康和道德。

（二）不正当竞争方式界说

国家和地方执行机构、具有国家监管市场主体活动职能的组织的反不正当竞争方式，包括：对任何活动领域的市场主体的创建实行限制；对市场主体活动的无理抵制；禁止或限制货物自由流动，以及对市场主体销售货物权利的其他限制；向市场主体发出优先向某类客户供货或者优先向特定销售商（供货商）采购商品或者优先签订合同的指令；对商品消费者选择提供该商品的市场主体设立限制；旨在提高、降低或维持价格的行为。

按照属地原则、商品购销量、销售商品范围或者销售者（供应者）或者顾客的构成划分商品市场的行为；限制商品市场准入、退出或者清除商品市场主体；向某些市场主体提供使其相对于竞争对手处于特权地位的利益或其他优势，或者与竞争对手相比创造不利或歧视性的活动条件；直接或者间接胁迫市场主体优先签订合同、优先向特定消费群体交付商品或者优先购买特定销售商（供应商）的商品；未能为市场主体提供平等获得私营企业公共支持措施的机会。

（三）排除竞争协议适用豁免

禁止国家、地方执行机构、地方自治机构、市场主体具有国家监管职能的组织之间或者它们与市场主体之间达成导致或可能导致限制、排除竞争的协议，但下列情况除外：制定哈萨克斯坦共和国法律，以保护宪法秩序、公共秩序、人权和自由、健康和道德以及哈萨克斯坦共和国批准的国际合同。

（四）为私营企业提供公共扶持措施的禁止

禁止限制新市场参与者获得国家支持措施的机会；对私营企业施加与国家支持对象没有内在关系的额外义务；征收哈萨克斯坦共和国法律未规定的费用和其他费用；协调国家支持措施接受者的活动，如果该行动将或可能导致防止、限制或消除竞争。

实施国家支持私营企业的新措施，确定国家为私营企业提供支持措施的程序的监管法律草案应经反垄断机构批准，但须符合第 3 款的要求。

（五）批准考虑因素

当反垄断机构批准出台新的国家支持私营企业的措施时，规定国家为私营企业提供支持措施的程序的监管法律草案应考虑以下内容：产品市场集中度；存在市场进入的经济、技术、行政壁垒；中小企业的参与比例；新市场参与者出现的动态；平衡商品市场，满足国内需求；国家参与相关产品市场的程度；国家计划系统文件批准的目标、目标指标、商品市场竞争发展目标和指标的实现情况；鉴于商品市场的竞争状况，确定对私营企业公共支持措施的优先顺序的其他有记录的情况。

（六）排除适用

《企业法典》第 194 条第 1、2、3、3-1 和 3-2 款的规定不适用于根据总统指示发起的一系列支持经济、刺激商业活动和就业的反危机措施的实施。

（七）立法调查程序法

哈萨克斯坦共和国国家银行违反哈萨克斯坦共和国竞争保护领域立法调查结果的结论草案应提交或以信函形式发送，通知调查对象，时间上应当晚于调查结束前 30 日。如果不同意关于违反哈萨克斯坦共和国竞争保护领域立法的调查结果的结论草案中提出的论点以及哈萨克斯坦共和国国家银行的上诉，至少 20 名反垄断机构官员在调查结束前的日期向调解委员会提交关于保护竞争领域违反哈萨克斯坦共和国立法的调查结果的结论草案，供调解委员会审议，其中包括哈萨克斯坦共和国国家银行和反垄断机构的代表。调解委员会应在结论草案提交之日起不超过 5 个工作日内审议所提交的关于违反共和国立法事实的证据的完整性和质量。哈萨克斯坦在竞争保护领域的问题，并邀请参加调查的人员参加会议。调解委员会根据结论草案的审议结果，对有（无）意见提出意见和建议。

如果反垄断机构接受对结论草案的意见，则结论草案最终定稿，并应在不迟于 5 日内再次提交调解委员会审议。反垄断机构不接受对结论草案提出意见的，应当向调解委员会说明不同意的理由。反垄断机构批准结论的决定应在调解委员会对结论草案未提出意见的情况下做出，并应自反垄断机构下令之日起 10 日内发布。至此调查已经完成。调解委员会的行动程序及其组成由反垄断机构与哈萨克斯坦共和国国家银行协调确定。

（八）法律评价

《企业法典》关于竞争保护的规定，立法目的在于维护市场公平竞争秩序，防止公权力对竞争环境的不当影响。鉴于国家机构和监管组织在履行公共管理职能时，有可能滥用职权采取限制或排除竞争的做法，因此该条明确禁止这些主体做出反竞争行为，并详细列举了可能的反竞争方式，如分割市场、差别待遇等，以便执法部门明确监管方向。同时，考虑到某些情况下基于公共利益的需要确需限制竞争，该条规定了反竞争协议的例外情况，体现了立法上的利益平衡。在国家支持措施方面，该条要求提供公平机会、禁止歧视私企，并要求新出台的支持政策需经反垄断机构审批，以预防产生反竞争效果。此外，该条还规定了反垄断调查程序，保障当事人权利；并授权反垄断机构与中央银行制定调解规则，体现立法与行政的配合。综上所述，本条规定比较全面地维护了市场公平竞争秩序，在保护公共利益与促进竞争之间实现了立法上的平衡，体现了竞争法立法的价值取向。

### 十五、反垄断机构采取的措施

（一）措施的种类

《企业法典》第 195 条规定为了防止违反哈萨克斯坦共和国竞争保护领域法律的行为，反垄断机构采取以下措施：商品市场竞争状况分析；经济集中度的监管；对占据支配地位、垄断地位的市场主体的活动进行监控；监测商品市场价格。

（二）反垄断合规行为的实施

反垄断合规是防止违反哈萨克斯坦共和国竞争保护领域立法的措施体系。为实施反垄断合规，市场主体有权采取反垄断合规行为：规定相关商品市场市场主体公平竞争政策和规则的对外行为；内部法案规定了风险评估的方法、手段和市场实体组织工作的程序，以管理违反哈萨克斯坦共和国竞争保护领域立法的风险，并按照合规性制定符合反垄断机构批准的方法建议。

市场主体（实体）有义务向反垄断机构提交反垄断合规外部行为草案，以证明其遵守哈萨克斯坦共和国竞争保护领域的立法，并应在该机构的审查范围内进行审议。反垄断机构审议的外部反垄断合规法案草案应以一个月为限，如果符合哈萨克斯坦共和国竞争保护领域的立法规范，则应视为澄清哈萨克斯坦共和国立法的法案。

（三）制定和实施内部反垄断合规行为的方法流程

管理国内反垄断合规法案的进行阶段，制定和实施内部反垄断合规行为的措施内容以及内部反垄断合规行为其他规定；评估与市场参与者活动相关的反垄断合规风险的方法、反垄断合规内部行为运作效率的方法，建立反垄断合规风险内部控制体系。在审查违反哈萨克斯坦共和国竞争保护领域立法的案件时，应考虑市场参与者是否存在有效运作的反垄断合规内部行为。

十六、商品市场竞争状况分析

《企业法典》第196条对商品市场的竞争状况进行分析，以确定竞争水平，识别占据支配地位或垄断地位的市场主体，制定一套旨在保护和发展竞争、防止、限制和制止垄断活动，包括经济集中度调控；在考虑反竞争协议和协同行为、滥用支配地位或垄断地位的特征时确定市场主体的支配地位；建立国家存在于商业环境中的可行性。商品市场竞争状况分析应当按照竞争主管部门批准的竞争状况分析方法进行，在商品市场；在金融服务市场——与金融市场和金融组织监管、控制和监督的授权机构以及哈萨克斯坦共和国国家银行协调。

（一）商品市场竞争状况分析步骤

商品互换性标准的定义；商品市场边界的确定；确定商品市场研究的时间间隔；确定商品市场经营主体的构成；商品市场交易量和市场主体份额的计算；商品市场竞争环境状况的评估；确定市场主体的活动存在影响竞争发展的障碍、困难或者其他限制的情况或者特征，包括商品市场进入壁垒的界定；商品市场竞争状况分析结果的结论，体现在结论中。如果由于经济、技术和其他原因而无法在境外获得产品或可互换产品，则商品市场的边界决定了消费者获得该产品或可互换产品的地域。

（二）可互换商品

指在功能、用途、质量和技术特点、价格等参数上具有可比性，使得消费者在消费（生产）过程中可以相互替换的一组商品。商品市场的边界应根据商品购买的可获得性并按照下列标准确定：在特定地区购买商品的可能性；运输成本相对于货物成本的合理性和正当性；在运输过程中保持货物的质量、可靠性和其他消费者属性；不存在限制（禁止）货物销售、进出口的情况；在进行商品销售和供应的地区存在平等的竞争条件。

商品市场容量是指市场范围内商品或可互换商品以实物或价值指标销售的总和，并考虑到商品或可互换商品的进出口量。市场主体将部分产品用于自身需要的，仅在该产品市场上销售的数量计入销售额。市场主体在相关商品市场的份额，是指市场主体在市场地域范围内销售该产品或者可互换商品的数量占相关商品市场总量的比例。市场主体份额的确定，应当掌握交付量占总供应量比例达到 85% 以上的主体信息。市场主体、其协会和负责人、国家机关、地方执行机关，包括国家统计领域的授权机构、国家税务机关及其官员，有义务提供可靠的文件、书面和口头解释以及其他信息。应反垄断机构要求提供的信息，包括构成商业秘密的信息，是反垄断机构在规定的期限内行使《企业法典》规定的权力所必需的，且不得少于 5 个工作日以上。在规范经济集中，以及识别反竞争协议和协同行动的特征、滥用市场支配地位或垄断地位以确定市场主体的支配地位时，应分析商品市场，但不包括本条第 3 款、第 6 款和第 7 款规定的阶段。如果对商品市场竞争状况的滥用支配地位或垄断地位迹象进行分析表明，该市场主体的市场份额超过 35% 但低于 50%，或者存在累计支配地位的市场主体，对商品市场竞争状况的分析应当按照本条第 3 款规定的所有阶段进行。为确定国家在商业环境中存在的适当性而进行的分析应根据本条第 3 款第（1）和（2）项规定的步骤完成，具体方式由反垄断机构裁量。

（三）参照依据

商品市场竞争状况分析应根据国家统计领域权威机构、政府机构、市场主体及其协会提供的信息以及按照《企业法典》规定提供的信息进行。市场主体有权向反垄断机构提交其营销研究结果，供反垄断机构在分析过程中使用。

《企业法典》第 196 条关于商品市场竞争状况分析的规定，立法目的在于维护市场竞争。为实现这一目的，该条明确了进行分析的具体目的，即判断竞争水平，识别市场支配地位，并据此制定保护和促进竞争的措施。这体现了竞争法的价值取向所在，即通过监管维护市场公平竞争。

在监管方面，该条规定了主要内容，包括经济集中度控制、识别市场支配地位、判断国家适当竞争等竞争法监管的各个方面。同时，还详细列出了分析的具体步骤，比较全面地覆盖了相关市场界定、主体识别、市场容量计算等方面的内容。这为竞争监管机构的工作提供了操作性的指导。

为确保分析的准确性，该条对一些关键术语进行了界定，如相关市场、互换性商品等，避免模糊地带造成监管失误。同时还规定了确定市场份额的标准，明确了信息来源，这也有助于保证分析客观性。考虑到不同情况下监管强度不同，该条还要求对市场份额处于中间水平的情况进行全面分析，体现了差别化监管的理念。

为支持监管工作，该条还明确了市场主体的配合义务，以及授权竞争机构制定具体分析方法，反映了立法与行政之间的配合。总之，这条规定比较全面具体地设计了商品市场分析的各个环节，在维护市场竞争的同时兼顾了操作性，符合竞争法的价值取向。

（四）对在受监管市场中占据支配地位或垄断地位的市场主体的活动进行监控

《企业法典》第197条规定了对在受监管市场中占据支配地位或垄断地位的市场主体进行监控的相关内容。监控的目的是查明和制止这些主体滥用市场支配地位或垄断地位的违法行为。该条明确了列入名录的这类主体需要向反垄断机构提交的信息，包括经审计财务报表、股权转让信息和垄断产品信息。提交这些信息是这类主体的法定义务。通过获得这些信息，反垄断机构可以对这些主体的活动进行监测，以发现和制止滥用市场支配地位或垄断地位的违法行为。该条的规定为反垄断机构开展监测提供了信息支持，有助于维护市场的公平竞争。

关于对市场支配者和垄断者进行监控的规定，立法目的在于维护市场公平竞争。鉴于在受监管市场中占据支配地位或垄断地位的主体具有排除、限制竞争的能力和动机，因此有必要对这些主体的活动进行监测，以发现和制止其滥用市场地位的违法行为。该条规定了监控的主体范围，仅针对列入名录的在受监管市场中占据支配或垄断地位的企业，体现了差别化监管的理念。这些企业有明确的法定义务，必须向反垄断机构报送各类信息，包括审计财务报表、股权变动信息和垄断产品信息等。报送的时间和方式也有明确要求。该条还授权反垄断机构可以规定具体的报送内容，以配合监管需要。可以看出，这条规定目标明确，内容具体，操作性强，有利于实现维护市场公平竞争这个竞争法的核心立法目的。它采取差别化监管，只针对具有排除竞争能力的市场支配者和垄断者设计了监控机制，既维护了竞争，也减少了对普通企业的监管成本，符合竞争法的价值取向。

（五）对可能违法的行为采取警告措施

《企业法典》第198条规定了反垄断机构对可能违法的行为采取警告措施的相关内容。为预防违反竞争法的行为发生，反垄断机构可以对市场主体、国家机构和地方机构就其公开发表的可能导致违法的计划行为进行警告。当反垄断机构发现上述主体的有关公开声明时，可以在10个工作日内做出警告决定。警告中应当包括存在警告理由的结论性说明，以及可能违反的具体法律规范。通过事先警告，可以促使相关主体注意遵法，从源头上预防违法行为的发生，维护市场的公平竞争。

第198条关于发出违法警告的规定，立法目的在于从源头上预防违法行为的发生，以维护市场竞争秩序。该条赋予了反垄断机构对可能导致违反竞争法的行为采取警告措施的权力。警告对象包括市场主体以及国家和地方机构，范围广泛。发出警告的具体条件是这些主体公开发表了可能构成违法的计划行为。反垄断机构可以在发现该行为后的10个工作日内及时做出警告决定。为保证警告的针对性，该条还要求警告中应当包含对违法可能性的预判分析，并指明可能违反的具体法律规范。作为监管措施，这种警告可以促使相关主体及时纠正，从而避免违法行为的发生。总体来看，该条规定体现了竞争法预防为主、监管与惩戒相结合的理念，有助于从源头上制止违法行为，维护市场的公平竞争秩序。它针对性强、操作性好，符合竞争法的价值取向。

（六）对可能违法的行为采取警告措施

《企业法典》第199条规定了反垄断机构对存在违法迹象的行为采取通

知措施的相关内容。当反垄断机构发现市场主体存在不正当竞争、滥用市场支配地位等违法迹象时，应在 10 个工作日内向其发出通知，督促其纠正。通知的程序和形式由反垄断机构规定。收到通知的主体有 30 天时间执行并报告。如果主体未能在限期内纠正，反垄断机构将对其立案调查。对同一主体的同类违法迹象，如果在一年内再次出现，反垄断机构可以不再通知直接调查。通过事先通知，以督促和推动当事人纠正违法行为，从源头上制止违法，体现了竞争法预防为主的监管思想。

该法条明确了通知的目的，即督促当事人纠正存在违法迹象的行为，体现了竞争法预防为主的理念，规定了可以通知的主体范围，包括市场主体以及国家机构和组织，范围广泛；明确了可以通知的违法行为类型，比如不正当竞争、滥用市场支配地位等；规定了通知的时限，应在发现迹象后 10 个工作日内做出，通知后给予当事人一定期限自行纠正，鼓励主动改正。若当事人未改正，反垄断机构将立案调查，体现了监管与惩戒的结合。对同一主体的同类违法行为可以不再通知直接调查，体现效率，授权反垄断机构规定通知的程序和形式，立法授权明确，通知有利于及时纠正违法行为，维护市场竞争秩序。

因此，该条规定具有明确的预防违法目的，内容合理，有助于提高竞争法执法的效率。

### 十七、经济集中反垄断审查

《企业法典》第 200 条规定了经济集中反垄断审查的相关内容。为防止出现垄断和限制竞争，达到法定规模以上的经济集中行为必须事先取得反垄断机构的批准。拟进行经济集中的市场主体应当向反垄断机构提出申请，未获批准实施的经济集中可被法院宣告无效。对某些较小规模的经济集中，市场主体可以选择通知反垄断机构。违法进行的国家登记和产权登记也可以被撤销。通过事先审查经济集中，可以预防和制止可能损害竞争的经济集中行为，维护市场竞争。

该法条明确了进行经济集中审查的目的，即防止出现垄断和限制竞争，对其规定了需要事先批准的经济集中行为类型和适用标准，同时也允许少数类型进行事后通知，体现了差别化监管；确立了市场主体应当事先向反垄断机构提出经济集中批准申请的义务；对通过竞争性程序进行的经济集中，规定了申请期限，兼顾效率；规定未获批准的经济集中效力可以被撤销，有助于保障监管效力，同时也赋予了反垄断机构请求法院宣告违法经济集中无效的权力。对违法的登记甄别，可以撤销，强化了监管效果。因此，该条规定程序具体，操作性强，有助于经济集中审查的实施。体现了竞争法预防为主、预防与惩戒结合的监管思想。

综上，该条在经济集中审查的要素设计上较为完备，有利于防止限制竞争的经济集中行为。

### 十八、经济集中度管理

《企业法典》第 201 条规定了经济集中度管理的相关内容。

（一）经济集中的认定

1. 通过合并、加入等方式对市场主体进行重组。

2. 个人（团体）收购市场实体的有投票权的股份（法定资本中的股份、单位），而该个人（团体）有权控制该市场实体 50% 以上的指定股份（法定资本中的股份，单位），如果在收购之前，该个人（团体）没有控制该市场实体的股份（法定资本中的股份，单位）或控制 50% 或以下的投票权市场主体指定的股份（法定资本中的股份、单位）。此要求不适用于法人实体创建时的创始人。

3. 一个市场主体（团体）对另一个市场主体的固定生产资产和（或）无形资产的所有权、占有和使用，包括通过支付（转让）授权资本的方式获得，如果资产负债表构成交易（关联交易）标的的财产价值超过让渡、转让该财产的市场主体固定生产资产和无形资产负债表价值的 10% 的。

4. 市场主体获得权利（包括基于保密管理合同、联合经营协议、委托合同），从而可以在开展其创业活动或履行其职责时向其他市场主体发出具有约束力的指令。

（二）经济集中度不得认定的情形

1.金融机构收购市场实体的股份（获授权资本的股份、单位的股份），如该项收购是为了其后的转售而进行，但指明的机构不参与市场实体管理机构的表决，以及金融机构为了终止债务人的全部或部分义务而收购或取得另一市场实体的财产、固定生产资产和（或）无形资产的所有权，如该项收购或取得是为了其后的转售而进行，但金融机构不使用（不经营）这些财产为自己的目的提取收入。

2.指定康复或破产管理人、临时管理人（临时管理人）。

3.实施第201条第1款规定的交易，如果此类交易发生在一组人员内。

反垄断机构同意实施第201条第1款第（1）项、第（2）项和第（3）项所述交易（行动），或者反垄断机构关于第201条第1款第（4）项所述交易的通知重组后的市场主体（团体）或收购人（团体）的资产账面价值以及市场主体、股份的累计账面价值，应当符合本条第一款规定的获得有表决权的（有法定资本的股份、单位），或者上一财政年度的商品销售总额超过申请书（通知）提交之日规定的限额。

金融组织资产价值或者股权资本数额超过反垄断机构会同有权监管机构确定的数额的，应当同意金融组织参与的经济集中金融市场和金融组织。本条第1款规定的经济集中由既是金融组织又是在相关商品市场占据支配地位或者垄断地位的市场主体实施的，该市场主体适用本规范本条第3款规定。根据对相关商品市场的分析，反垄断机构有权为这些市场设定较高的资产价值和销售量，从而要求反垄断机构进行本条规定的交易本条第3款规定的商品销售总额是指在提交申请（通知）之前的最后一个财政年度销售商品的收入减去增值税金额和消费税。市场主体经营不满一年的，按照市场主体经营期间确定商品销售量。进行本条第1款第（1）项、第（2）项、第（3）项规定的交易，应当事先征得反垄断机构的同意。对于本条第

1 款第（4）项和第（5）项规定的交易，应当在交易之日起 45 个日内通知反垄断机构。

（三）提出经济集中同意申请的适格主体与程序

1. 提出经济集中同意申请的人

《企业法典》第 201 条第 1 款第（1）项规定的情形，由决定人或者市场主体发起人（参与者）向反垄断机构提出申请。第 201 条第 1 款第（2）项和第（3）项规定的同意经济集中的申请，应当由获得投票权股份（被授权企业的股份）的人向反垄断机构提交。（法定资本、单位）、固定生产资产、无形资产或相关权利。第 201 条第 1 款第（1）项、第（2）项、第（3）项规定的交易当事人为多人时，可由一人代表其他参与者提出申请。申请书应注明被授权在反垄断机构中代表决定实施经济集中者的利益的人员。

2. 提出经济集中同意申请的程序

《企业法典》第 203 条规定了提出申请的程序。请求书应当按照反垄断机构规定的格式提出，并附上规定的文件和信息。请求书中所载信息和申请所附文件应可靠、完整，并以原件或按照哈萨克斯坦共和国法律规定的方式认证的原件副本的形式提供。请愿书签署人应以书面形式确认请愿书及其附件中提供的信息和文件的准确性和完整性，个人提交的请愿书及其附件应有经公证的个人签名证明。提交的文件和资料应编号并提交，标明本法第 204 条的段落和分段的编号。该段落和分段的每个问题都有详尽的答案。如果无法向经济集中参与者提供完整信息的，应当提供估计或者预测信息，表明其是估计或者预测的，以及其接收来源和所采用的估计或者预测方法。构成商业秘密的信息应当注明"商业秘密"。申请的信息和文件应提交申请当年之前的财政年度以及年初起的当前期间，并注明时间段。没有年初编制的当期信息和文件的，应当提交申请年度前一会计年度的信息和文件。如果市场主体存在时间短于提出申请前的上一个会计年度，则应在市场主体开始活动之日起提交信息和文件。提交申请年度前两个财政年度哈萨克斯坦共和国的生产量、商品销售量、市场主体（团体）的商品进出口量信息,以便从年初开始计算本期,并在本期之后提出三年预测。市场主体提出申请时开业不满两年的,应当在市场主体开始活动期间提交信息和文件。如果反垄断机构的决定能够严重影响第三方受本法保护的权利,则第三方有权参与经济集中同意申请的审议。参与审议同意第三方经济集中请求的问题应由反垄断机构决定,并通知提出请求的人。

该条明确了提出经济集中审查申请的程序性要求,确保了反垄断机构能够获得必要的信息进而做出科学的决定。这符合竞争法的立法宗旨,要求申请人提交真实、完整的信息,并对信息的准确性负责,防止申请人提供误导性信息。这对做出正确的经济集中决定至关重要,允许第三方参与可能影响其权益的经济集中案件审查,保障其程序权利。这符合竞争法保护公平竞争的宗旨。

详细规定申请程序体现程序法治原则,有利于维护反垄断审查的公正性和权威性;充分反映出现代民事诉讼的真实发现主义,有助于查明案件真相;第三方参与反映当事人效力扩张的趋势,保障其合法权益;对证据属性进行划分,如原证据、商业秘密等;指导证据的合法收集和运用。在保护商业秘密的基础上,要求信息公开,有利于判断经济集中对竞争的影响。整体来看,该条从程序正义和实体正义角度完善了经济集中审查制度,符合竞争法和法理学的基本原则。

(四)经济集中同意书所附文件

1. 向反垄断机构提交《企业法典》第 201 条第 1 项第(1)项规定的经济集中同意书所需文件。

市场主体重组目的的合理性,包括计划修改其业务类型或经营地域;经批准设立的市场主体或其项目的章程和成立协议;对于重组后的各市场主体,以及与重组后的市场主体组成一组的各市场主体,应当注明:对于个人 证明其身份的文件数据、公民身份信息以及居住地和法定地址;姓名、法定地址和实际地址;注册资本的规模和注册资本中的股份;股份类型;表明职务的执行机构、董事会(监事会)成员名单,兼任其他市场主体执行机构、董事会（监事会）成员的；重组后的市场主体在哈萨克斯坦共和国生产和销售的商品生产和销售量以及商品出口和进口量；属于同一团体的市场主体与重组后的市场主体生产或销售的相同或可互换商品在哈萨克斯坦共和国的生产和销售、进出口量。

2. 向反垄断机构申请同意《企业法典》第 201 条第 1 款第（2）项规定的经济集中所需的文件和资料清单：包括合同或合同草案或其他确认交易的文件。

3. 对于收购人以及随收购人进入的一组人员中的每个市场主体，应注明以下内容：对于个人证明其身份的文件数据、公民身份信息以及居住地和法定地址；姓名、法定地址和实际地址；注册资本的规模和注册资本中的股份；股份类型；与市场实体生产或销售的商品类似的商品或可互换商品的生产量和销售量以及向哈萨克斯坦共和国的出口量和进口量；表明职务的执行机构、董事会（监事会）成员名单，同时担任其他市场主体的执行机构、董事会（监事会）成员；与《企业法典》第 201 条第 1 款规定的行为相关的市场实体在哈萨克斯坦共和国的生产和销售、进出口货物量；在哈萨克斯坦共和国直接或间接控制的市场主体生产或销售的相同或可互换商品的生产量和销售量、出口量和进口量。

4. 向反垄断机构提出《企业法典》第 201 条第 1 款第（3）项规定的同意经济集中申请所需文件清单合同或合同草案。

5. 对于收购人以及随收购人进入的一组人员中的每个市场主体，应注明以下内容：

对于个人证明其身份的文件数据、公民身份信息以及居住地和法定地址；姓名、法定地址和实际地址；注册资本的规模和注册资本中的股份；股份类型；使用购买的财产生产的相同或可互换商品在哈萨克斯坦共和国的生产量和销售量、出口量和进口量；构成交易标的的财产清单，并注明资产负债表价值；关于所产生的财产已经和将用于释放哪些货物的信息，表明货物的类型；利用所得到的财产生产和销售商品的预测，表明商品的类型。

6.外国法人除按照本条规定提供的信息外还需提供的文件：

经公证的原产国商业登记摘录或根据其所在国法律确认其合法地位的其他同等文件；分支机构或代表处在哈萨克斯坦共和国生产和（或）销售的商品类型清单的信息，如果是外国法人或外资参股的市场实体 - 收购方在哈萨克斯坦共和国设有分支机构或代表处。

在《企业法典》第 200 条第 3 款规定的情况下，获得相关权利的人应提交同意经济集中的申请，并提交第 207 条规定的文件和资料清单本准则的规定。

（五）向反垄断机构通报所承诺的经济集中的程序

《企业法典》第 206 条规定，实施《企业法典》第 201 条第 1 款、第 4 款、第 5 款规定交易的市场主体应当在第 201 条第 8 款第二部分规定的期限内向反垄断机构通报本守则。承诺经济集中的通知可以直接提交给反垄断机构，也可以通过通讯机构提交，应通过以下方式通知反垄断机构：1.担任两个或两个以上市场主体的执行机构、董事会、监事会或其他管理机构成员的个人，但其开展创业活动的条件由特定个人确定；2.市场主体获得权利（包括基于保密管理合同、联合经营协议、委托合同），允许在其开展创业活动或履行其执行机构职能时向其他市场主体发出具有约束力的指令。

（六）事前通报

《企业法典》第 207 条规定了承诺经济集中应当向反垄断机构进行事前通报的程序性要求，一是明确了需要通报的经济集中方式，包括人员任职引起的结合和协议控制引起的结合，覆盖面广。二是规定了具体的通报期限，有利于反垄断机构及时对承诺集中进行审查。三是允许通过多种途径进行通报，便利了企业的合规。四是通报制度可以发挥预防反竞争作用，有利于维护市场秩序。通报制度有利于保障反垄断审查的公正性，体现了程序正义原则；真实发现原则，通报有助于反垄断机构及时了解案件情况；事前通报可避免违法行为的发生，体现预防原则；提供多种通报途径方便企业合规,体现便利原则;通报制度对法定申报制度起到很好的补充作用,体现补充原则。

综上,该条规定符合经济法促进竞争的目的,并体现了多项法理学原则,对完善经济集中审查制度具有重要意义。

(七)承诺经济集中的通知所附文件

《企业法典》第 207 条规定了向反垄断机构提交的关于承诺经济集中的通知所附文件,应当按照《企业法典》第 201 条第 1 款第(4)项规定向反垄断机构发送关于承诺经济集中的通知所需的文件和信息清单:经法人证明的合同副本(合同草案),或确认委托(意向承诺)交易(交易)的其他文件。

1. 对于收购人以及随收购人进入的一组人员中的每个市场主体,应注明以下内容:个人证明其身份的文件数据、公民身份信息以及居住地和法定地址;姓名、法定地址和实际地址;注册资本和股权规模;股份类型;与市场实体生产或销售的商品或可互换商品类似的商品的生产量和销售量以及向哈萨克斯坦共和国的出口量和进口量;表明职务的执行机构、董事会、监事会成员名单,同时担任其他市场主体的执行机构、董事会、监事会成员;与《企业法典》第 201 条第 1 款第(4)项规定的行为相关的市场主体在哈萨克斯坦共和国的生产、销售、出口和进口货物数量;在哈萨克斯坦共和国直接或间接控制的市场主体生产或销售的相同或可互换商品的生产量和销售量、出口量和进口量。

2. 按照《企业法典》第 201 条第 1 款第(5)项规定向反垄断机构发送(提交)关于承诺(计划)经济集中的通知(申请)所需的文件和信息清单:拟参加两个或两个以上市场主体执行机构、董事会、监事会和其他管理机构的个人信息,包括身份证件数据、公民身份信息、工作地点、担任的职位,以便确定在这些实体中开展创业活动的条件并注明权力;发送通知的人确定开展创业活动的条件并注明权力的法人实体清单;法人实体的名称以及发送通知的人被任命或选举的管理机构的名称;拟纳入通知人的市场主体、执行机构、董事会、监事会和其他管理机构的职务名称；向执行机构、董事会、监事会和其他管理机构发送通知的人有权确定在市场实体中从事创业活动的条件进入。

3. 对于发送通知的人确定从事创业活动的条件的每个市场主体和群体，应注明以下内容：市场主体名称、法定地址和实际地址；哈萨克斯坦共和国货物的生产、销售、出口和进口量。

4. 对于发送（发出）通知（请愿书）的人计划参与的市场实体以及该人所属的群体，应注明：市场主体名称、法定地址和实际地址；由市场实体和团体在哈萨克斯坦共和国生产和销售的相同或可互换商品的生产、销售、出口和进口量，其中发送（发出）通知（请愿书）的人确定了进行创业活动。

该法条明确规定了承诺经济集中通报应提交的文件目录，有利于反垄断机构进行审查，要求提供交易各方和关联方的身份、地址、生产经营数据等信息，以判断集中对竞争的影响。区分人员任职和协议控制两种集中方式所需提交的具体材料，具有针对性，通报制度可发挥预防和震慑反竞争作用，维护市场秩序。明确程序有利于保障反垄断审查的公正性，要求提供详细材料，帮助查明案件真相。事前通报可避免违法行为的发生，通报制度是对法定申报制度的有益补充，通报材料要求适度合理，维护信息隐私，区分不同集中方式的具体材料要求，符合针对性原则。

（八）同意经济集中申请的决定

《企业法典》第208条是关于同意经济集中申请的决定。根据同意经济集中申请的审议结果，反垄断机构可以做出同意经济集中或者关于禁止经济集中动机的结论，反垄断机构同意经济集中或禁止经济集中的决定应以反垄断机构行为记录在案，并自决定通过之日起3个工作日内送达当事人提交申请的机构，以及金融组织和金融市场和金融组织监管、控制和监督的授权机构，反垄断机构同意经济集中可能是因为参与者履行了经济集中的某些要求和义务，消除或减轻了经济集中对竞争的负面影响，此类条件和义务可能涉及（包括但不限于）对财产的管理、使用或处置的限制。经济集中应当自反垄断机构做出同意经济集中的决定之日起一年内实施。未在规定期限内实施经济集中的，经济集中参与者应当重新提交经济集中许可申请。

下列情况下，反垄断机构应当自行或者根据利害关系人的申请，对其同意或者禁止经济集中的决定进行复审：如果在决定通过后三年内，已知应拒绝通过该决定的情况；根据经济集中申请人提供的不准确信息做出决定，导致做出违法决定的；经济集中参与者不履行导致反垄断机构做出决定的要求和义务。

根据决定审查结果，反垄断机构可以不修改决定、修改决定、撤销决定或者通过新的决定。

反垄断机构根据决定审查的结果，决定撤销同意经济集中行为的决定时，国家应当对市场主体该行为重新登记，市场主体的不动产权利应认定为违法并予以撤销。若经济集中申请人向反垄断机构提起诉讼申请，为了考虑可能改变反垄断机构先前通过的决定的补充信息和文件，申请人应按照本法规定的方式提交申请。反垄断机构修改先前通过的经济集中决定的决定由反垄断机构以行为方式汇编，并在决定通过之日起3个工作日内送达当事人，禁止经济集中导致限制竞争。

（九）做出承诺

《企业法典》第209条是反垄断机构做出关于承诺经济集中通知的决定。如果反垄断机构收到承诺经济集中的通知后30十个工作日后，反垄断机构没有收到需要取消交易的通知，经济集中应视为已实施；如果反垄断机构在审议承诺经济集中通知时，认定其行为已经或可能导致限制或排除竞争，包括建立或加强市场主体的支配地位，反垄断机构发出撤销交易指令，并在30个工作日内执行；如果不履行要求取消交易的改进通知，反垄断机构将向法院提起诉讼，强制市场主体履行反垄断机构的改进通知。

（十）中止理由

《企业法典》第210条规定了中止审议同意经济集中请求的理由。申请人撤回申请通知的收据，申请人提供不可靠信息，影响申请的客观审议，或者申请人未能在反垄断机构规定的期限内提供信息，且由于缺乏此类信息而妨碍了对申请的审议时，应停止审议同意经济集中的申请。反垄断机构中止审议申请的决定应以反垄断机构行为形式做出，并应自做出决定之日起3个工作日内送达申请人，决定获得通过；申请中止审议后，申请人有权向反垄断机构提出新的同意经济集中申请。第209条明确了反垄断机构对承诺经济集中通报的审查程序和救济措施，维护了反垄断机构的审查权限，赋予反垄断机构发出改正通知和提起诉讼的权力，强化了决定的执行力。第210条规定了中止经济集中审查的情形，保护了反垄断机构的合法权益。

上述规定有利于保障反垄断机构对经济集中进行有效监管，维护市场竞争。明确反垄断机构审查和做出决定的程序，有利于维护程序公正；允许补充和调查信息，有利于查明案件真相；不可靠证据可能导致中止审查，有利于证据的合法性审查，反垄断机构可以采取多种措施纠正违法行为，实现公正补救；明确的法定期限和强制措施使决定具有确定性，有利于确保反垄断审查的公正高效。

十九、互动的切断

《企业法典》第十九章规定了反垄断机构与哈萨克斯坦共和国执法机构和其他国家反垄断机构的互动。反垄断执法涉及经济、法律等多领域，反垄断机构需要与其他机构合作互动，发挥各自专业优势。与行业监管机构合作，可以利用其对所管行业的了解开展反垄断执法；与执法机构合作，有利于反垄断调查取证和决定的执行；与外国反垄断机构合作，可以更有效应对跨国反竞争行为。因此，反垄断机构与其他机构开展合作与互动，有其现实必要性和重要法理基础，这一基本原则应得到反垄断法的确认和规定。

切断合作将导致反垄断执法信息与资源共享不足，降低反垄断工作效率，无法发挥其他机构的专业优势，难以对复杂案件做出准确判断；无法获得其他机构的支持，削弱反垄断决定的执行力度，难以应对跨部门和跨境的反竞争行为；违反专业化原则，各机构难以发挥专业优势；违反信息共享原则，信息隔绝增加执法难度；违反国际合作原则，不利于应对跨国案件；违反协调一致原则，打破统一合力；违反效能原则，合作效能难以发挥。因此，切断反垄断机构与其他机构的合作互动，将削弱反垄断监管效力，这明显违反竞争法的目的和多项法理学原则。

## 二十、竞争保护领域违法行为的认定

### （一）发起调查的理由

《企业法典》第二十章主要规定哈萨克斯坦共和国竞争保护领域违法行为的认定。第 216 条是对违反哈萨克斯坦共和国竞争保护领域立法的行为发起调查的理由。反垄断机构在其职权范围内对违反哈萨克斯坦共和国竞争保护领域立法的行为进行调查，并根据调查结果做出决定。

调查是指反垄断机构按照《企业法典》规定的方式采取的措施，旨在收集证实或反驳哈萨克斯坦共和国在竞争保护领域立法的违法行为的事实。发起调查的依据是反垄断机构收到有关违反哈萨克斯坦共和国竞争保护领域立法的信息，这些信息是：从国家当局收到的表明违反哈萨克斯坦共和国竞争保护领域立法的材料或迹象；个人和（或）法人的申诉，表明违反哈萨克斯坦共和国竞争保护领域立法的特征；反垄断机构在市场主体、政府机构、地方执行机构的活动过程中发现违反哈萨克斯坦共和国竞争保护领域立法的行为；反垄断机构收到的关于在竞争保护领域存在违反哈萨克斯坦共和国立法行为特征的媒体报道；市场主体、国家机关、地方执行机构、国家赋予的具有规范市场主体活动职能的组织未能向反垄断机构通报市场主体的作为（不作为）的情况、国家地方执行机构，国家赋予监管市场主体活动职能的组织，在规定期限内发现违反哈萨克斯坦共和国竞争保护领域立法的迹象。

（二）调查程序

调查的开始由调查令记录，调查令副本应当自签署之日起3个工作日内送达申请人和调查对象，但调查对象的行为具有卡特尔特征的除外。调查令副本将移交给调查对象，调查对象的行为在调查时具有卡特尔特征。

《企业法典》第216条明确了反垄断机构发起调查的职权，维护其合法权利，规定了发起调查的理由，包括申诉、举报、媒体报道等多种来源，为调查提供了广泛的入口。其确定的调查程序，包括调查令、送达等，确保了调查的规范性，有助于反垄断机构发现违法行为，维护公平竞争。反垄断机构的调查权力有明确法律依据，调查程序的规范有利于维护公正，广泛的调查入口有利于发现真相，明确调查程序有利于合法取证。特殊情况可暂缓送达，保护证据真实性，调查有助于制止违法行为。

（三）参与调查立法人员

《企业法典》第217条明确了参与调查违反哈萨克斯坦共和国竞争保护领域立法行为的人员：

申请人——向反垄断机构发送有关违反哈萨克斯坦共和国竞争保护领域立法的信息的个人或法人；调查对象是指正在对其行为进行调查的独立纳税人（金融组织除外）的个人、法人实体或其分支机构。自调查命令下达之日起，这些人即被认定为调查对象利害关系人——因审议违反哈萨克斯坦共和国竞争保护领域立法的案件而其权利和合法利益受到影响的个人或法人；反垄断机构官员——有权进行调查的反垄断机构雇员；证人——可能了解与调查相关的任何情况的任何个人；专家——具有特殊科学或实践知识的个人。调查时，涉案人员有权独立或者委托代理人行使权利和义务。如果在调查期间确定违反哈萨克斯坦共和国竞争保护领域法律的特征不是调查对象的作为（不作为），而是另一个人的行为，则反垄断机构按照本法第216条规定的方式将其作为调查对象。

该条款明确了调查程序中的各参与主体及其权利义务，有利于维护其法律地位；允许委托代理人，充分保障当事人诉讼权利；规定可变更调查对象，保证调查的准确性和有效性。上述规定有利于确保反垄断调查的公正性和程序正当性，保障了各方在程序中的地位，变更调查对象有利于高效准确地进行调查，体现程序经济原则；真实发现原则，变更调查对象也可确保调查的准确性；聘请专家进行鉴定避免不必要的调查程序，体现了非必要性原则。

（四）调查

《企业法典》第218条规定，如果有事实表明市场主体、国家机关、地方执行机构、具有规范市场主体活动的国家职能的组织的行为存在违法行为的特征违反哈萨克斯坦共和国在竞争保护领域的立法，作为审议本法第216条第2款所提供信息的一部分而设立的，反垄断机构应发布调查令。

1. 反垄断机构存在规定的特征

根据《企业法典》第169条第3款、第170条第1款，在调查前分析商品市场的竞争状况，以确定市场主体的支配地位；本法第174条规定，在调查前，分析商品市场的竞争状况，以确定市场主体的支配地位或者垄断地位。同时，反垄断应对措施应当在该市场主体具有实际支配地位期间适用。

2. 调查令信息

调查令应当包含：调查对象的名称、范围、检查期间、调查开始和完成的日期、对违反哈萨克斯坦共和国竞争保护领域立法的行为进行调查的理由、调查对象的作为（不作为）中发现的违反哈萨克斯坦共和国竞争保护领域立法的特征、授权进行调查的反垄断机构官员的全名（如果身份证件中注明），以及参与调查违反哈萨克斯坦共和国竞争保护领域立法行为的人员的权利。

对竞争保护领域违反哈萨克斯坦共和国立法行为的调查期限自发布对违反哈萨克斯坦共和国立法行为进行调查的命令之日起不超过三个月。反垄断机构可以延长调查期限，但不得超过两个月。延长期限的决定应当按法定程序下达，并自发布之日起3个工作日内将决定副本送达申请人和调查对象。在开始调查之前，竞争主管机构应向负责法律统计和特别登记的机关登记进行调查的命令，并将其提交给负责法律统计和特别登记的机关的领土单位，包括以电子形式。反垄断机构在调查过程中可以决定将多项调查合并为一项调查，也可以决定将多项调查分开单独进行调查，联合调查的期限自首次调查之日起计算。

《企业法典》第218条明确了发布调查令的前置程序，包括市场分析等，有利于调查的客观性；详细规定了调查令的必要内容，确保调查的针对性；明确了调查期限和延长期限的情形，保证调查的及时性；要求登记调查令，强化调查的公开性和程序性；规定了调查联合并分离，配合调查的灵活性。

上述规定有利于确保反垄断调查的全面、准确和高效。调查程序的规范有利于维护公正；调查权力和程序有明确法律依据；明确法定期限和延长情形，兼顾调查的确定性与灵活性；调查措施应当适度合理，不能过度限制权利；要求登记调查令，有利于社会监督；规定的调查程序有利于查明案件真相，有利于确保反垄断调查的公正性。

3.违反哈萨克斯坦共和国竞争保护领域立法的证据

《企业法典》第219条规定，违反哈萨克斯坦共和国竞争保护领域立法的证据可以是与适当进行调查相关的任何事实，包括：申请人、调查对象、利害关系人和证人的说明；专家意见；物证；其他文件（包括含有计算机信息的材料、照片、录音录像等）。证据收集应由反垄断机构官员进行，参与调查违反哈萨克斯坦共和国竞争保护领域立法行为的人员有权提交事实并证明其真实性。明确了调查可以收集和采信的各类证据，扩大了证据来源，有利于查明事实；规定了证据收集主体为反垄断机构官员，维护其调查权威性。允许当事人提供证据，有助于证据的全面收集；各类证据可以相互印证、核对，有利于查明案件真相，做出正确决定。同时，证据规定有利于维护反垄断调查的客观性和科学性。对各证据可以自由评价，确定其证明力即必须合法取得证据才能作为认定的依据，且当事人有权并负有证明自己诉求或陈述的责任。当事人对证据可以进行质证，对证据效力提出质疑，也可以确保证据的全面收集。

4. 参与调查人员的权利

《企业法典》第 220 条规定了参与调查违反哈萨克斯坦共和国竞争保护领域立法行为的人员的权利。参与调查违反哈萨克斯坦共和国竞争保护领域立法行为的人员有权熟悉案件材料、摘录、复印，但涉及机密信息和（或）其他市场主体商业秘密的材料除外；提供证据并参与他们的研究；向其他涉案人员提问；提出专家参与申请；以书面或口头形式做出解释，对调查过程中出现的所有问题提出论据；熟悉其他参加调查人员的申诉，对其他参加调查人员的申诉、论点提出异议。调查对象有权向反垄断机构申请，根据对违反哈萨克斯坦共和国竞争保护领域立法行为的调查结果，向调解委员会提交结论草案。

第 220 条还明确规定了参与调查人员的各项程序权利，维护其合法权益；允许查阅材料、提供证据等，有利于查明案件事实；允许质证、提问等，有利于案件核实；调查对象可以申请调解，体现灵活高效原则。坚持了当事人主义原则，维护参与调查人员的程序地位，当事人有充分陈述权和辩护权，各项程序权利有利于查明真相，允许当事人对证据质证。规定调查对象可以申请调解，体现非讼方式，同时规定不得查阅商业秘密，维护权利保护。因此，上述规定有利于保障反垄断调查程序的公正性。

5. 竞争主管机构官员进行调查的权利

《企业法典》第 221 条规定，反垄断机构官员有权无障碍进入调查对象的领土和场所；根据调查对象访问调查对象的自动化数据库（信息系统）和其他电子媒体；在反垄断机构规定的时间内，要求调查对象的从业人员提供与调查对象有关的必要信息、文件或者复印件，以及对调查过程中出现问题的口头和书面说明；哈萨克斯坦共和国其他国家机构的专家和其他人员作为专家参与调查；根据调查对象检查调查对象场所内和境内的物品、电子、纸质文件及其他信息载体；根据调查对象复制调查对象的数据库（信息系统）和其他电子介质中的文件、信息；录音、拍照、录像：调查对象的雇员和调查对象境内的其他人员的作为（不作为）；调查对象的场所和领土；位于调查对象处所或领土内的财产；产品送检样品，其抽样检验程序按照本法第149条规定。如果需要防止违法行为，反垄断机构官员可以在工作时间以外（夜间、周末或节假日）行使权力。

赋予反垄断机构如此广泛的调查权力具有重要意义，可以深入调查企业的内部文件和数据库，发现隐蔽的违法证据。这对于发现隐秘的反竞争行为至关重要。明确调查权力范围，有利于监管部门依法行使权力，也有利于企业明确自己的权利义务。引入专家协助和产品检查，可以提高调查的专业性。允许必要时在非工作时间调查，可以增强应对严重违法行为的效力。符合竞争法的价值取向，即发现和制止损害竞争的隐秘行为，维护市场公平竞争，也符合法理要求——监管部门行使权力应当有明确依据。总体来说，该条文对反垄断机构的调查权力做出明确和周延的规定，这在经济法领域具有重要的法理价值，这对反垄断机构维护竞争秩序发挥重要作用。

6. 暂停和恢复对违反竞争法律行为的调查

《企业法典》第222条规定，反垄断机构可以暂停对违反竞争法律行为的调查，限定于以下情况：反垄断机构、法院、检察机关正在审理与本案相关的其他案件；正在对同一调查对象进行另一起违法调查；需要对案件进行专家评估；需要分析相关商品市场竞争状况。已暂停的案件调查应在以下期限内恢复：相关的其他案件做出裁决后3个工作日内；同一调查对象的其他案件调查结束后3个工作日内；收到专家意见后3个工作日内；市场分析完成后3个工作日内。暂停或恢复调查的决定由反垄断机构负责官员做出，将案件提交专家评估的裁定应在3个工作日内送达专家和被调查人，暂停、恢复调查的决定也应在3个工作日内送达被调查人。调查暂停期间，案件调查期限中止计算，恢复调查时继续计算。

《企业法典》第222条在竞争法层面审视，具有以下价值：明确暂停调查的情形，有利于反垄断机构依法行使权力，防止调查权过度扩张或滥用，符合法理对权力行使应有明确依据的要求；在其他案件审结、市场分析完成等后合理期限内恢复调查，有利于提高调查效率，防止因暂停而无限期拖延，要求及时送达相关决定，保障被调查人程序权利；增强调查说服力和公信力；暂停调查期间停止计算期限，可以防止因暂停而导致调查期限届满，明确规定了暂停和恢复调查的法定程序，有利于规范反垄断机构的调查权力行使，维护被调查人的程序权利，这符合竞争法和法理的要求，在保障被调查人权利和防止滥用调查权之间实现了合理平衡，对完善反垄断调查制度具有重要价值。

该条文既赋予了反垄断机构必要的调查权力，也对其行使提出了程序要求，在竞争法和法理层面具有重要价值。

7.终止对违反哈萨克斯坦共和国竞争保护领域法律行为的调查

《企业法典》第223条规定，如果出现以下情况，反垄断机构将停止对违反哈萨克斯坦共和国竞争保护领域立法的行为进行调查：调查对象不存在违反哈萨克斯坦共和国竞争保护领域法律的行为；作为唯一调查对象的法人实体被清算；作为唯一调查对象的法人分支机构被注销；作为唯一调查对象的个人已经死亡；《哈萨克斯坦共和国行政违法法》规定的时效期限已届满；存在已生效的司法行为，确认关于反垄断机构认定的作为或不作为，存在违反哈萨克斯坦共和国竞争保护领域法律的结论。

《企业法典》第224条规定，反垄断机构根据对违反哈萨克斯坦共和国竞争保护领域立法行为的调查结果做出的决定。反垄断机构以调查人员根据调查结果提出的意见为基础，采取以下其中一项措施：根据第223条的规定终止对违反哈萨克斯坦共和国竞争保护领域立法的调查；对行政违法案件以及《企业法典》第226条第（1）款和第（2）款规定反垄断机构、市场主体、政府机构、地方执行机构行使权力的案件发出介入通知书；发布消除在竞争保护领域违反哈萨克斯坦共和国法律行为的通告；向执法机关移送审前调查材料。关于违反哈萨克斯坦共和国竞争保护领域立法的调查结果的结论草案应在调查结束前 30 个工作日内提交或以信函形式通知调查对象。

如果被调查人在调查结束前至少 20 个工作日提出上诉，反垄断机构官员应在收到上诉后 25 个工作日内向调解机构提交调解书反垄断机构官员应在收到上诉后 25 个工作日内向调解机构提交调解书和委员会关于调查哈萨克斯坦共和国在保护竞争领域立法的行为的结论草案。调解委员会应在提交之日起不超过 5 个工作日内审查所提交意见草案的完整性和所提供证据的质量，以证明其违反哈萨克斯坦共和国法律的事实。竞争保护领域，邀请参与调查的人员参加会议。

审议结论草案后，调解委员会应提出意见和建议，记录在案，并在调解委员会会议后 5 个工作日内转交官员进行工作。如果对调解委员会的意见和建议有异议，官员应在 5 个工作日内形成合理意见，并在形成合理意见后不超过 5 个工作日内供调解委员会考虑。调查结束是指反垄断机构官员签署关于违反哈萨克斯坦共和国竞争保护领域立法的调查结果的结论之日。

反垄断机构在调查完成之日起 10 个工作日内下达命令，批准哈萨克斯坦共和国竞争保护领域违法行为的调查结果。批准调查结果结论的命令副本，应当自签署之日起 3 个工作日内送达或者以函件方式告知调查对象，并附上调查结论。调查结果同时通知申请人。根据调查结果决定立案的，批准决定书自调查结果之日起 10 个工作日后生效。对根据调查结果批准结论的命令提出的上诉应在审议申诉之前暂停其生效期限。根据调查结果（做出决定）做出的结论的批准令的生效日期应视为行政违法事实被发现之时。调查对象可以按照哈萨克斯坦共和国行政诉讼法规定的方式向法院上诉关于批准基于调查结果的结论的命令。

《企业法典》第 223 条列举了终止对违反竞争保护领域立法行为的调查

的条件。这些条件明确规定了在哪些情况下反垄断机构应停止调查。这包括在没有违反法律的行为情况下法人实体清算、法人分支机构注销、个人死亡、法定时效期限届满以及已在司法行为中确认行为不违法的情况。这些条件反映了竞争法的核心原则，即依法保护市场中的各方权益。第224条描述了反垄断机构在获得调查结果后可能采取的措施。这些措施包括终止调查、提起行政违法案件、发布命令以消除违法行为，以及向执法机关提交审前调查材料。这些措施反映了竞争法的目标，即确保公平竞争，打击垄断行为，维护市场秩序。关于调查程序和合法程序的问题强调了尊重法律程序、听证权利、上诉权利和透明度的重要性。例如，法律规定了提交结论草案的期限，上诉程序以及如何通知调查对象。这些法条试图确保调查是公正和合法的。此外，这些法条还提到了行政违法行为的概念，以及对行政违法的认定和处理程序。这体现了法律制度中对于行政违法的关注，以及对于确保行政违法行为被及时识别和处理的追求。

以上两个法条展示了竞争法在维护市场秩序和公平竞争方面的重要性。它们明确了调查程序的条件和程序，以确保合法程序的地位，并为竞争法的实施提供了法理基础。竞争法的有效实施对于促进经济发展和保护市场中各方的权益至关重要。

## 二十一、制止违反哈萨克斯坦共和国竞争保护立法和修改反垄断机构发布的命令

### （一）确定垄断收入的依据和方法

依据《企业法典》第225条的定义，市场主体实施本法限制的垄断活动取得的收入，为垄断收入。市场主体可以通过以下方式获得垄断收入：市场主体签订反竞争协议或者协调行动；市场主体滥用自身支配地位、垄断地位。垄断所得的确定，自市场主体实施本条第二款规定的行为之日起，至市场主体停止该行为之日止。垄断收入在下列情况下确定：具有支配地

位或者垄断地位的市场主体确定垄断性高价——采用垄断性高价所获得的收入与按照本法第 175 条规定确定的价格计算的收入之间的差额;占据支配地位或垄断地位的市场主体,通过从产品市场中消除竞争对手而增加营业额,从而确定排他性低价,作为占据支配地位的市场主体获得的额外收入;由处于垄断地位的市场主体确定的垄断性低价——该市场主体按照向市场主体出售该商品所需的价格确定的价格购买商品的费用、生产费用和以垄断低价出售此类商品以及购买商品时形成的收入和费用;市场主体签订反竞争协议或者协调行动——该等行动所获得的收入总额,扣除生产和(或)销售商品所需的合理费用以及实际缴纳的税款后的金额。垄断收入的提取按照哈萨克斯坦共和国行政违法法规定的程序进行。

法条明确了垄断收入的定义:垄断收入是市场主体实施了《企业法典》所限制的垄断活动后所取得的收入。这一定义强调了竞争法的核心原则,即竞争的保护和垄断行为的限制。垄断收入是根据垄断活动获得的经济利益的表现。

法条明确了垄断收入的获得方——市场主体可以通过哪些方式获得垄断收入。这包括:

签订反竞争协议或者协调行动,市场主体可以通过与竞争对手达成反竞争协议或者协调行动来获得垄断收入。这强调了竞争法对反竞争行为的禁止。

滥用自身支配地位、垄断地位,市场主体可以滥用其在市场上的支配地位或垄断地位来获得垄断收入,这体现了竞争法对滥用市场支配地位的严格监管。

法条明确了垄断收入的确定方式,具体包括以下情况:

确定垄断性高价:在市场主体具有支配地位或垄断地位的情况下,如果市场主体采用垄断性高价获得收入,垄断收入被定义为实际收入与按照法定价格计算的收入之间的差额。这旨在捕捉高价垄断行为。

确定排他性低价:在市场主体占据支配地位或垄断地位的情况下,如果通过排除竞争对手而增加营业额,从而获得额外收入,这额外收入被认为是垄断收入。

确定垄断性低价:对于处于垄断地位的市场主体,垄断性低价被定义为以低于正常市场价格购买商品的费用,加上生产费用以及以低价销售商品所获得的额外收入和费用。

签订反竞争协议或者协调行动:对于签订反竞争协议或协调行动的市场主体,垄断收入被定义为这些行动所获得的总收入,扣除生产和销售商品所需的合理费用以及实际缴纳的税款后的金额。

垄断收入的提取程序:法条规定,垄断收入的提取按照哈萨克斯坦共和国行政违法的程序进行。这强调了法律程序的尊重和透明度,确保垄断活动的经济影响能够被合法、公正地审查和处罚。

第 225 条分析反映了竞争法的核心原则,包括禁止反竞争行为、滥用市场支配地位的限制,以及确保合法程序的重要性。这些原则有助于维护市场的公平竞争,保护消费者权益,并维护市场秩序。

（二）反垄断机构的有权行为

《企业法典》第 226 条则规定了反垄断应对措施根据既定权力,反垄断机构有权向市场主体发出具有约束力的命令:消除违反本准则规范的行为和（或）减轻其后果;恢复初始位置;取消或变更与本准则相抵触的合同;市场集中度监管过程中需要通过取消、撤销等方式取消交易的;向国家、地方执行机构、政府负责市场主体活动监管职能的组织发出具有约束力的命令,取消或改变其所接受的行为,纠正违约行为和指示,取消或改变其所结算的协议和交易与本准则相抵触的行为,以及旨在提供竞争的行为;根据哈萨克斯坦共和国行政违法法规定的程序,审查保护竞争和限制垄断活动领域的行政违法案件;向法院提起诉讼和请愿,并参与法院审理与适用和违反哈萨克斯坦共和国竞争保护领域立法有关的案件。违反本准则标准的,市场主体、政府机构、地方执行机构应:按照反垄断执法机构责令停止违法行为并消除后果、恢复原状、解除合同、与市场主体订立合同或者修改合同、撤销经反垄断执法机构认定的行为垄断机构因违反哈萨克斯坦共和国保护竞争立法而采取命令规定的其他行动；根据哈萨克斯坦共和国民事立法赔偿由此造成的损失；根据《哈萨克斯坦共和国行政违法法典》规定的程序，执行反垄断机构关于实施行政处罚的法令。命令应当在反垄断机构规定的合理期限内执行。反垄断机构对所发布命令的执行进行控制。不履行命令的，反垄断执法机构有权向法院提起诉讼，要求市场主体、政府机关、地方执行机构执行反垄断执法机构的命令。

第 226 条涉及竞争法和法理，主要涵盖了反垄断机构对垄断行为的应对措施以及执行这些措施的程序。

反垄断应对措施的权力。法条规定，反垄断机构根据其既定权力拥有一系列权力，以应对违反竞争法规定的垄断行为。这些权力包括向市场主体发出具有约束力的命令，旨在纠正违法行为、减轻后果以及维护竞争的原则。这体现了竞争法的主要目标，即保护市场竞争和维护市场秩序。

反垄断机构的具体措施。法条列举了反垄断机构可以采取的具体措施，包括：

消除违反法规的行为和（或）减轻其后果，反垄断机构有权要求市场主体采取行动来消除垄断行为或减轻其对市场和消费者的不利影响。

恢复初始位置，如果垄断行为导致了市场扭曲，反垄断机构可以要求市场主体恢复市场的原始状态。

取消或变更违规合同，如果合同违反了竞争法规定，反垄断机构可以要求取消或修改这些合同。

取消交易，如果交易导致市场过于集中或扭曲竞争，反垄断机构可以要求取消这些交易。

审查行政违法案件，法条规定，反垄断机构有权根据哈萨克斯坦共和国的法律程序审查保护竞争和限制垄断活动领域的行政违法案件。这意味着反垄断机构不仅可以采取措施，还可以审查违法行为，并对其进行法律程序上的处理。

向法院提起诉讼和请愿，法条规定，反垄断机构有权向法院提起诉讼和请愿，参与与竞争法有关的案件审理。这强调了法院在维护竞争法规定的原则和制度方面的作用，以及反垄断机构在维权过程中的角色。

违反竞争法的后果，法条明确规定，如果市场主体、政府机构或地方执行机构违反竞争法规定，它们应当按照反垄断执法机构责令停止违法行为，并采取必要的措施来纠正违法行为，这体现了竞争法对违法行为的严格处罚。

命令的执行和监督，法条规定了命令的执行程序，包括合理期限内的执行，以及反垄断机构对命令执行的控制。如果市场主体不履行命令，反垄断执法机构有权向法院提起诉讼，要求强制执行。

第 226 条强调了反垄断机构在执行竞争法和制止垄断行为方面的重要职责，以及其在确保市场公平竞争和保护消费者权益方面的作用。法条分析突显了竞争法对维护市场秩序和竞争原则的承诺，以促进经济发展和公平竞争。

（三）执行反垄断机构命令的要求

《企业法典》第 227 条规定了关于执行反垄断机构命令的要求，其中包括命令的形式和内容。根据该法条，执行命令是以反垄断机构的受控形式执行的。这意味着反垄断机构负责确保命令的执行，以便有效地纠正垄断行为和维护市场竞争。

执行命令应包括以下要素：发布命令的主体；市场主体、政府机构、地方执行机构或其官员违反哈萨克斯坦共和国竞争保护领域立法和法律法规的既定事实描述；市场实体、政府机构、地方执行机构或其官员应采取的具体行动，包括纠正行为、停止违法活动、修正合同或采取其他必要的行动，以确保合法竞争。

三个要素为执行命令提供了明确的指导和要求，以确保有效地应对违反竞争法规定的垄断行为，确保了执行命令的透明性和可执行性。

（四）特殊保护、反倾销和反补贴措施的适用条件和程序

《企业法典》第297条规定了特殊保护、反倾销和反补贴措施的适用条件和程序。这些措施的制定和取消由欧亚经济委员会决定，涉及对进口货物的配额、职责和税收等控制措施。特殊保护、反倾销和反补贴措施的实施和调查程序由哈萨克斯坦共和国的相关法律法规规定。

第298条进一步详细说明了这些措施的类型和性质。特殊保护措施主要通过引入进口配额、特别配额或特别职责等方式来限制货物的进口数量。反倾销措施包括征收反倾销税或批准价格承诺等，用于反制倾销进口。反补贴措施则包括引入补偿费用以抵消第三国补贴对成员国经济的不利影响，这可能涉及批准价格、补偿费用等。

最后，第299条规定了特别保护、反倾销和反补贴措施适用的原则。这些措施可以适用于以下情况：货物进口数量有所增加（无论是绝对数量还是相对数量）；进口货物对成员国经济部门造成了严重损害或威胁；货物可能导致严重减缓成员国经济部门的发展。这些原则明确了何时可以采取特殊保护、反倾销和反补贴措施，以确保维护成员国的经济利益和市场竞争的公平性。同时，还强调了调查机构的重要性，因为它们的调查结果将决定是否采取这些措施。

以上条文规定了哈萨克斯坦可以对进口商品采取的特殊保护措施、反倾销措施和反补贴措施，以保护国内产业，这些措施的决定和执行需要欧亚经济委员会的批准，不能由哈萨克斯坦单方面做出。这体现了哈萨克斯坦作为欧亚经济联盟成员国的联合决策机制，明确了可以采取这些措施的前提，即进口增加、存在倾销和补贴的情况下，进口商品对国内同类产业造成损害或威胁。这符合经济法平衡保护主义和自由贸易的原则；定义了特殊保护措施、反倾销措施和反补贴措施的具体形式，如进口配额、特别关税、反倾销税等。这为实施这些措施提供了操作基础。引入这些措施需要进行调查和证明存在损害。这有助于保证根据客观证据审慎做出决定，防止措施被滥用，但总体来看，这些条文在经济法角度既保护了国内产业，

也兼顾了公平贸易，符合经济法调和多方利益的原则，对完善哈萨克斯坦的对外贸易法规具有重要意义。

## 第五节　哈萨克斯坦竞争法的理论依托

### 一、市场经济理论与竞争法

（一）市场经济理论的基本原理

哈萨克斯坦竞争法的制定和实施受到了市场经济理论的深刻影响。市场经济的本质含义可以概括为：以维护产权，促进平等和保护自由的市场制度为基础，以自由选择、自愿交换、自愿合作为前提，以分散决策、自发形成、自由竞争为特点，以市场机制导向社会资源配置的经济形态。① 其核心理念是，市场应该在自由竞争的环境中运作，资源的配置应当由市场参与者的自主行为决定，而不是由政府干预来规定。

（二）市场经济理论对竞争法的启示

市场经济理论为竞争法提供了深刻的启示。首先，市场经济理论强调了自由竞争的价值，竞争法的首要任务是确保市场中的竞争是自由和公平的，以便市场资源的分配能够最大化地符合社会的利益。

其次，市场经济理论认为，垄断和不正当竞争行为会阻碍市场的正常运行，限制了资源的有效配置。竞争法的一个关键目标是防止垄断行为，确保市场中不存在不正当竞争，以保护消费者和其他市场参与者的权益。

此外，市场经济理论指出，自由竞争可以促进创新和经济增长。竞争法应该鼓励市场主体进行创新，保护知识产权，防止反竞争行为成为创新的障碍。

最后，市场经济理论也提出了消费者权益的概念。竞争法应该确保市场中的信息对称，消费者能够获得真实和准确的产品信息，避免虚假广告

---

① 熊德平：社会主义市场经济与所有制关系探索［J］，扬州大学学报（人文社科版），2002（02）.

和欺诈行为。

（三）哈萨克斯坦竞争法与市场经济理论的契合

哈萨克斯坦竞争法与市场经济理论有着显著的契合。该法律强调了市场竞争的原则，禁止垄断和不正当竞争行为，确保了自由竞争的环境。同时，竞争法中包含了一系列的规定，以保护消费者权益，防止虚假广告和不公平的市场手段。

此外，哈萨克斯坦竞争法也鼓励市场主体进行创新，特别是通过知识产权保护，以促进技术进步和经济增长。它还建立了反垄断机构，负责监督市场竞争和执行竞争法。

（四）哈萨克斯坦竞争法与法经济学理论的协调

哈萨克斯坦竞争法与法经济学理论的协调表现在多个方面。首先，竞争法的制定和执行受到了法经济学的方法论影响。法经济学强调了法律和经济学之间的相互作用，强调了法律规则对市场行为的影响。

其次，哈萨克斯坦竞争法充分考虑了市场经济的复杂性，包括信息不对称、合同问题等经济学领域的问题。它制定了相应的法律规定，以应对这些挑战，确保市场中的交易是公平和合法的。

最后，竞争法的执行也受到法经济学理论的指导。反垄断机构在进行案件审查和处罚决策时，通常会考虑市场经济学的相关原理，以确保决策符合最大化社会福利的目标。

二、哈萨克斯坦竞争法的国际借鉴

（一）竞争法的国际发展概况

竞争法领域是一项涉及全球范围的法律领域，各国在制定和修改竞争法时通常会借鉴其他国家的经验和做法。国际竞争法的发展经历了不同阶段，但其核心目标始终是保护市场竞争的公平性、促进经济增长和保护消费者权益。

（二）哈萨克斯坦竞争法的主要国际借鉴

哈萨克斯坦竞争法的制定过程中，借鉴了多个国家和国际组织的竞争法经验，其中一些主要国际借鉴包括：

欧盟竞争法：欧盟竞争法是世界上最为成熟和广泛应用的竞争法之一。哈萨克斯坦竞争法借鉴了欧盟竞争法的一些基本原则和机制，包括反垄断机构的建立和案件审查程序。

美国反垄断法：美国的反垄断法对于垄断和反竞争行为的打击历史悠久。哈萨克斯坦竞争法在反垄断规定方面受到了美国反垄断法的借鉴，包括禁止卡特尔协议和滥用市场支配地位的规定。

国际竞争法组织：哈萨克斯坦也积极参与了国际竞争法组织，如国际竞争法协会（International Competition Network，ICN），并与其他国家的竞争法机构保持密切联系，以获取国际最佳实践的信息。

（三）国际借鉴的利弊

利：国际借鉴可以帮助哈萨克斯坦竞争法更快地建立起符合国际标准的法律框架，促进国内市场的透明度和公平性。借鉴其他国家的竞争法经验可以减少重复努力，避免犯同样的错误，提高法律的质量和有效性。

弊：过度借鉴可能导致法律不适应本国市场的特殊情况，因此需要在借鉴的过程中适度地本土化竞争法，以确保其适应本国的经济和法律环境。不同国家的法律和制度存在差异，可能需要根据本国的实际情况进行适当的调整和修改。

哈萨克斯坦竞争法的制定和国际借鉴相结合，可以帮助该国更好地适应市场经济体制，维护市场竞争的公平性，促进经济增长，保护消费者权益，并确保法律体系的有效性和适用性。通过与其他国家和国际组织分享经验和最佳实践，哈萨克斯坦竞争法有望在国际竞争法领域发挥更加积极的作用。

## 第六节　中国与哈萨克斯坦竞争法律制度比较

哈萨克斯坦现行反垄断法律规定相对分散，一些重要术语缺乏明确定义，部分执法程序不够具体，这给执法工作带来一定困难。反垄断执法机构成立时间不长，执法经验不够丰富。案件调查和处置中，经济分析、市场评估等方面的能力亟待提升。现行反垄断规定存在一定程度的原则性和笼统性，没有充分考虑本国市场经济的特点，执法中存在效果不佳的情况。

中哈两国国有企业都在经济体制中占重要地位，如何有效规制其滥用市场支配地位是共同面临的问题。中哈两国可以加强交流合作，共享竞争政策执法经验，推动构建公平竞争的国际经济秩序。中国可以在惩戒性赔偿、个人责任等方面借鉴其他国家成功经验。

为加深两国交流合作，对两国竞争法进行比较研究具有重要意义。

### 一、立法背景不同

中国全国人大常委会于 2007 年通过了《中华人民共和国反垄断法》，这是中国第一个专门规范垄断行为的法律法规。《中华人民共和国反垄断法》的出台有以下背景：

我国市场尚不成熟，市场机制也不够完善，企业间限制竞争现象频频出现，如联合限价和限制生产数量，分割销售市场，生产和销售企业联手排除竞争者，有的企业通过联合或组建企业集团发展到少数企业垄断市场的局面；此外，在竞争压力和盈利动机的驱使下，不正当竞争行为大量出现，如假冒商标、虚假广告等。且由于我国处在计划经济向市场经济的过渡阶段，政府管理经济的职能尚未完全转变，来自政府方面的行政性限制竞争的力量仍然十分强大，对竞争的损害是全局性的。多年竞争政策实践的积累为制定反垄断法提供了支持，且中国加入 WTO 后，中国承诺建立符合国际标准和实践的反垄断法。

哈萨克斯坦的反垄断立法主要体现在 2015 年 1 月通过的《企业法典》

之中。它制定的背景包括：哈萨克斯坦实行市场经济体制改革，从计划经济到市场经济转型，需要建立规范市场秩序的法治保障，进一步加强了对数字经济、自然垄断行业的监管力度；原有的《关于反垄断活动限制和不正当竞争》等法规过于分散，需要统一的反垄断法规，较为系统地将反不正当竞争法和反垄断法合并立法；吸收国际最佳反垄断执法实践经验，借鉴其他国家反垄断法律。

二、立法结构不同

《中华人民共和国反垄断法》是中国反垄断法律体系的核心法规，是专门针对反垄断事项制定的专门立法。《中华人民共和国反垄断法》分为 8 章63 条，结构完整，内容涵盖第一章总则，第二章到第六章的垄断协议，滥用市场支配地位，经营者集中，滥用行政权力排除、限制竞争，对涉嫌垄断行为的调查，第七章法律责任和第八章附则八个章节。

哈萨克斯坦的反垄断法规主要集中在《企业法典》之中，属于综合性立法，没有单独的反垄断专门法。其反垄断法规主要体现在《企业法典》中的多个章节，如第七章"保护竞争"，第十一章"国家对价格和费率的监管"，第十五章"垄断活动"等章。《企业法典》中关于反垄断法的立法规定比较分散，不如中国的反垄断法系统完整。

三、实施机构不同

我国的反垄断执法机构分为中央反垄断执法机构与地方反垄断执法机构。中央反垄断执法机构是指国家市场监督管理总局，地方反垄断执法机构是指地方市场监督管理总局。国务院反垄断执法机构之上还设有反垄断委员会。反垄断执法机构一般是通过采取市场外监管监控市场行为，突出事后监管效率，强调反垄断规范的威慑力。

国务院反垄断委员会的主要职责是：（1）研究拟定有关竞争政策。（2）组织调查、评估市场总体竞争状况，发布评估报告。（3）制定、发布反垄断指南。(4)协调反垄断行政执法工作。(5)履行国务院规定的其他职责。反垄断委员会聘请法律、经济等方面的专家组成专家咨询组,对委员会需要研究的重大问题提供咨询。国务院反垄断委员会工作规则还规定了委员会组成、会议制度、工作制度和工作程序。

我国反垄断执法机构主要职能是确保竞争的实现。其主要通过四条途径达到反垄断既定目标:第一是采取"市场外监管(OFF-Market Regulation)",监控市场行为,突出事后(ex post)监管效率,强调反垄断规范的威慑力;第二是通过法律执行防止出现市场失灵;第三是锁定三大反垄断目标,即垄断协议、滥用市场优势地位和非法联合;第四是对非豁免领域实施统一的反垄断标准以实现监管的规模经济。哈萨克斯坦《企业法典》第90条规定了反垄断执法机构制度,其明确了竞争主管机构的统一系统由公共主管机构及其下属地方单位组成,且各地区在哈萨克斯坦共和国法律和中央公共权力机构批准的法规规定的权限范围内开展活动。反垄断机构的目标为促进公平竞争的发展,预防、侦查和调查、制止违反哈萨克斯坦共和国保护竞争立法的行为,进行经济集中度调控,限制市场竞争主体垄断。

四、适用上均有域外效力

《中华人民共和国反垄断法》第2条规定,中华人民共和国境内经济活动中的垄断行为,适用本法;中华人民共和国境外的垄断行为,对境内市场竞争产生排除、限制影响的,适用本法。由此可见,我国反垄断法适用于中华人民共和国境内的商业活动,以及具有排除、限制竞争效果的境外商业活动。哈萨克斯坦《企业法典》适用于影响或可能影响哈萨克斯坦商品市场竞争关系的主体,同时也适用于排除或限制竞争效果的境外活动。

五、禁止的反竞争行为多有重合

中国《反垄断法》禁止的反竞争行为主要包括:垄断协议,如固定价格、限制数量、分割市场等；滥用市场支配地位，如价格歧视、拒绝交易等；不当限制竞争的经营者集中与行政垄断行为。哈萨克斯坦《企业法典》禁止的反竞争行为主要有：反竞争的水平协议和纵向协议，类似于我国的横向垄断协议和纵向垄断协议；市场主体的反竞争的协同行为；滥用支配地位或垄断地位的垄断活动；货物采购组织者、采购经营者和贸易经营者协调采购供应商和贸易参与者的活动导致或可能导致防止、限制或排除竞争的行为。

### 六、承担法律责任的方式基本类似

《中华人民共和国反垄断法》对违法行为规定了相应的行政处罚，经营者违反本法规定，达成并实施垄断协议、滥用市场支配地位的，由反垄断执法机构责令停止违法行为，没收违法所得并处罚款；经营者违反本法规定实施集中，且具有或者可能具有排除、限制竞争效果的，由国务院反垄断执法机构责令停止实施集中、限期处分股份或者资产、限期转让营业以及采取其他必要措施恢复到集中前的状态并处罚款。我国反垄断法第 60 条规定，经营者实施垄断行为给他人造成损失的，依法承担民事责任；经营者实施垄断行为损害社会公共利益的，设区的市级以上人民检察院可以依法向人民法院提起民事公益诉讼。

对于行政机关和法律法规授权的具有管理公共事务职能的组织滥用行政权力，实施排除、限制竞争行为的，由上级机关责令改正；对直接负责的主管人员和其他直接责任人员依法给予处分。反垄断执法机构可以向有关上级机关提出依法处理的建议。行政机关和法律法规授权的具有管理公共事务职能的组织应当将有关改正情况书面报告上级机关和反垄断执法机构。哈国《企业法典》第 216 条—224 条规定了对违反哈萨克斯坦共和国竞争保护领域立法的行为发起调查的理由、参与人员、程序、条件、参与调查人员的权利、对调查行为的暂停与恢复以及做出决定等。第 226 条主要涵盖了反垄断机构对垄断行为的应对措施以及执行这些措施的程序，规定了反垄断机构有权：向市场主体发出具有约束力的命令：消除违反本准则规范的行为和（或）减轻其后果；恢复初始位置；取消或变更与本准则相抵触的合同；市场集中度监管过程中需要通过取消、撤销等方式取消交易的；向国家、地方执行机构、政府负责市场主体活动监管职能的组织发出具有约束力的命令，取消或改变其所接受的行为，纠正违约行为和指示，取消或改变其所接受的协议和交易与本准则相抵触的行为，以及旨在提供竞争的行为；根据哈萨克斯坦共和国行政违法法规定的程序，审查保护竞争和限制垄断活动领域的行政违法案件等。

通过上述比较可以看出，中国和哈萨克斯坦在竞争法方面有许多相似之处，如都建立了专门的反垄断执法机构，并通过法律明确禁止反竞争行为，规定了行政处罚措施。这反映了竞争法的一些共性原则。但两国也存在一定区别，如立法形式、反垄断执法机构设置、市场支配地位认定标准等方面有所不同。这些区别一方面是基于各自国情，另一方面也反映出两国竞争政策和反垄断执法仍处于发展阶段，法律体系还未完全成熟。

总体来看，中国和哈萨克斯坦的反垄断法发展大体上具有可比性，都处在从引入到逐步健全法律体系的过程中。两国可以在竞争法执法领域加强交流与合作，共同提高规制反竞争行为的水平，营造健康有序的市场竞争环境。

中国与哈萨克斯坦作为永久全面战略伙伴，两国在经济、文化、教育、科技、旅游等领域有着深厚的合作基础和广阔的发展前景。通过了解哈萨克斯坦竞争法的历史沿革，研究哈萨克斯坦竞争法的历史演进逻辑和理论体系，能够分析得出哈萨克斯坦对于本国市场的保护限度和力度，有利于为中国企业到哈萨克斯坦投资做好国家政策法规上的引导，可以有效促进两国的经济交流合作，加深两国的深厚友谊。并且，在研究哈萨克斯坦竞争法体系所得出的理论逻辑和精神内涵，可以将其与中国的竞争法体系相比较，取其精华，去其糟粕，用以指导和完善中国竞争法体系建设，有效推进中国特色社会主义法律体系的建设。

# 第二章　塔吉克斯坦竞争法律制度研究

　　笔者根据查阅的文献资料，通过对塔吉克斯坦竞争法律制度的梳理，发现在国内鲜少有对塔吉克斯坦竞争法律制度的研究。但对哈萨克斯坦、乌兹别克斯坦及俄罗斯等这些同属独联体解体后分离出来的国家的竞争法律制度研究较多。就塔吉克斯坦而言，目前为止国外学者没有对该国的竞争法律制度进行专门研究的。

　　塔吉克斯坦共和国是位于中亚东南部的内陆国家，是第一个与我国签署共建"一带一路"政府间合作备忘录的国家，与我国建立了全面战略合作伙伴关系，是我国"一带一路"沿线经济合作重要国家之一。塔吉斯坦国土面积为 14.31 万平方公里，地处于阿富汗、乌兹别克斯坦、吉尔吉斯斯坦和中国之间，是中亚五国中国土面积最小的国家。[①]其经济基础相对薄弱，结构较为单一。

　　塔吉克斯坦于 1991 年脱离苏联独立。塔吉克斯坦独立后经历了长期的内战（1992—1997），国家建设举步维艰，立法进程较为缓慢。其属于成文法国家，司法判决不是其法律渊源，法制基础是苏联时期所发展的大陆法体系。当前其法律制度在很大程度上与其他独联体解体后分离出来的国家的法律制度相似。在独联体国家中，塔吉克斯坦从计划经济向市场经济的过渡是缓慢的。这一结果可以归结为许多的原因，诸如传统的贸易渠道

---

　　① https://baike.baidu.com/item/%E5%93%88%E8%90%A8%E5%85%8B%E6%96%AF%E5%9D%A6/130158?fromModule=disambiguation，最后访问时间：2023 年 12 月 5 日.

的丧失、自然灾害、内战、失去了往昔来自苏联持续 70 年的援助等。尽管如此，塔吉克斯坦政府仍然锐意改革，制定了分三步走的改革计划，试图将施行已久的计划经济改变为市场经济。在改革中，法律的应用始终是非常重要的有效途径。自其 1991 年宣布独立以来，一直致力于全面建立其法律制度。但塔吉克斯坦在独立后制定的新法律和其他法案通过之前，仍旧一直沿用苏联时期的法律和其他法令。塔吉克斯坦的许多法律，特别是被认为在经济发展中发挥重要作用的法律，都是在外国法律专家的协助下制定的。

## 第一节　塔吉克斯坦竞争法的立法历程

　　20 世纪 80 年代后期戈尔巴乔夫因不满苏联僵化的经济体制，带动整个苏联（各个加盟共和国）进行经济改革。这个过程中，塔吉克斯坦作为加盟国也进行了相应改革，为塔吉克斯坦之后的竞争法立法提供了社会条件。2000 年，塔吉克斯坦颁布《关于大宗商品市场竞争和限制垄断活动》作为私人资本有序竞争的法律依据。这部法律是在塔吉克斯坦从苏联独立出来，内战后经济发展十分不稳定的环境下颁布的，其所体现的反垄断法律效用并没有得到充分发挥。全盘的西化和模仿欧洲是苏联解体、东欧剧变的根本原因。中欧、东欧国家和解体后的苏联各加盟共和国都经历了国家政治和经济的转型变革。它们积极学习欧美国家保护市场竞争的反垄断立法，以加入欧共体为自己政治经济的奋斗目标。伴随着强烈的改革求富心理，许多国家根据欧共体竞争法强化自己的反垄断法。塔吉克斯坦的竞争立法也反映出欧美国家和俄罗斯反垄断法律的价值特征。[①]对于塔吉克斯坦来说，该国的《保护竞争法》更多的是模仿俄罗斯的竞争法。

　　竞争法，简单来说就是使用法律工具来控制市场力量的行使，以保护市场竞争。反不正当竞争法发源于 19 世纪后半期的欧洲，是与工业革命和

---

　　①　刘国胜 . 哈萨克斯坦共和国《反垄断法》述评 [J]. 俄罗斯中亚东欧市场 . 2010.10.

自由竞争的市场原则相伴而生的①。随着市场经济的发展，世界上的主要工业发达国家如英国、法国、德国以及后来的美国，在19世纪末20世纪初均发展出具有本国特色的反不正当竞争法。竞争法是规范市场竞争秩序的法律制度，有广义和狭义之分。广义的竞争法包括反垄断行为的法律制度和反不正当竞争行为的法律制度，狭义的竞争法则仅是指反垄断法，如欧共体的竞争法。②我国法律体系中的竞争法一般是广义的，包括反垄断法和反不正当竞争法。

与我国《反垄断法》《反不正当竞争法》分别立法不同，《塔吉克斯坦保护竞争法》属于合并式立法，竞争法既监管垄断行为，也规范不正当竞争行为。

塔吉克斯坦从1997年开始经济逐步回暖，并从21世纪伊始发行新的货币，稳定并完善国家金融体系。塔吉克斯坦共和国于2000年11月29日颁布实施《关于大宗商品市场竞争和限制垄断活动》，这为塔吉克斯坦反垄断政策奠定了最初的法律基础。随后，塔吉克斯坦认真研究和借鉴国际反垄断立法和司法经验，对相关法律法规不断进行修改和调整。但在该国动荡不安的社会环境下，腐败问题滋生使得该法并未得到很好的实施。2006年6月30日经塔吉克斯坦共和国议会（MH MOPT）决议通过，2006年7月20日经塔吉克斯坦共和国议会决议批准，2006年7月28日颁布实施《关于商品市场竞争及限制垄断行为法》。该法界定了限制和制止垄断活动和不公平竞争的制度和法律基础，并旨在为商品市场的创造和有效运作提供条件。该法一共七章，28条，条文内容进一步完善更加清晰具体。该法生效后，塔吉克斯坦于2000年11月29日颁布的《关于大宗商品市场竞争和限制垄断活动》宣布失效。

2017年2月1日经塔吉克斯坦议会决议通过，2017年经议会决议批准，2017年5月30日颁布实施《保护竞争法》。该法界定了竞争保护的制度和

---

① 孔祥俊 . 论反不正当竞争法的新定位 [J]. 中外法学 .2017.06.
② 王晓晔 . 竞争法的基础理论问题 [J]. 经济法论坛 .2004-12-15.

法律基础，规定了建立和保障竞争环境、商品市场效率、确保单一经济空间和自由经济活动的关系。旨在保护竞争的关系，包括警告、限制、防止和制止垄断活动和在商品和金融市场上的恶意竞争。该法在实施的过程中经历了两次修订，分别是 2022 年 7 月 19 日第 1912 号法律修订，2023 年 3 月 15 日第 1957 号法律修订。该法生效后塔吉克斯坦于 2006 年 7 月 28 日颁布的《关于商品市场竞争及限制垄断行为法》宣布失效，然而在 2017 年 5 月 30 日颁布的《保护竞争法》在法律条文上做了一些删减将违反反垄断法律的具体责任及罚款删除，新法只在第 30 条简单提及违反《保护竞争法》的个人和法人被追究责任。

从历史的角度来看塔吉克斯坦是一个世俗的国家。塔吉克斯坦自古以来实行政教分离，宗教组织与国家分离，不得干预国家事务。塔吉克斯坦宪法规定，禁止以挑起种族、民族、社会和宗教冲突为目的，或者煽动暴力推翻宪法制度和组织武装集团的社会团体的建立及活动；同时还规定了，社会生活的发展以政治多元化和意识形态多元化为原则，国家保护各种形式的所有制和经营活动。

## 第二节　塔吉克斯坦竞争法的立法目的

### 一、保护竞争

将保护竞争作为反不正当竞争法的重要立法目的，是世界各国和地区竞争立法的普遍做法。塔吉克斯坦《保护竞争法》第 1 条该法的适用范围明确指出，制定该法的目的就是保护竞争；第 15 条关于调节市场的规定，明确国家对商品市场的监管是为了保护竞争，防止商品市场垄断。某些商品（工作、服务）的定价是通过国家反垄断监管进行的。塔吉克斯坦政府还根据国家反垄断机构的建议批准了公共监管下的社会相关产品的清单。塔国竞争法保护竞争的立法目的呈现如下特点：

第一，塔吉克斯坦《保护竞争法》保护的竞争是"有效竞争"（也称不完全竞争，有效竞争就是既有利于维护竞争又有利于发挥规模经济作用的竞争格局），①而不是"完全竞争"。完全竞争（Perfect Competition），通常是指下列条件占主导地位的市场状况，即市场上存在大量的具有合理的经济行为的卖者和买者；产品是同质的，可互相替代而无差别化；生产要素在产业间可自由流动，不存在进入或退出障碍；卖者或买者对市场都不具有某种支配力或特权；卖者和买者间不存在共谋、暗中配合行为；卖者和买者具有充分掌握市场信息的能力和条件，不存在不确定性。②完全竞争市场明显是一种理想的市场状态，属于理论抽象。现实中的市场都不具备这些特点，因而都不是完全竞争市场，在高度复杂的现代市场经济中，完全竞争既无实现的可能，也无实现的必要。因此，现代竞争法通常将其所保护的竞争定位为"有效竞争"。有效竞争基于现代市场中的商品差异化和信息不对称的现实，承认非均质的市场结构中大企业对效率的贡献，不过将市场中企业的规模大小和数量的多寡作为认定市场竞争状态的依据。因此，比完全竞争更具有可行性。

第二，塔吉克斯坦《保护竞争法》保护的是竞争，而非竞争者。实践中，垄断纠纷经常存在于在竞争中受损的竞争者的抱怨。因此，反垄断法容易被不准确地理解为是竞争者利益的保护法。竞争导致优胜劣汰，合法的竞争也会给相关竞争者造成损害。因此，竞争者利益受损并不意味着竞争本身受损，竞争者利益是否受损也不是判断是否存在非法垄断的标准。

第三，塔吉克斯坦《保护竞争法》不仅保护现实竞争，还保护潜在竞争。通常，垄断行为损害的是现实中既存的竞争，但是也有的垄断行为以损害未来可能发生的竞争为目的。比如在高科技领域，经营综合业务的平台企业经常对一些经营特定创新业务的初创企业实施扼杀性并购，目的就是防止初创企业未来做大做强后对自己的相关业务形成有力竞争。因此，

①　不完全竞争是由美国经济学家 J.M. 克拉克 (J.M.Clark) 针对完全竞争概念的非现实性而提出来的。

②　垄断竞争和完全竞争的区别是什么，https://wenku.baidu.com/view/8c11e52404a1b0717 ed5dddd.html，最后访问时间：2023.12.12.

为了保护潜在的竞争，反垄断法对扼杀性并购予以规制。

此外竞争能在行业间形成压力（故需为消费者提供在价格、质量等方面更有吸引力的选择）。"竞争过程（通常）是有效的，为社会带来最大总量的'财富'，因此，竞争法旨在通过保护和促进市场内的竞争来使社会资源最大化。"[①]

## 二、预防和制止垄断行为

塔吉克斯坦《保护竞争法》将"预防和制止垄断行为"作为其直接立法目的，明确了该法的预防目的。违法行为的认定规则与法律责任制度的设计和适用，会影响预防目的的实现。如果在某一制度框架下，违法行为较易被认定，行为人承担的法律责任较重，则违法成本高、收益低，法的预防目的就容易实现；反之亦然。但是，应当指出的是，法律责任并不是越重越好，违法成本也不是越高越好；过重的法律责任和不当的高违法成本会导致法律的威慑过度，从而限制市场自由甚至会引发以掩盖违法证据为目的的犯罪行为。因此，在垄断行为的认定和法律责任制度的设计和实际适用中，要坚持宽严适度、过罚相当，既要防止威慑不足，又要防止威慑过度。

要保护市场竞争就必须坚决反对各种损害竞争的垄断行为，因此在塔吉克斯坦《保护竞争法》的法律条文中将预防和制止垄断行为规定为立法目的。预防与惩罚相结合，其中惩罚是手段，预防才是最终目的。对于我国《反垄断法》而言，预防是一种政策目标选择，表明立法的目的不仅仅是惩罚垄断行为，更重要的是防患于未然，通过对垄断行为的惩罚防止更多垄断行为的出现。"预防和制止"具有双重含义。首先，就《保护竞争法》的制定和实施而言，《保护竞争法》对意图实施垄断行为的金融服务、企业、团体产生强有力的威慑，从而起到预防垄断行为的作用。同时，对于已经

---

① RoxanneLawbot. 竞争法概要整理，https://mp.weixin.qq.com/s/0hDxfKn5yIe0KhQh3wlFfw，最后访问时间：2023.8.20.

发生的垄断行为，《保护竞争法》通过追究这些垄断行为的法律责任，实现制止垄断行为的目的。其次，从《保护竞争法》的具体规定来看，对滥用市场支配地位和垄断协议这两类垄断行为的禁止属于"制止"垄断行为之列，而对经营者集中的事先审查则属于预防垄断行为的范围。

### 三、保护消费者合法权益

维护消费者利益之所以能构成一项独立的立法目的，其理由在于：第一，竞争导致的社会总福利的增长，并不都能分配到消费者，有时会被企业剥夺，有时会因企业的寻租行为以及大企业内耗而使福利增长转化为社会成本。第二，消费者主权是现代市场经济的基本价值。围绕消费者而非供应者构建市场秩序，是现代社会的基本商业伦理。第三，面对垄断者，消费者明显属于弱势群体，对维护消费者利益给予特别强调与反垄断法的公平价值相契合。

反垄断法与专门的消费者权益保护法对消费者利益的保护路径有明显差异。首先，从反垄断法的角度看，大多数情况下，消费者的福利是为了维护竞争秩序和提高经济效率，而不是为了保护消费者的利益而进行的。只在个别特定情形下，当消费者福利与竞争或效率目标发生一定冲突时，才会涉及对若干立法目的的衡量。其次，反垄断法所关心的并不是个别消费者利益的受损或增加，而是由于垄断造成的总体消费者福利的受损或增加。在竞争法上，对消费者福利的评估不应仅仅局限于价格维度。除了价格意义上的消费者剩余外，[①]商品质量和创新给消费者带来的价值也不应被忽略，否则会导致消费者福利分析的静态化和短期化。

除了塔吉克斯坦消费者协会明确保护消费者权益外，塔吉克斯坦国家反垄断署也做了明确的规定，作为消费者有获得消费和消费者权益保护方面的知识的权利：商品信息知悉权，有关商品（作品，服务）及其制造商

---

① 消费者剩余是指消费者消费一定数量的某种商品愿意支付的最高价格与这些商品的实际市场价格之间的差额。

（表演者，卖家）的信息；商品的安全性（商品、服务）；自由选择权（商品，服务）；有权获得质量保障（商品，服务）；求偿权，赔偿因商品质量缺陷或服务不当造成的损失；有权要求法院或其他国家机构保护自己的权益；有权给制造商（卖方）提出改善商品或服务质量的建议。如果遭遇侵权，消费者可以向塔吉克斯坦反垄断署或塔吉克斯坦标准局投诉。

四、保护经济自由

塔吉克斯坦《保护竞争法》旨在确保经济自由的竞争法关注的不是对消费者的直接影响，而是维护一个保护个人经济行动自由并允许所有公民参与市场的制度。因此，竞争法保护市场参与者免受他人不正当经济权力的影响。

竞争有利于保障人们的经济自由，创造社会平等的经济基础，维护政治民主的经济基础。但事实上，塔吉克斯坦的腐败问题根深蒂固，该国经济自由在某种程度上受限。2022 年 2 月中旬，美国智库"传统基金会"联合《华尔街日报》发布了《2022 经济自由度指数》，塔吉克斯坦在 177 个国家中排名第 147 位。该研究作者根据经济自由程度将国家分为五类。塔吉克斯坦与土库曼斯坦（第 165 位）和其他 30 个国家（朝鲜、委内瑞拉、津巴布韦、古巴等），都处于最低类。研究报告还指出塔吉克斯坦经济自由度连续 5 年下滑，并特别强调该国"投资自由和金融自由极弱"。[1]2022 年塔国内生产总值（GDP）为 1157 亿索莫尼（约合 115.7 亿美元），同比增长 8%。2023 上半年国内生产总值 542 亿索莫尼（约合 49.3 亿美元），同比增长 8.3%。2022 年塔对外贸易额超 73 亿美元，同比增长 15%。2023 年上半年，塔对外贸易额 34 亿美元，同比下降 2.8%。主要贸易伙伴有俄罗斯、哈萨克斯坦、中国。[2]此外，塔吉克斯坦的许多法律，特别是被认为在经济发

---

[1]　https://baijiahao.baidu.com/s?id=1742356183858954347，最后访问时间：2023 年 12 月 10 日．

[2]　中华人民共和国外交部官网，https://www.mfa.gov.cn/web/gjhdq_676201/gj_676203/yz_676 205/1206_676908/1206x0_676910/，最后访问时间：2023 年 12 月 10 日．

展中发挥重要作用的法律，都是在外国法律专家的协助下制定的。商业和公司领域的一些重要法律，例如"关于股份公司"的法律、"关于可移动财产的质押"的法律、"关于银行活动"的法律，都是在来自普通法国家的专家的协助下制定的。另一方面，程序法，例如"民事诉讼法"和经济程序法"（规定商业法院的司法程序，解决商业实体之间的争议），是在大陆法系国家律师的帮助下制定的。伊斯兰法律原则上也在法律体系中占有一席之地，如在金融领域，2014 年塔吉克斯坦通过了《伊斯兰银行法》。

### 五、提高经济运行效率

福利主义方法（welfarist approach）认为竞争法的目的是通过促进有效市场来最大化福利，这是一个主要起源于"芝加哥学派"的经济目标。[①] 而这个问题的下一阶段是：确定"福利"的标准应该是消费者福利还是社会总福利。如果把"福利"认定为市场的总"福利"，那么可以合理推导出允许制定更高价格并因此对消费者造成伤害的做法是被允许的（如果对消费者造成伤害且提升了经济效率，市场总体量增加）。但实际上大多数采用或包含福利标准的竞争法体系都趋同于使用消费者福利标准。

效率是经济活动的根本追求。在微观意义上，经济效率主要是指个体企业的生产效率；在宏观意义上，经济效率则是指整个社会的资源配置效率。作为反垄断法价值目标的效率，主要指的是宏观意义上的经济效率即全社会的资源配置效率，也称作经济运行效率。[②] 市场经济是解决资源配置问题的最优体制，而竞争机制是市场经济体制的核心。总体而言，竞争机制得以保全时，效率也就得以实现。在此意义上，经济运行效率是否获得提升是检验竞争是否得到有效保护的标准。

社会总福利是经济运行效率的直接反映，总福利的提升或降低是衡量经济运行效率的标准。通常认为，社会总福利的"蛋糕"越大，消费者从

---

① 竞争法的目标和价值 .Charles Yu . 并逐为争 .2022-05-18 17:06 发表于湖北 .

② https://www.thepaper.cn/newsDetail_forward_19091357，最后访问时间：2023 年 12 月 5 日 .

中可以分享的份额也就越大。因此，也有人将消费者福利作为衡量经济运行效率的标准。国外反垄断法上的"同等效率竞争者标准"是对效率目标的典型制度回应。该标准明确竞争法仅保护与具有市场支配地位企业同等效率的竞争者的竞争免受限制，即只有当与支配企业具有同等效率的竞争者受到排挤时，才意味着竞争受到了损害。①

《塔吉克斯坦共和国保护竞争法》（以下简称《保护竞争法》）立法以保障个人基本权利为目的。塔吉克斯坦立法是依据宪法规定的个人基本权利。塔吉克斯坦现行宪法第 12 条规定国家保障经济活动自由、创业自由、权利平等，保护包括私有制规定在内的各种所有制。明确反对禁止从事旨在进行垄断和不正当竞争的经济活动。因此，国家出于保护个人经营自由的目的，将维护公平竞争，反对垄断作为国家的任务。在塔吉克斯坦，反垄断"支持和促进经济领域中的竞争，这是国家的职能。与垄断行为作斗争，相关立法及其执法都属于联邦专辖事务。坚持保护竞争，国家既在市场模式框架内，又在市场模式框架外，保障着整个市场体制的稳定"。②

## 第三节 《塔吉克斯坦共和国保护竞争法》的主要内容

《保护竞争法》相关条文包括一般规定、垄断活动和不公平竞争、国家反垄断机构、国家经济集中控制、国家反垄断机构的命令（决定和命令）和上诉程序、最后条款共有六章 32 条。

### 一、垄断协议

根据《保护竞争法》第 2 条，具有竞争关系的市场主体间为反竞争协调行为而达成的协议即为垄断协议。塔吉克斯坦反竞争协议包括横向垄断

---

① 吴韬、郑东元 . 经济分析如何融入法律过程：欧盟竞争法改革的得失及启示 [J]. 财经法学 .2021.01.

② 《"一带一路"沿线国家法律环境国别报告之塔吉克斯坦》，https://mp.weixin.qq.com/s/6x2mhuxoeeBPymQO09_HZQ，最后访问时间：2023 年 8 月 22 日。

协议、纵向垄断协议，反竞争协定和经济行动者相互竞争可能在同一商品市场上竞争的协调行动称为横向垄断协议；非竞争实体之间的反竞争协定和协调行动，其中一个是买方或可能买方，另一个提供货物，或是可能的供应商或可能的卖方称为纵向垄断协议。

在该法的第 8 条中提到在两种情形下，达成纵向垄断协议是被允许的，一种是金融机构之间以书面形式缔结的纵向协议，作为商业特许权协议；另外一种是经济主体之间已达成的协议，每个商品市场的份额都不能超过与订立合同人相比的 5%。在订立该法律规定的纵向协议之前，经济实体必须向国家反垄断机构提出申诉，以核实协议的草案是否符合塔吉克斯坦共和国反垄断立法的要求。

《保护竞争法》将垄断行为界定为：旨在阻止、限制或排除竞争并损害消费者利益的作为或不作为和旨在限制竞争的横向协议和纵向协议。前者是指相互竞争的经济主体之间就共同占有一市场份额 35% 以上所达成的任何协议，如果导致或可能导致对竞争的限制，则这些协议将被依法禁止。后者是指禁止旨在限制竞争的横向协议和纵向协议。

## 二、滥用市场支配地位

我国《反垄断法》中所称的市场支配地位是指经营者在相关市场内具有能够控制商品价格、数量或者其他交易条件，或者能够阻碍、影响其他经营者进入相关市场能力的市场地位。塔吉克斯坦《保护竞争法》第二章第 4 条第二点提到滥用市场支配地位的认定标准是在某一特定商品的市场份额超过 35% 的情况下，主体的地位被认为是主导地位。一个或若干企业在特定市场中拥有排他性地位，对相关市场中的一般商品流通条件可以施加决定性影响，或有可能阻碍其他实体进入这一市场。市场份额超过 35% 的企业被视为具有市场支配地位。可见，35% 的市场份额是塔吉克斯坦衡量一个企业市场支配地位的标准。对于经济主体滥用"优势地位"的行为，塔吉克斯坦反垄断法采用列举定义法。例如：出于制造或维持商品短缺或抬高价格的目的而从流通市场上撤回商品、以不平等条件加于合同他方的歧视性条款、维持垄断性高价或低价等等。

对于具体的滥用市场支配的行为类型有：将货物从流通中移除，其目的和结果是创造或维持市场赤字或提高价格；强加一方合同条款，不要对他们有利的或无关的物品条约（无理要求其他资产的资金转移，劳动力产权，只同意缔结条约的条款条件，产品方面，双方同意，包括消费者的兴趣和其他要求）；在条约中规定使条约缔约方相对于其他经济实体不平等的歧视条件；阻止其他经济实体进入市场（退出市场）；违反规范性法律法规建立和维持单一价格（低）；确定不同的价格（关税）；创造歧视条件；如果消费者的需求或订单有可能实现收支平衡，毫无根据地减少或停止生产；在有能力生产或交付相关产品的情况下，毫无根据地拒绝与个别买家（客户）订立合同；引入价格（关税）并在没有事先通知（提供信息）国家反垄断机构的情况下进行相应的调整。

### 三、行政垄断行为规制

《保护竞争法》加强对行政垄断行为的规制，对在任何活动领域建立新的管理实体的毫无根据的限制，以及禁止或限制个别活动或生产某些产品；禁止或限制货物从一个地区到另一个地区的自由流动，或限制经济行动者买卖货物的权利；禁止将法人与国家机关合并，以垄断生产或销售产品，赋予有关国家机关的权力，以限制竞争，并将管理机构的职能与经济实体的职能相结合；禁止国家机构、国家权力的地方执行机构、定居点和村庄的自治机构以及这些机构的授权组织之间或与经济实体之间以任何形式缔结协议或采取协调行动。因此存在或可能存在防止、限制、消除竞争或侵犯利益。

### 四、恶意竞争的行为

《保护竞争法》中第 16 条明确恶意竞争的行为有：传播虚假、不准确或歪曲的信息，可能损害其他经济实体或损害其商业声誉；消费者对产品的性质、生产方式、生产地点、生产地点、质量和数量、包括不符合质量要求的商品（工作、服务）广告等误导；将经济实体（包括在其广告活动中）与其他经济实体生产或销售的产品进行不恰当的比较；获取、使用、泄露商业、服务或其他受法律保护的秘密；未经授权使用商标、知名商标服务标志、商号或标记，以及复制其他商业实体商品的包装和外部设计，可能会剥夺竞争对手的商业活动或损害他们的利益；通过使用商标、品牌名称或标记，以及复制经济主体的包装和产品；干涉企业活动，向竞争经济实体的雇员提供各种物质福利，以诱使他们站在自己的立场上，并诱导他们不履行劳动义务。一种有效限制市场可用性的行动。还特别规定了不允许在个人主义手段、商品个性化、使用公认的商标、工作或服务方面存在恶意竞争。

该法第 5 条规定的有限垄断活动种类包括：商品市场上经济主体的反竞争协议；商定的商品市场经济主体的反竞争行动；滥用经济主体在商品市场上的主导地位。

### 五、国家反垄断机构

塔吉克斯坦国家反垄断局负责执行市场发展和企业竞争的反垄断政策，建立反垄断机构的目的是促进商品市场和竞争的发展，预防、限制和排除垄断活动，保护消费者权利，监督《保护竞争法》的遵守情况，规制价格以及协调其他国家机关在该领域的行为。《保护竞争法》中还特别提到国家反垄断机构及其结构的作用取决于塔吉克斯坦政府的立场和塔吉克斯坦共和国的其他法律法规。

（一）塔吉克斯坦国家反垄断局的职能和职权

1.主要职能：促进健康竞争；警告、限制、限制和终止垄断活动和恶意竞争；促进基于竞争和企业家精神发展的市场关系；执行国家监督执行塔吉克斯坦共和国反垄断立法；采取措施取消产品的生产和流通；控制塔吉克斯坦共和国反垄断立法的执行情况，以建立、重组和消除经济实体及其协会；控制持有的授权（股份）资本中具有投票权的股份和股票的所有权和股东权益，这可能导致商品市场的主要股东地位或限制竞争；向塔吉克斯坦政府提出改善塔吉克斯坦共和国反垄断立法的建议，并就与市场运作和竞争有关的立法和其他监管行为发表意见；就促进商品市场发展和竞争的活动向国家当局提出建议；按照规定，与外国国家机构、国际组织合作，参与起草和执行塔吉克斯坦共和国国际协议，参与部门间委员会在执行国际方案、反垄断项目方面的工作。

2. 主要职权：参与企业和国有企业私有化，以警告、抑制和消除垄断、限制和实施竞争；引入相应的公共当局和当地行政政府提议建立或取消许可证，许可文件、配额、关税变化和其他类型的政府支持；解释塔吉克斯坦共和国反垄断立法的适用；为了执行反垄断政策和保护竞争，国家反垄断局以命令、决定的形式执行有约束力的法规；恢复塔吉克斯坦共和国反垄断法之前的规定，采取行动，在控制国家和地方偏袒的同时，确保竞争；国家反垄断局向国家机关、地方政府机关、村落自治当局以及其官员发出与下层任务和强制执行有关命令。

（二）获取信息的权利

国家反垄断局在履行职责的基础上，有权决定在必要的公共场合、当地政府执行机构所在地、村庄和居住者自治机构所在地，以及相关人员居住地进行市场监测；质询和检举违反塔吉克斯坦共和国反垄断法的行为；将获取的相关文件提交至国家反垄断机构，并决定执法部门在其职权范围内协助国家反垄断机构的工作人员履行职责；在某一特定商品市场占主导地位的经济实体名册上列出的经济实体有义务向国家反垄断机构提供报告和重要信息。这些信息包括根据塔吉克斯坦共和国关于今年本年度至次年5月1日的会计和财务报表的财务报告，反垄断机构规定的关于垄断产品种类的表格，经济行动者（其负责人）、政府机关和地方政府行政机关（其官员）、个人包括个人企业家，应国家反垄断机构的要求，有义务向国家反垄断机构提供的必要文件和其他信息、文件、资料，以及其他在市场分析（监督）和控制（检查）期间要求的信息。但不得公开商业、服务和其他受法律保护的信息、保密以及国家反垄断机构雇员在行使职权时获得的信息。

塔吉克斯坦就是一个发展水平较低的贫穷国家，国家小、人口少，经济发展缓慢。塔吉克斯坦实行的是国家对经济的集中控制，在《保护竞争法》的第 24 条提到为了防止限制、破坏和消除竞争与有表决权的资产、股票和股份有关的协议或行动经济主体及其协会的法定资本（仓储）主要经济实体、商业实体和塔吉克斯坦共和国境内的非营利组织和外国组织在一年内提供货物的个人或外国实体塔吉克斯坦共和国领土超过 20 万计算指标受国家反垄断局控制。

## 六、国家反垄断机构的命令和上诉程序

政府机关、地方行政机关、村落自治当局（其官员）、经济行动者（领导人）、自然人有权就国家反垄断机构的命令（决定和命令）向法院上诉；从收到投诉提交法院审议之日起，国家反垄断当局的命令（决定和命令）将暂停执行，可以在通过之日起 30 天内向法院提出申请，但投诉截止日期未涵盖的要求除外。

## 七、法律责任

相比于 2006 年实行的《关于商品市场竞争及限制垄断行为法》对经济主体的责任、政府官员、地方政府行政机关和村落自治当局的责任、国家反垄断官员的责任作了具体的规定，2017 年实行的《保护竞争法》只简单提了一句根据塔吉克斯坦共和国的法律，违反本法律的个人和法人被追究责任。具体的法律责任在 2017 年的《保护竞争法》中未作具体的阐述。

# 第四节　塔吉克斯坦竞争法的制度依托

## 一、制度依托的理论

现代竞争理论主要有以下几种：哈佛学派的竞争理论，兴起于 20 世纪 60 年代，以梅森、贝恩、谢勒为代表人物。主要观点为：竞争政策的目标就是要保证竞争过程达到有效的市场成果。过多的中小竞争主体、生产能力长期过剩、在原子式结构市场上的毁灭性竞争和长期资源配置低效、不合乎期望的外部效益等都是与期望的市场成果的偏离。所以为了保持有效竞争，获得令人满意的市场成果，必须对市场结构和市场行为进行干预、调节。具体政策措施包括，通过国家影响提高要素流动性、国家直接干预等。芝加哥学派的竞争理论，兴起于 20 世纪 70 年代以后，以施蒂格勒、博克、德姆塞茨、波斯纳为代表。主要观点为：市场竞争过程是一个没有国家干预的市场力量自由发挥作用的过程，国家对市场竞争过程的干预应该被限制在为市场竞争过程确立制度框架条件。[①] 新奥地利学派的竞争理论，以 20 世纪 80 年代美国的鲍莫尔等人为代表。主要观点为：对市场的调整功能给予很高的评价，而对政府的介入抱有极强的不信任感；强调竞争是信息不完全条件下的知识的发现过程，通过这一过程，价格就会起到调整各种各样的不同人的个别行为的作用。[②] 可竞争市场理论，主要观点为：一个具有进出绝对自由且进出成本绝对小的市场，即一个市场是可竞争的，就必须不存在严重的进入或退出障碍。[③] 交易费用理论，主要观点为：交易费用是界定企业边界的中心，企业是市场的替代物，当在市场上交易费用较高时，就会出现企业来替代市场，以降低交易费用。但企业的规模也不是无限扩大的，不断扩大的企业规模会增加管理成本，当增加的管理成本

---

[①]　李秀芝、王振锋. 对竞争理论演变的分析与评述 [J]. 学术交流. 2006.09.

[②]　李秀芝、王振锋. 对竞争理论演变的分析与评述 [J]. 学术交流. 2006.09.

[③]　https://baike.baidu.com/item/%E7%8E%B0%E4%BB%A3%E7%AB%9E%E4%BA%89%E7%90%86%E8%AE%BA/12753506，最后访问时间：2023 年 12 月 12 日.

大于减少的交易费用时，企业规模就会停止。[①]后芝加哥学派的竞争理论，兴起于第二次世界大战后，代表人物有弗里德曼、斯蒂格勒、科斯、贝克尔。主要观点为：在现实市场中相关企业的数量是有限的，企业之间存在策略性相互作用，企业是博弈参与人而不是单纯的价格接受者，在反垄断执法过程中，不能完全抛弃市场结构的判断标准。塔吉克斯坦竞争法主要依托以下理论作为制度建设和实施的理论基础。

（一）公平竞争理论

公平竞争是指竞争者之间进行的公平、平等、公正的竞争。公平竞争是市场经济的基本原则，是市场机制高效运行的重要基础。[②]公平竞争对市场秩序的发展起着极其重要的作用，它能够充分调动经营者的积极性和创造性，也能够向市场提供质优价廉的合格产品，合理有效地分配社会资源。在国际贸易竞争中，某些国家为了保护本国的市场和企业，采取不公平、不正当的手段限制进出口贸易保护主义措施；某些大集团企业采取假冒伪劣、低价销售等手段，获取不正当的利益。这些不公平的行为对正常的商业贸易活动产生诸多危害结果。因此，世界贸易组织在倡导自由和公平贸易的同时，要始终维护市场主体的利益，坚持公平、公正、自由的市场原则。如果各类经济实体想在公平竞争的环境下生存，就必须建立健康、自由的市场经济。而执法就是管理市场和维护合法经营的有效工具，只有最大限度地维护市场主体利益，在实际行动上以经营者和消费者权利为出发点，才能确保在健康有序的环境下公平竞争。在反垄断法的具体规定中，各类垄断行为严重损害了市场主体的竞争自由权利，导致经营者不能正常地进行商业活动。垄断者利用其市场地位对企业活动进行非法的管制，蓄意进行排他性的管制，损害了市场的规则，造成不公平竞争的后果；在反

---

① https://baike.baidu.com/item/%E8%8A%9D%E5%8A%A0%E5%93%A5%E7%BB%8F%E6%B5%8E%E5%AD%A6%E6%B4%BE/10867271?fromModule=search-result_lemma-recommend，最后访问时间：2023 年 12 月 12 日.

② 2016 年 6 月，国务院印发《关于在市场体系建设中建立公平竞争审查制度的意见》（国发〔2016〕34 号）。

不正当竞争法具体规定中，市场主体采取一些违背诚实信用或者商业道德的非法手段，损害社会公共利益，扰乱市场秩序，限制经营者权利，破坏公平竞争的市场规则。

这就要求在市场中有健康的环境保障各类市场主体可以自发地选择资本投入和商品买卖的竞争活动，自主决定参与或者退出市场竞争的不受外在意志干涉，是市场主体为了追逐利润而自发地在市场中竞争，遵循市场准则，适者生存。

《保护竞争法》第 14 条关于国家机关、地方行政机关和村落自治政府的行为和行动旨在限制竞争部分规定指出：禁止对在任何活动领域建立新的管理实体的毫无根据的限制，以及禁止或限制个别活动或生产某些产品，除了塔吉克斯坦共和国法律规定的情况；禁止或限制货物从一个地区到另一个地区的自由流动，或者限制经济行动者买卖货物的权利；禁止关于货物（工作、服务）的指示，主要是由购买者（客户）或订立合同，不考虑塔吉克斯坦共和国立法或其他法规规定的好处；禁止毫无根据地给予一个或多个经济实体优惠，从而使它们在商品市场上相对于其他经济实体具有优势；禁止对购买者（工作、服务）的限制，包括在塔吉克斯坦共和国法律规定的货物安置的情况下，对生产者（执行者、提供者）的选择。该条规定保障了各类经济实体的权益，明确了不同竞争主体之间应按照公正、平等原则进行的良性竞争。

（二）防止垄断理论

按照古典经济学的原理，在一个完全竞争的市场，产品的价格等于边际成本，而垄断势力则意味着价格超过边际成本。[①] 垄断势力的存在，导致市场价格居高不下、产量偏低，这不仅会损害消费者和其他竞争对手的利益，还会降低整个市场的福利水平。通过对某一竞争行业中生产某种产品的消费者余量和生产者余量以及被某一垄断者提供给市场整体的消费者余量与生产者余量进行对比分析，假定竞争中的市场和垄断者的成本曲线是

---

① 张维迎. 你应该知道的 10［J/OL］. 人民论坛网. 最后访问时间：2015 年 11 月。

一致的，为了实现利润最大化，市场竞争者必须在边际收益和边际成本相等的条件下进行生产；而在激烈竞争市场上，价格必然等于边际成本，因此竞争价格和产量决定于需求与边际成本的交点。

在垄断价格较高且消费者购买量也较少时，消费者会剩余，并且那些在价格处于非垄断价格状态下准备购买的消费者也会损失，造成消费者剩余的总损失。垄断和买方垄断势力都会使生产低于完全竞争水平，从而造成消费者和生产者剩余的无谓损失。由于产量比竞争时要低，即使垄断者的利润通过税收被征收，并被再分配给消费者，仍然会有一定的非效率。[①]垄断除了净损失外还有其他成本。即净损失的确是垄断的社会成本，但并非垄断的唯一成本。垄断给社会带来的其他福利损失还包括寻求垄断并保持垄断地位所付出的代价，而垄断利润则吸引垄断企业去寻求并保持垄断地位。

由此看来，就市场竞争和垄断之间的关系而言，市场垄断制约了市场竞争，从而造成市场效率损失，所以要防止种种妨碍市场自由进入的行为、约束创新发展动力，影响经济效率提高的垄断行为。为了限制垄断、保护市场竞争并提高资源配置效率，大多数国际国家都制定了全面的反垄断法，以确保市场秩序的稳定。此外，必须对资源型垄断、自然垄断等进行合理规范，以避免因各种形式的垄断行为而导致垄断行为的出现。

塔吉克斯坦为了防止市场垄断，限制市场竞争，在《保护竞争法》的第5条关于有限垄断活动种类规定明确指出该国的禁止的垄断活动有以下几种情形：第一，商品市场上经济主体的反竞争协议；第二，经济实体在商品市场上商定的反竞争行动；第三，滥用在商品市场上占据主导地位的商业实体。

（三）消费者权益保护理论

从福利与消费者福利两个概念着手，对于每个给定的行业，福利用总剩余来界定，总剩余就是消费者剩余与生产者剩余的总和。在其他条件相

---

① 罗立彬.微观经济学（第8版）[M].电子工业出版社.2015年6月.

同的情况下，产品售价上涨会减少消费者剩余，而增加生产者剩余。一些国家或地区将维护消费者剩余即维护消费者利益作为竞争政策的目标，比如在美国，合并指导方针的最新修订本规定——反托拉斯机构必须考虑可识别的效率是否足以抵消合并案在相关市场上对消费者可能造成的潜在危害，如通过阻止相关市场价格上涨。《欧共体条约》第81条第（3）款特别说明，"任何有利于改善产品生产与分销或者促进技术与经济进步的协议、决定和联合行动，但必须允许消费者公平地分享由此产生的收益"。一般情况下，总福利的行为与消费者福利呈现正相关的关系—比如消费者福利增加总福利也会随之增加。因此，维护消费者的权益，稳定市场价格，对于促进市场的平稳运行与维护社会稳定具有重要的意义，这也是塔吉克斯坦竞争政策科学的理论依据。

塔吉克斯坦《保护竞争法》第15条关于调节市场的规定指出：1. 国家对商品市场的监管是为了保护竞争，防止商品市场垄断。某些商品（工作、服务）的定价是通过国家反垄断监管进行的。2. 在某些商品和产品价格上涨或不合理上涨的情况下，国家对它们实行反垄断监管和控制。3. 国家对某些商品和产品的自由价格和价格管理由国家反垄断当局管理。4. 在大宗商品和产品价格不合理上升的情况下，国家、地方行政当局和村落管理机构均应与国家反垄断当局协调进行商品干预。这些规定旨在稳定市场价格，维护消费者的权益，同时塔吉克斯坦国家反垄断署有明确的规定，作为消费者有获得消费和消费者权益保护方面的知识的权利，如果遭遇侵权消费者可以向塔吉克斯坦反垄断署或塔吉克斯坦标准局投诉。

（四）市场经济理论

在19世纪后期的资本主义垄断时期，现代意义上的竞争法及政策目标开始创制并产生。当市场经济发展到一定阶段时，在亚当·斯密的"自由竞争"理论构想的理想化竞争状态下，自由竞争被视为最符合人的自由的本质。个人在市场竞争中为自身自由谋取利益，促进了社会经济的增长，大幅度增加了社会福利。但是，在完全自由竞争和私权保障情况下，市场主体利用各种能够体现个体权利本位的方式来追求经济利益的最大化，这就必然会导致不正当竞争行为、限制竞争行为和垄断行为等反竞争行为的产生。不正当行为不仅对竞争进行了限制、扼杀和排除，还导致了个人利益与社会利益以及各种利益之间及利益格局的矛盾与冲突，从而引发了经济、社会、政治等诸多方面的动荡与不安。从"自由竞争"的经验教训中人们受到了启示认识到竞争是一把"双刃剑"，竞争一方面可以为社会带来福祉，同时竞争本身也会埋下祸根。于是，凯恩斯主义与罗斯福新政在经济危机爆发后不谋而合，二者共同促进了国家干预经济这一新的形式形成，之后也有更多的人认识到要想消除与禁止竞争过程中出现的反竞争行为，根本的解决途径是国家通过法律的名义来进行干预。市场的自我治愈在现实情况中是不可行的，甚至它会将在不断发展的市场带进毫无秩序的深渊。所以古典自由主义和完全竞争理论只是人们美好的设想，并不具有现实可行性。由于西方国家先行推进市场经济体制，所以其在国家法治完善的过程中先行创制了竞争法及竞争法政策目标也就成为历史的必然。随后的历史发展不断证明，一个国家的竞争法政策目标在该国的法治进程、国家经济发展过程中都起着十分重要的作用。特别是在二战后，随着产业组织经济学的发展，经济学思想与竞争政策的实施基本上是趋同的。这就决定了竞争法政策目标存在的重要意义，它不同于普通的立法导向，在很大的程度上掌握着一国的经济命脉，从客观上来讲，竞争法政策目标的存在就是市场经济发展的需要。

《保护竞争法》第22条关于国家反垄断权的规定，详细规定了国家反垄断机构通过法律的形式采用强制的手段，达到对市场调控的目的。

二、制度的发展历程

（一）古代时期

从西汉到西晋以及唐代，塔吉克地区属于中国版图。公元9—10世纪，塔吉克民族基本形成，是中亚的一个古老民族。9世纪，塔吉克民族建立了萨马尼德王朝，定都布哈拉。萨曼王朝在文学、哲学、数学、天文学、地理学、医学等方面，都处于当时世界领先的地位。首都布哈拉建有规模宏大的图书馆，承载着中亚灿烂的文化，推动着世界文明的发展。塔吉克人的民族文化、风俗习惯正是在这一长达百年的历史时期形成。10—13 世纪，塔吉克斯坦加入伽色尼王朝和花剌子模王国。13 世纪，塔吉克斯坦被蒙古鞑靼人征服，后来成为察合台汗国领地。16 世纪起，塔吉克斯坦加入布哈拉汗国、叶尔羌汗国和浩罕汗国。① 在同一时期相较于垄断，竞争概念的出现要晚得多。直到 16 世纪，一位名叫莫利纳的经院经济学家在分析西班牙羊毛供应商与威尼斯商人的冲突时，才提出了竞争这个概念。不过，他的这个论断在思想史上并未被人们太关注。

（二）沙俄苏联时期

1868 年，塔吉克斯坦北部的费尔干纳省和撒马尔罕省部分地区并入了俄国，南部的布哈拉汗国变为了俄国的属国。1917 年 11 月—1918 年 2 月，塔吉克斯坦在北部地区建立了苏维埃政权，加入了土克曼自治共和国。1920 年，布哈拉人民革命之后，宣布成立布哈拉苏维埃人民共和国。1924 年 10 月 14 日，建立了塔吉克苏维埃社会主义自治共和国，隶属于乌兹别克苏维埃社会主义共和国。1929 年 10 月 16 日，成立塔吉克苏维埃社会主义共和国，同年 12 月 5 日加入苏联，1990 年 8 月 24 日，塔吉克最高苏维埃通过共和国主权宣言。1991 年 8 月底更名为塔吉克斯坦共和国；同年 9 月 9 日，塔吉克斯坦共和国宣布独立，确定该日为共和国独立日；12 月 21 日加入独联体。尽管如此，在中亚的各个民族中，塔吉克人的民族意识最强，怀有一种民族优越感。这种民族优越感起源于他们是东伊朗人的后代，是古代波斯帝国文化的传承者，是别具一格民族组成的共同体。在此时期，塔吉克斯坦的法律制度大都照搬苏联时期的法律制度。

---

① https://baike.baidu.com/item/%E5%A1%94%E5%90%89%E5%85%8B%E6%96%AF%E9%D%A6/211555，最后访问时间：2023 年 12 月 7 日 .

（三）塔吉克斯坦独立后

塔吉克斯坦于 1991 年脱离苏联独立。由于极度依赖中央政府，塔吉克是苏联加盟共和国中最不愿意独立的国家，曾极力阻挠苏联解体，但最终不得不在 1991 年宣布独立。塔吉克斯坦自 1991 年宣布独立以来，一直致力于全面建立其法律制度。但在塔吉克斯坦自己的新法律和其他法案通过之前，苏联的法律和其他法令一直适用。

独立后，失去外部"输血"的塔吉克经济迅速恶化，人均 GDP 一度降至 138 美元。经济的崩盘，让曾经积压的民族、宗教、社会矛盾频频爆发，最终酿成 1992 年的全面内战。塔吉克斯坦属于成文法国家，其法制基础是苏联时期所发展的大陆法体系。当前其法律制度在很大程度上与其他苏联国家的法律制度相似。对于年轻的塔吉克斯坦来说，1994 年 11 月 6 日是重要的历史时刻，应属它的宪法得以通过，其规定了塔吉克斯坦在独立国家地位，政治架构和社会结构方面至关重要的事项。根据塔吉克斯坦宪法，它是一个独立、民主、世俗、统一的国家。国家权力以行政、立法、司法三权分立为基础。1997 年塔吉克斯坦国家经济才开始逐步回暖，并从 21 世纪伊始发行新的货币，有了稳定的国家金融体系。

塔吉克斯坦的竞争政策的理论研究和实践以从苏联独立出来为起点，确认向社会主义市场经济体制转轨，意味着要发挥市场在资源配置中的基础性作用，以提高经济运行的效率，国家的宏观经济调控要在充分发挥市场机制作用的基础上进行，主要是纠正市场的缺陷和保证国家发展战略目标的实现。进入 2000 年后，塔吉克斯坦的经济发生了比较积极的变化，一些在战争期间被掠夺的财产归还给了国家，政府开始积极引进外国投资包括优惠贷款和援款，改造和新建了工业设施和交通等基础设施。引进外国投资促进了塔吉克斯坦的经济恢复和发展，在这一时期，塔吉克斯坦稳定的社会政治环境、相对的行动自由和帮派势力减少促进了企业经营活动的发展。塔吉克斯坦借助外国直接投资，电信市场得以快速发展，便捷和高效的通信服务使用户数量、运营收入和国家预算收入不断增长。在境外务工的本国公民汇回的外汇收入也支持了塔吉克斯坦经济发展。据世界银行的数据，21世纪00年代后半期侨汇总额增长了4倍，甚至超过了出口额和外国直接投资额①。

### 三、理论与制度相结合

《保护竞争法》倡导市场的开放和自由竞争。其禁止垄断和滥用市场支配地位的行为，并促进公平竞争和提高市场透明度。并且该法设有反垄断规定，旨在防止市场上的垄断行为。该法律禁止操纵市场价格、限制生产和销售、分配市场份额或封锁市场准入等行为。竞争法旨在促进公平贸易和消费者保护。法律规定了消费者权益保护的准则，并禁止不公平的商业行为，如虚假广告、欺诈和误导性销售手段等。

总体来说，相较于此前的竞争法，《保护竞争法》在立法理念上更侧重于通过对垄断行为的规制培养开放的市场体系，以构建公平有序的市场秩序，维护消费者的权益，增加市场总福利。如对于自然垄断主体的行为规制从例外适用转变为常态适用，将关联企业视为单一主体以对拥有过于强大市场力量的主体进行更加严格的规制，对经营者集中通过股权收购增强控制权的行为进行分阶段规制以预防市场支配地位的形成等。同时《保护竞争法》在一方面扩张了适用范围，将监管的重点由原来的"产品市场的竞争行为"扩展至"金融市场的竞争行为"。这种调整范围的扩张表明塔吉克斯坦力图改变现有多个领域内的以政府替代市场的经济运作模式，推动竞争机制在更大范围内发挥主导性作用；另一方面，其竞争法具有较高专业性，新法专门规定了"基本概念"，增加了"产品市场""协同行为""金融市场""市场支配地位"等概念，立法的技术与理论的运用明显提升，使新法对相关违法行为的界定更加规范有效。而在法律责任方面，新法进一步强化了反垄断执法机关和相关公权力机关的法律责任，提升了法律实施的时效性。和原先的立法相比，新法更符合塔吉克斯坦本国国情，也更具有针

① 参见中亚速览［z］.中亚信息.2021.09.

对性，与促进市场经济、增加市场总福利的目标更为契合。

并且，塔吉克斯坦依据反垄断法律理论，建立了自己的竞争法律制度，设立《保护竞争法》的实施机构体制。在中央层面成立保护竞争和限制垄断活动的主管机关——反垄断政策国家委员会，该委员会在性质上类似于中国国务院反垄断委员会。塔吉克斯坦的反垄断主管机关是国家反垄断局。反垄断执法机构主要是塔吉克斯坦国家反垄断局以及塔吉克斯坦调整自然垄断、保护竞争政府机构、地方政府机构、社区自治机构和农村自治机构。它们共同承担反垄断执法工作，是典型的多机构执法管理体制。塔吉克斯坦的反垄断执法机构包括中央和地方两级机构。塔吉克斯坦反垄断执法的地方机构是国家、州、市和其他市政府相应的机构。这些机构根据中央机构在国家反垄断政策授权范围内制定的程序，对其所辖的商品市场上拥有支配垄断地位的市场实体进行执法管理。在反垄断执法机构内部工作设定上，塔吉克斯坦两级反垄断执法机构都可以设立专家委员会，作为反垄断执法机构的内部监督机关。专家委员会由学者、专家、国家机构和市场实体的代表组成。专家委员会按照法定程序开展活动，对反垄断机构的工作进行监督。

## 第五节　中国与塔吉克斯坦竞争法律制度比较

中华人民共和国国务院早在 1980 年，就通过了《国务院关于开展和保护社会主义竞争的暂行规定》对不正当竞争行为做出了一些规定，该规定可以说是中国第一个专门调整竞争关系的行政法规。[①]1993 年 9 月 2 日，中国《反不正当竞争法》正式公布，并于同年 12 月 1 日开始正式实施。反不正当竞争法对不正当竞争行为进行了概括和列举式的规定，认定凡经营者违反本法规定，损害其他经营者的合法权益，扰乱社会经济秩序的行为，

---

① tfs.mofcom.gov.cn/article/bc/200504/20050400081489.shtml，最后访问时间：2023 年 12 月 10 日.

就构成不正当竞争，并列举了商业混淆、侵犯商业秘密等具体的不正当竞争行为。同时，该法针对不正当竞争行为，设置了民、行、刑各方面的责任条款。之后，国家工商行政管理局又制定了一系列的行政规章配合反不正当竞争法的实施。2008年7月1日，中国又施行了《反垄断法》。上述法规，构成了中国反不正当竞争的法律体系。

一、竞争法适用范围、条件、程序及救济途径

（一）竞争法的适用范围

我国竞争法规定了其适用范围是中华人民共和国领域内的经济、商业等活动。我国竞争法所称的不正当竞争行为，是指经营者在生产经营活动中，违反我国竞争法的规定，扰乱市场竞争秩序，损害其他经营者或者消费者的合法权益的行为。我国竞争法第六十八条规定："经营者依照有关知识产权的法律、行政法规规定行使知识产权的行为，不适用本法；但是，经营者滥用知识产权，排除、限制竞争的行为，适用本法。"

任何一部法律的规范性分析，都离不开从时间层面、空间层面、事实层面三个层面的分析，时间层面涉及的是法律生效的时间和有无溯及力的问题，空间层面涉及的是法律适用的地域范围问题，而事实层面涉及的是哪些事务应成为该法的调整对象。①对于塔吉克斯坦竞争法来说，最为关键的是空间层面和事实层面所涉及的。

在空间层面上，塔吉克斯坦《保护竞争法》具有域外效力，即不但对塔吉克斯坦居民在塔国境内实施的影响金融服务市场竞争关系的行为和与保护竞争有关的行为具有法律效力，而且对塔国居民在塔国境外实施正在或可能限制金融服务市场竞争的行为和协议也具有法律效力。依照该法，塔吉克斯坦金融服务市场包括有价证券市场、银行服务市场、保险服务市场和其他金融服务市场。

在事实层面上，塔吉克斯坦《保护竞争法》主要调整两类关系，一类

---

① 张建文.俄罗斯金融服务市场竞争保护法简介［J］.商场现代化.2007.06.

是指影响金融服务市场竞争的关系，另一类是影响与保护金融服务市场竞争有关的关系。前者主要是指通常的反垄断立法的调整对象，即由滥用支配性地位、限制竞争行为、恶意竞争行为和金融服务市场上的资本集中而产生的影响竞争的关系。后者是指反垄断机关保护金融服务市场竞争所产生的关系，包括反垄断机关对金融服务市场的国家调控、违反金融服务市场反垄断和竞争保护规范的责任，以及反垄断机关决定的做出、执行和上诉程序。本书主要研究影响金融服务市场竞争的关系。

塔吉克斯坦《保护竞争法》第一章第1条明确指出了该法的适用范围：1.本法律适用于旨在保护竞争的关系，包括警告、限制、防止和制止垄断活动和在商品和金融市场上的恶意竞争。塔吉克斯坦共和国的实体和法人、外国人员、个人企业家、政府机关、地方政府行政机构、村镇和农村的其他政府机构、政府预算外基金、金融组织和国家银行都参与其中。2.法律适用于所有行动和协议（交易），影响个人的竞争在于犯和法人，包括外国面孔，独资经营者和其他组织，以及交易和生产关系与固定资产有关，无形资产或股票和股份户，主体商业塔吉克斯坦共和国境内开展活动的组织。3.该法律还适用于本条第1款规定的塔吉克斯坦共和国以外的机构和人员以及在此类协定和行动导致或可能限制商品市场竞争的情况下所制定的协议。4.本法律不适用于使用知识产权对象的关系，除非协议（交易）和注册是为了限制竞争。

塔吉克斯坦《保护竞争法》在该法的第一章的第1条就对该法的适用范围做了明确的规定，塔国的竞争法适用所有的行动和协议，包括境外的人员和机构在该国实施的所有行动和协议，无论是否产生对境内市场竞争产生排除、限制影响的垄断行为。1.商业秩序领域：如虚假宣传、商业贿赂、商业诽谤、滥用市场支配地位等；2.市场秩序领域：维护市场秩序，防止市场中的不正当竞争行为对公平竞争和消费者利益产生不良影响；3.企业间关系：禁止企业采取欺诈、恶意竞争等不正当手段，保护企业的合法权益；4.消费者保护：禁止商家进行虚假宣传、误导消费者、不当比较等行为，确保消费者能够获取真实、准确的信息。而我国竞争法主要适用于中国境内的经济和商业活动竞争，但中华人民共和国境外的垄断行为，对境内市场竞争产生排除、限制影响的，也可适用该法。

（二）竞争法的适用条件

依据我国竞争法规定，不正当竞争行为有如下特点：1. 主体是经营者。所谓经营者，是指从事商品经营或营利性服务的法人、其他经济组织和个人。非经营者不是竞争行为主体，所以也不能成为不正当竞争行为的主体。但是在有些情况下，非经营者的某些行为也会妨害经营者的正当经营活动，侵害经营者的合法权益，这种行为也是反不正当竞争法的规制对象。比如，政府及其所属部门滥用行政权力妨害经营者的正当竞争行为就是这种类型；2. 不正当竞争行为是违法行为。不正当竞争行为的违法性，主要表现在违反了反不正当竞争法的规定，既包括违反了第二章关于禁止各种不正当竞争行为的具体规定，也包括违反了该法第 2 条的原则规定。经营者的某些行为虽然表面上难以确认为该法明确规定的不正当竞争行为但是只要违反了自愿、平等、公平、诚实信用原则或违反了公认的商业道德，损害了其他经营者的合法权益，扰乱了社会经济秩序，也应认定为不正当竞争行为；3. 不正当竞争行为侵害的客体是其他经营者的合法权益和正常的社会经济秩序。不正当竞争行为的破坏性主要体现在：危害公平竞争的市场秩序；阻碍技术进步和社会生产力的发展；损害其他经营者的正常经营和合法权益，使守法经营者蒙受物质上和精神上的双重损害。有些不正当竞争行为，如虚假广告和欺骗性有奖销售，还可能损害广大消费者的合法权益；另外，不正当竞争行为还有可能给我国的对外开放政策带来消极影响，严重损害国家利益。

而塔吉克斯坦《保护竞争法》首先对与竞争相关的概念做出定义。1. 竞争是一种自由竞争，每一种主体的单独行动有效地限制了每一种主体在相应商品市场（工作、服务）的单方面影响的可能性。2. 恶意竞争是指任何旨在在创业活动中获得优势、违反塔吉克斯坦共和国法律、伤害或伤害其他竞争对手或损害其商业声誉的主体的行为。3.经济实体是法人，包括外国实体、其协会、旨在营利的商业和非营利组织以及没有法人机构的企业家。

（三）竞争法的适用程序

我国《反垄断法》第六章对涉嫌垄断行为的调查，规定了反垄断执法机构调查涉嫌垄断行为的具体程序，《反不正当竞争法》第三章规定了对涉嫌不正当竞争行为的调查的具体程序。塔吉克斯坦《保护竞争法》没有明确该法的适用程序。

（四）救济途径

我国《反垄断法》中规定对反垄断执法机构依据本法第28条、第29条做出的决定不服的，可以先依法申请行政复议；对行政复议决定不服的，可以依法提起行政诉讼。对反垄断执法机构做出的前款规定以外的决定不服的，可以依法申请行政复议或者提起行政诉讼。

《塔吉克斯坦保护竞争法》在第26条的11款，如果申诉人的动议（通知）申请在国家反垄断机构处30天后得不到答复，要么不同意反垄断当局的决策，那么他有权在六个月内保护其权利。该法还提到如果一国反垄断者未能在规定的时间内恢复必要的竞争条件，则根据国家反垄断者的诉讼和反垄断机构的诉讼宣告无效。第29条的上诉程序中规定：1.政府机关、地方行政机关、村落自治当局（其官员）、经济行动者（领导人）、自然人有权就国家反垄断机构的命令（决定和命令）向法院上诉。2.从法院提出申诉供审议的那一天起，国家反垄断的命令（决定和命令）将暂停，直至法院裁决生效。命令（决定和命令）国家反垄断机构可以在法庭通过后30天内，除了要求不适用的申诉期限。

二、借鉴分析

（一）完善竞争法体系

塔吉克斯坦为何采取合并式立法？是因为同传统的分立式立法方式相

比，合并式立法更具优势：1. 可以全面突出反垄断法和反不正当竞争法的共性，兼顾两法之间的内在联系。反垄断法与反不正当竞争法在经济政策上都是以推动和保护竞争反对企业以不公平和不合理的手段谋取利益，是维护市场竞争秩序的必要手段，具有非常重要的同一性。反垄断法以消除市场竞争障碍、确保市场保持竞争态势为目标，追求"自由竞争"，而反不正当竞争法以规范对市场竞争有危害的不正当行为、维护公平的竞争秩序、保护合法经营者和消费者的利益为目标，追求"公平竞争"，二者相辅相成。2. 确保立法和司法效率的提高。在经济转型过程中，塔吉克斯坦的垄断现象和不正当竞争行为同时存在。如果单独立法，必须将反垄断法和反不正当竞争法的规制对象区别开来。塔吉克斯坦存在低价销售、国家控制市场价格、非支配性企业实施的强制交易行为等特殊行为，很难精确确定哪种属于垄断领域还是不正当竞争领域应该规制的行为。因此，对这些竞争行为的属性是否需要对号入座问题，合并式立法完全可以解决分立式立法难以断定的诸多难题，从而使立法和以后的司法更具有效率。

在 2007 年 8 月《反垄断法》出台前，我国只有 1993 年实施的《反不正当竞争法》一直在适用。虽然从形式上看，《反不正当竞争法》的内容也对反垄断的禁止行为进行了简要规定，但也是仅有其形，而无其实。尤其是没有反垄断法的主要规范，如禁止限制竞争协议、禁止滥用市场支配地位、禁止行政垄断等。随着市场机制的逐步完善，市场主体的各种超出《反不正当竞争法》规定的限制竞争行为日益显露出来。因此，我国《反垄断法》在以后的修改和完善过程中，不仅要考虑国际反垄断法立法的趋势，还应借鉴塔吉克斯坦反垄断法的立法方式，同时结合中国实际情况，全面充实我国《反垄断法》。

塔吉克斯坦《保护竞争法》关于行政垄断行为的相关规定在以下几个方面值得我们借鉴：1. 塔吉克斯坦反垄断机关的设置在行政序列的最高端，有利于增强其执法的独立性、主动性和全面性，也便于发挥行政上的协调、指导等功能。塔吉克斯坦反垄断机关提高了权威性，加强了执法的效率。

2. 从行政垄断的行为性质出发进行列举，而不是我国学者在研究时侧重于从主体出发进行列举。如将行政垄断行为划分为"法令、决策和行动""协议（协同行动）"，与我国将行政按政府部门、地方政府、行政性公司等主体标准划分行为的特点显著不同。3. 通过机构设置、官员个人参与经济活动等对行政垄断行为进行规制。目前我国对此鲜有专门研究。

我国《反垄断法》的第 8 条提到："国有经济占控制地位的关系国民经济命脉和国家安全的行业以及依法实行专营专卖的行业，国家对其经营者的合法经营活动予以保护，并对经营者的经营行为及其商品和服务的价格依法实施监管和调控，维护消费者利益，促进技术进步。"在这里只是强调了国有经济上的国家干预。塔吉克斯坦《保护竞争法》第 15 条关于调节市场的规定指出：国家对市场的调节不仅仅是限制于国有经济，1. 国家对商品市场的监管是为了保护竞争，防止商品市场垄断。某些商品（工作、服务）的定价是通过国家反垄断监管进行的。2. 在某些商品和产品价格上涨或不合理上涨的情况下，国家对它们实行反垄断监管和控制。3. 国家对某些商品和产品的自由价格和价格管理由国家反垄断当局管理。4. 在大宗商品和产品价格不合理上升的情况下，国家当局、地方行政当局和村落管理当局均应与国家反垄断当局协调进行商品干预。5. 塔吉克斯坦政府根据国家反垄断机构的建议批准了公共监管下的社会相关产品的清单。6. 成本核算产品（服务）开展工作依照示范规则产品成本核算工作（服务）。

该法第 18 条关于提供国内外优惠的规定在一定程度上值得我国借鉴。该法鼓励政府对国外的独资经营者和其他组织提供一定的优惠，促进经济的发展。具体规定为：1. 除了塔吉克斯坦共和国法律规定的预防、预防、限制和终止垄断活动和不公平竞争的优惠外，只能在国家反垄断机构事先许可下提供。2. 希望向一个或多个东道主提供国家和地方优惠的人向国家反垄断机构申请优惠许可，并附上塔吉克斯坦共和国政府确定的所有必要信息、秩序和清单。3. 国家反垄断机构为了满足国家和地方偏袒的请求，就下列国家和地方偏袒做出了相应的决定，并要求国家反垄断机构在收到必要信息后两个月内做出决定，要求给予公共和地方优惠。

我国《反垄断法》《反不正当竞争法》只规制行政机关而未涉及司法机关、地方立法机关等的抽象行政行为规定:《反垄断法》第 11 条要求国家健全完善反垄断规则制度，强化反垄断监管力量，提高监管能力和监管体系现代化水平，加强反垄断执法司法，依法公正高效审理垄断案件，健全行政执法和司法衔接机制，维护公平竞争秩序。未实质性地规定反垄断执法机构在反垄断领域的立法权和司法权;《反垄断法》第 55 条规定经营者、行政机关和法律法规授权的具有管理公共事务职能的组织，涉嫌违反本法规定的，反垄断执法机构可以对其法定代表人或者负责人进行约谈，要求其提出改进措施。执法机关实际只有处罚建议权而没有处罚权，使得我国反垄断执法机关不能有效行使反垄断必需的立法、行政和司法权，极大地妨碍了反垄断法的实施。为此，借鉴塔吉克斯成立国家反垄断局是在中央层面成立保护竞争和限制垄断活动的主管机关的经验，我国应当设立集立法、行政、司法权能于一身，位阶上仅次于国务院的能够调查、审理、处罚的强大的反垄断执法机构。只有这样，《反垄断法》才能跨地域、跨行业彻底地实现对行政垄断的有效规制。

（二）深刻汲取塔国腐败教训

值得一提的是我国在反腐败方面的打击力度远超塔吉克斯坦，塔吉克斯坦在世界腐败排名中位列前茅，整个国家的腐败问题，难以根除，从而导致法律实施具有难度。对企业来说，腐败如同税收，而过重的税收对企业发展不利。无论在发达国家还是发展中国家，中小企业都是最有活力、对经济增长和就业贡献最大的经济成分。但相对于大公司来说，中小企业在市场竞争中处于不利地位，受腐败的消极影响也远远重于大公司。大公司多有专门机构或精通一些"门路"的人与腐败的政府官员打交道，他们的一些联系很大程度上避开了低级官员的零碎敲诈的勒索和干扰，他们可以利用基于经济规模而获得的政治影响，用政治捐款的方式送礼、贿赂，影响政府或官员的决策。通过借助政府权力减少市场竞争或减免税收、获得信贷的方式得到或维持市场上的优势地位，因而比较容易在腐败市场里保护自己的利益。而中小公司没有这样的条件。大公司向官员行贿，往往是为了降低成本或获得垄断性利润和市场。中小公司贿赂，往往是为了得到必不可少的许可证或避免官员骚扰，也就是为了生存。贿赂增加成本而不增加利润。与大公司比起来，中小公司容易受到小腐败的干扰和税务官员的勒索，由此造成的高成本有可能将他们逐出市场。在塔吉克斯坦这样的国家里，外商直接投资比银行信贷更容易受到腐败官员的勒索，因此流入的外国资本，外商直接投资比例小，银行信贷比较多，短期信贷多，长期信贷少，大量资金被投资于有价证券市场。银行信贷和有价证券投资对投资国的内部情况比外商直接投资敏感，一旦情况有变，他们就要撤出，从而导致金融危机。许多研究者认为，亚洲金融危机有两大原因，一是裙带资本主义，二是国际信贷资本。裙带资本主义是官员把自己的亲戚、朋友安排在重要位置上，用国家的力量强制银行向他们的企业发放贷款，损害国内的金融监督，破坏公司的财务平衡，增加银行坏账，导致信贷资本使用质量极差。在经济发生困难、金融系统出现问题时，外国的短期信贷资本首先撤出，从而引发整个金融系统的崩溃。

苏联东欧等原社会主义国家在计划经济时期并不是没有腐败，但面积不大，程度不深。在向市场经济转型的过程中，腐败迅速蔓延，成为突出的社会问题和政治问题。事实上，像塔吉克斯坦这样转型期国家的群众对市场经济的批评，相当程度上起因于腐败。因此，腐败不但直接破坏市场经济赖以运行的道德与法治基础，扰乱经济秩序，而且很大程度上削弱了全社会对市场经济的信心和支持。在政治上，普遍性、顽固性、集团性腐败的存在与发展，使人们怀疑政治制度、政治领导本身是否腐败，是否缺乏控制腐败的能力，这样，现行政治体制就会逐步失去人们的支持。腐败的发展与政府合法性丧失的日积月累，最后将导致政治与社会大动荡，从根本上摧毁经济发展的一切条件。

腐败增加公共投入，减少政府财政收入，导致国家预算的巨额赤字。

国有银行因受贿赂影响滥发贷款，增加坏账。公共工程造价抬高，为纯粹得到贿赂而建设的"贿金工程"造成政府超额债务。政府官员受贿赂诱使违规为企业提供风险担保。腐败使经济诈骗司空见惯，存款者、投资人、外汇交换市场对政府失去信任。腐败驱使中小公司和最有利润的经济活动避开政府管理，进入"灰色"地带。腐败破坏经济法规的实行，损害政府对经济、金融、基础设施的管理、控制、检查以减少市场失败的宏观调控能力，降低政府在监督执行合同、保护财产权等方面的作用。腐败破坏自然资源和环境，损害经济发展的可持续性。腐败允许垄断，限制竞争，扭曲市场，妨碍资源的合理配置，降低经济效率。这一切，都破坏宏观经济秩序和经济环境，影响经济增长。虽然塔吉克斯坦有预防和制止垄断行为的《保护竞争法》，但该国对市场经济的维护十分不稳定。竞争机制需要受到特别保护，这是竞争政策存在的价值。

　　客观地认识和准确地评估腐败对经济发展的影响，必须建立在大范围的调查、统计、分析、比较的基础上。在现今，世界银行、国际货币基金组织和西方学者的研究成果特别值得我们重视和参考。

# 第三章　乌兹别克斯坦竞争法律制度研究

　　乌兹别克斯坦位于中亚地区，是中国在中亚地区的重要贸易伙伴之一，处于连接东西方的战略位置上，位于中国和欧洲之间，这使得乌兹别克斯坦成为中国丝绸之路经济带的重要节点和桥梁，为中亚地区的贸易和物流提供了便利。自苏联解体后，乌兹别克斯坦逐渐走向市场经济。在过去的几十年中，乌兹别克斯坦政府一直致力于推动经济发展和吸引外国投资。为了实现这一目标，该国采取了一系列措施，包括竞争立法的制定和推行。本章将详细论述乌兹别克斯坦竞争法的立法目的、主要内容、制度依托以及与我国的比较借鉴。

　　在中国丝绸之路经济带的倡议下，乌兹别克斯坦与中国的贸易往来得到了进一步发展。乌兹别克斯坦的棉花、黄金、天然气等资源对中国具有重要意义，而中国出口的机电设备、消费品等产品对乌兹别克斯坦也有着重要价值。这种经济合作有助于促进两国之间的互利共赢和经济发展。同时，乌兹别克斯坦是中国丝绸之路经济带的重要交通节点，中国和乌兹别克斯坦之间有铁路、公路和航空线路相连，这些交通网络为两国之间的货物运输和人员往来提供了便利。例如，中亚铁路穿越乌兹别克斯坦，将中国与欧洲连接起来，缩短了货物运输时间和成本，促进了区域间的贸易和经济合作。除此之外，乌兹别克斯坦拥有丰富的历史文化遗产和旅游资源，中国游客可以通过丝绸之路的旅游路线来到乌兹别克斯坦，欣赏古代丝绸之路上的著名景点，了解两国之间的历史联系和文化交流的内容。

# 第一节　乌兹别克斯坦竞争法的发展历程

乌兹别克斯坦对中国丝绸之路的重要性体现在地理位置、贸易合作、交通互联互通和旅游文化交流等方面。两国在丝绸之路经济带的合作促进了地区的经济发展和人民之间的交流，也为中亚地区的稳定和繁荣做出了贡献。乌兹别克斯坦要想优化营商环境、推进市场开放和贸易自由化，必须完善其相关法律法规，吸引更多外国投资者和企业进入市场。竞争法的一个主要目标是确保市场中的公平竞争环境，乌兹别克斯坦竞争法的历史沿革可以追溯到独立后的 1991 年。以下是乌兹别克斯坦竞争法的主要历史发展阶段：

独立初期（1991—1998 年）：乌兹别克斯坦在独立后的早期并没有独立的竞争法。然而，乌兹别克斯坦政府意识到需要制定相关法律来规范市场经济和促进竞争。因此，于 1998 年通过了《乌兹别克斯坦共和国垄断政策和竞争法》。

法律修订（1998—2004 年）：在《乌兹别克斯坦共和国垄断政策和竞争法》的基础上，乌兹别克斯坦进行了法律修订，以进一步完善竞争政策。这些修订旨在确保公平竞争、促进市场多样化和保护消费者权益。

独立竞争当局成立（2004 年）：2004 年，乌兹别克斯坦成立了独立的竞争当局——乌兹别克斯坦共和国竞争政策委员会。该委员会负责监督市场竞争、制定政策和规则，以及处理与垄断和反竞争行为相关的案件。

新的竞争法通过（2012 年）：2012 年，乌兹别克斯坦通过了新的《乌兹别克斯坦共和国竞争法》。该法律旨在推动乌兹别克斯坦市场的竞争和经济多样化，并确保企业和消费者享有公平和公正的条件。

后续修订（2012 年至今）：自 2012 年通过竞争法以来，乌兹别克斯坦一直在对该法律进行进一步的修订和完善。这些修订旨在适应经济变化、加强反垄断措施、促进市场竞争和保护消费者利益。

2023 年 7 月 3 日，乌兹别克斯坦颁布了最新的《乌兹别克斯坦共和国竞争法》并于 2023 年 10 月 3 日施行。该法共 9 章 49 条，旨在规范竞争领域的关系，对涉及导致或可能导致限制产品或金融市场竞争行为以及对侵犯权利行为实施控制和制止，进一步推动国家数字化转型和数字经济建设。2020 年 4 月 28 日乌兹别克斯坦总统米尔济约耶夫总统签署《大力推动数字经济和电子政务的措施》决议，希望通过一系列措施实现 2023 年数字经济在国内生产总值中的占比增加 1 倍的目标。

乌兹别克斯坦在苏联时期是一个计划经济体制下的农业国家。1991 年苏联解体后，乌兹别克斯坦成为独立国家，开始了经济体制的转型。随着社会主义计划经济的崩溃，乌兹别克斯坦政府迫切需要寻找一种适应市场经济的方式来推动国家的经济发展。后续政府认识到，市场经济改革是实现经济增长和吸引外国投资的关键。在计划经济时期，乌兹别克斯坦的经济活动主要由政府控制和管理，缺乏市场竞争。这种体制限制了资源的高效配置和企业的创新能力。市场经济改革需要一个有竞争机制的市场环境，促使企业提高效率、降低成本，提供更好的产品和服务。因此，乌兹别克斯坦政府着手推动竞争立法，以建立公平、透明和有竞争力的市场体系。

## 第二节　乌兹别克斯坦竞争法的立法目的

乌兹别克斯坦竞争法的立法目的是规范竞争领域的关系，这些关系与控制和制止导致或可能导致限制商品或金融市场竞争的行为，以及在竞争或自然垄断条件下侵犯消费者权利和合法利益的行为有关。[①]乌兹别克斯坦的竞争立法与国家独立以及政治体制转变的历史背景密切相关，在苏联控制下，乌兹别克斯坦是苏联的一个加盟共和国，其立法机构由苏联共产党控制，法律和法规的制定主要由中央政府决定，而地方政府的权力相对有限。后来，乌兹别克斯坦于 1991 年 9 月 1 日宣布独立。独立后，国家需

---

① 参见《乌兹别克斯坦共和国竞争法》第 1 条。

要制定宪法并建立自己的法律框架。1992 年，乌兹别克斯坦通过了第一部宪法，并建立了包括立法机构在内的新的国家机构。乌兹别克斯坦独立后，政治派别的争斗在竞争立法过程中起着重要作用。不同政治派别和思想流派之间存在不同的观点和利益冲突，这种争斗体现在乌兹别克斯坦的竞争法立法过程中不同政治力量和利益集团的博弈中。在乌兹别克斯坦的政治制度中，总统拥有广泛的权力，并对立法和立法过程有重大影响力，这导致了中央集权的政治格局，立法机构可能会受到总统的直接干预和控制。随着时间的推移，乌兹别克斯坦进行了一系列政治改革和法制建设的努力，包括加强立法机构的独立性和专业化，增强法律实施和司法独立性等方面的改革。随着时间的推移，乌兹别克斯坦在建立更为稳定和成熟的法制模式和立法机构方面取得了一定的进展。

乌兹别克斯坦是成文法国家，法律规范被分散到不同层级和领域的文件中，而不是合并在一部综合性法典中。[①] 乌兹别克斯坦宪法是国家最高法律文件，确立了国家的基本原则和制度。此外，还有行政法、刑法、民法、劳动法、商法、环境法等各个专门领域的法律文件。

乌兹别克斯坦的立法体系具有以下特点：第一，分领域立法。乌兹别克斯坦的法律体系将法律规定分为不同的领域，通过制定专门的法律文件和法规来规范各个领域的事务。以此来更好地适应不同领域的需求和特点；第二，法律呈现层级性结构。乌兹别克斯坦的法律文件和法规按照一定的层级结构组织，包括宪法、法律、法令、决议等。不同级别的法律文件在法律效力上有所区别，但都具有一定的法律约束力；第三，有专门立法机关。乌兹别克斯坦的立法由立法机关负责，包括乌兹别克斯坦最高会议（Oliy Majlis）的两个议会组织：众议院（Qonun huzuridagi Majlis）和参议院（Senate）。这些机关根据宪法和相关法律规定，制定和修改法律文件和

---

① 参见 http://policy.mofcom.gov.cn/page/nation/Uzbekistan.html，最后访问时间：2023 年 8 月 15 日．

法规。①

分别立法的优点是能够更加灵活地制定和修改法律，以适应社会和经济的变化。各领域的专门法律文件可以更精确地规范相关事务，并为特定领域的问题提供具体解决方案。然而，分立立法也可能导致法律体系的碎片化和复杂化，需要确保不同法律文件之间的协调一致性，通过不同的法律文件和法规来规范各个领域的事务，以确保法律的适用性和有效性。

乌兹别克斯坦竞争法采用合并立法的方式，反垄断法和反不正当竞争法规定在同一部法律中。其竞争法旨在维护和促进市场竞争，确保公平竞争环境的形成，促进经济发展和消费者权益的保护。② 该法的立法目的是建立一个透明、公正、高效的市场经济体系，鼓励企业的创新和发展，防止垄断和不正当竞争行为的出现，保护消费者合法权益以及维护经济秩序。

## 一、促进市场竞争

乌兹别克斯坦作为中亚地区历史悠久的国家，拥有丰富的文化传统。历史上，乌兹别克斯坦曾是希腊、波斯、阿拉伯和蒙古帝国等多个大帝国的辖区，并在 13 世纪成为世界上最强大的王朝之一——花剌子模帝国的一部分。在花剌子模帝国的统治下，乌兹别克斯坦地区的贸易和商业繁荣发展。然而，自苏联解体以来，乌兹别克斯坦面临了巨大的经济转型危机和发展挑战。该国政府采取了一系列措施来推动市场经济的发展，其中就包括制定竞争法来促进市场竞争。

乌兹别克斯坦竞争法的核心目标之一是促进市场竞争，优化产业结构，鼓励企业在公平竞争的环境下发展壮大。市场竞争是一种在自由市场经济中通过供求关系和价格机制形成的经济活动，可以激发企业的创新和

---

① 参见 https://wenku.so.com/d/f31228592fedc23052edead7a1dda047，最后访问时间：2023 年 7 月 20 日 .

② 《乌兹别克斯坦共和国竞争法》第 3 条第 1 款：该法适用于个人和法律实体，包括国家机关，在乌兹别克斯坦共和国境内和（或）境外导致或可能导致限制商品或金融市场竞争的作为（不作为），以及在竞争或自然垄断条件下侵犯消费者的权利和合法利益的行为。

竞争力，提高产品质量和服务水平，降低价格，增加消费者福利，并推动经济增长和社会发展。在乌兹别克斯坦面临经济转型挑战的背景下，促进市场竞争具有重要意义：第一，推动经济发展。市场竞争是推动经济发展的关键要素之一，通过鼓励企业之间的竞争，可以促进资源的有效配置和有效利用，激发经济增长的动力，创造更多的就业机会；第二，鼓励创新与技术进步。市场竞争能够激励企业进行技术创新和研发投资，以提高产品质量和生产效率。在竞争激烈的市场环境中，企业为了在市场上取得竞争优势，不断寻求创新，引进新技术和工艺，从而推动整个产业的技术进步；第三，保护消费者利益保护。市场竞争有利于保护消费者的利益，竞争市场上的企业必须不断提高产品和服务质量，降低价格，以吸引消费者。消费者可以通过比较选择最具竞争力的产品和服务，获得更好的质量和更低的价格，从而提高他们的福利水平；第四，企业效率提升。市场竞争可以迫使企业提高效率和管理水平，以降低生产成本。在竞争激烈的市场环境中，企业必须寻求降低生产成本和提高生产效率的方法，以保持竞争力，这有助于提高企业的经营效益，推动整个经济的发展。

为了促进市场竞争，乌兹别克斯坦竞争法制定了一系列措施，包括但不限于以下几个方面：第一，反垄断政策条款。[①] 竞争法禁止滥用市场支配地位和进行垄断行为，以保护市场竞争的公平性和公正性。该法律对垄断行为进行了定义，并规定了反垄断机构的职责和权力，以确保市场的竞争秩序；第二，市场准入规定。[②] 竞争法规定了市场准入的条件和程序，以鼓励新企业的进入和市场竞争者数量的增加。法律规定了市场准入的审查标准和程序，并对政府干预市场的行为进行了限制，以确保公平竞争市场的环境；第三，禁止不正当竞争行为的规定。[③] 竞争法禁止虚假宣传、商业诽谤、商业贿赂等不正当竞争行为，以维护市场竞争的公平性和透明度。第

① 参见《乌兹别克斯坦共和国竞争法》第9条—第17条。
② 参见《乌兹别克斯坦共和国竞争法》第18条：禁止滥用市场支配地位和优越的讨价还价能力。
③ 参见《乌兹别克斯坦共和国竞争法》第21条：禁止不正当竞争。

四，设立公平竞争监管机构。① 竞争法明确要设立专门的竞争监管机构，负责监督市场竞争的实施和执行竞争法律。该机构承担反垄断审查、不正当竞争调查和市场监测等职责，以确保市场竞争的公平性和有效性。除了法律措施之外，乌兹别克斯坦还采取了其他政策和举措来促进市场竞争，如简化行政审批程序、鼓励外商投资、加强知识产权保护等。这些政策的综合效应将进一步增强市场竞争的活力和吸引力，促进乌兹别克斯坦经济的可持续发展。

为实现市场竞争的有效性，乌兹别克斯坦采取了以下措施：第一，创造公平竞争的环境。乌兹别克斯坦通过制定和执行反垄断法律，禁止滥用市场支配地位进行垄断的行为，确保企业在公平的竞争环境中运营，防止市场上的大企业抑制竞争和限制新进入者进入相关市场；第二，建立透明的市场准入制度。通过建立透明、公平和非歧视性的市场准入制度，鼓励新企业进入产品及服务市场，并通过简化行政审批程序、降低准入壁垒和促进外商投资来实现该立法目的。同时，确保准入规定的执行机制有效，并对准入壁垒进行监测和评估，以确保市场的开放性和竞争性；第三，强化消费者保护机制。为了促进市场竞争，乌兹别克斯坦强化消费者保护机制，确保消费者能够获得高质量的产品和服务，并通过建立消费者投诉处理机制、加强产品质量监测和标准制定、提供消费者教育和信息等方面来实现该目标；第四，鼓励创新和技术进步。乌兹别克斯坦通过采取一系列措施鼓励企业进行技术创新和研发投资。国家通过提供研发资金和税收激励、加强知识产权保护、建立技术转移机制等方式提供政策支持。同时，建立创新支持体系，包括孵化器、科技园区和技术交流平台等，以促进创新创业和技术进步；第五，建立有效的竞争监管机构。乌兹别克斯坦依法设立独立的竞争监管机构，负责监督市场竞争的实施和执行竞争法律。该机构拥有强大的权力和丰富的资源，包括依法进行反垄断审查、不正当竞争调查和市场监测等权力，并有权对违反竞争法律的行为采取相应的制裁

---

① 参见《乌兹别克斯坦共和国竞争法》第30条、31条。

措施。

乌兹别克斯坦竞争法的首要立法目的是促进市场竞争，推动经济发展和社会进步。通过建立公平竞争的环境、加强消费者保护、鼓励创新和技术进步，建立有效的竞争监管机构，激发市场竞争的活力，为经济发展提供动力，提高消费者福利，实现国家的可持续发展，提升乌兹别克斯坦在国际市场中的竞争力。

## 二、防止垄断行为

在长期的历史演变中，乌兹别克斯坦曾经受到多个帝国和王朝的统治，包括亚历山大大帝、蒙古帝国、帖木儿帝国以及沙俄等。在这些统治下，乌兹别克斯坦的经济和社会结构发生了许多变化，包括经济上的垄断和不公平竞争的频现。在苏联时期，乌兹别克斯坦的经济被高度集中管理，国有企业垄断了许多重要的行业和资源。这种垄断导致了经济效率低下、创新能力不足和市场竞争受限等问题。乌兹别克斯坦在独立后开始了市场经济的改革，旨在引入竞争机制，促进经济的发展和增加就业机会。然而，由于历史原因和其他因素，在某些领域大量存在大量的垄断行为。这些垄断行为可能导致市场的扭曲、价格的不合理波动以及消费者权益受损。无论是在过去还是现在，防止垄断行为都是乌兹别克斯坦竞争法所要关注的重要议题之一。因此，为保护公平竞争的营商环境和经济的可持续发展，乌兹别克斯坦竞争法中的防止垄断行为具有重要意义。

防止垄断行为的必要性深切体现在乌兹别克斯坦的历史进程和经济发展背景中。乌兹别克斯坦经济的发展一直以来都受到国家垄断企业的影响。乌兹别克斯坦竞争法中防止垄断行为的立法目的表现在法律规范的多个层面。首先，该法规定了垄断行为的定义[①]。它明确规定了垄断行为的界限，包括滥用市场支配地位、限制竞争、操纵价格等。这为监管机构和法律实

---

① 参见《乌兹别克斯坦共和国竞争法》第9、10条：反垄断合规、商品和金融市场的单一主体。

施者提供了明确的依据,以打击和防止垄断行为;其次,乌兹别克斯坦竞争法规定了对垄断行为进行监管和处罚的机制。[①] 该法律规定设立专门的监管机构,负责监督市场竞争的公平性和防止垄断行为的发生。监管机构可以对涉嫌垄断行为的企业进行调查和处罚,并采取必要的措施来恢复市场竞争的公平性。

为了更有效地防止垄断行为,该法还规定国家应采取以下措施:第一,加强竞争政策的宣传和培训,通过向相关主体普及竞争政策的重要性,增加对垄断行为的认识和理解,增强市场参与者的竞争意识;第二,鼓励和支持中小型企业的发展。中小型企业的参与可以增加市场主体的多样性和市场的竞争性,减少垄断行为发生的可能性。政府可以通过提供贷款、减税和其他扶持措施来支持中小型企业的创业和发展;第三,加强国际合作。乌兹别克斯坦可以与其他国家和国际组织合作,分享经验和最佳实践路径,借鉴其他国家的竞争法律和政策,以优化本国的防止垄断行为的法律框架。

乌兹别克斯坦竞争法中强调防止垄断行为的立法目的有其深刻的社会历史原因,与其自身的经济发展进程密不可分。其竞争法的终极目标是确保公平竞争和经济的可持续发展。为了达成这个目标,乌兹别克斯坦采取了多种措施,包括明确禁止垄断行为、建立监管机构、保护举报人权益等;同时,加强竞争政策宣传和培训、支持中小型企业发展以及加强国际合作也是防止垄断行为的重要措施。乌兹别克斯坦通过这些努力,以期建立一个公平竞争的市场环境,促进国家经济的繁荣发展。

乌兹别克斯坦还进一步采取以下措施加强垄断行为的预防:第一,建立健全反垄断法律框架。乌兹别克斯坦通过不断修订来完善竞争法律框架,确保法律条款的明确性和适用性,包括对垄断行为的定义和禁止条款进行细化,以便更好地应对不同形式的垄断行为;第二,强化反垄断执法能力。乌兹别克斯坦通过加大资金投入方式强化反垄断执法机构的能力和优化资源,包括培训专业人员,提高其对垄断行为的识别和调查能力,加大执法

---

① 参见《乌兹别克斯坦共和国竞争法》第16条:自然垄断实体商品价格的监管。

的监督和执行力度；第三，推动市场透明和信息公开。通过提高市场透明度和信息公开程度，减少垄断行为发生的可能性。乌兹别克斯坦重视反垄断及反不正当竞争监管机制的建立，要求市场参与者提供必要的信息披露，确保企业和消费者都能获得公正的市场信息；第四，促进市场竞争和自由进入。乌兹别克斯坦不断采取措施促进市场竞争和自由进入，包括减少市场准入壁垒，简化企业创立和注册程序，鼓励新企业的进入和相互竞争等方式，打破现有市场的垄断格局；第五，强化监管和执法合作。乌兹别克斯坦注重竞争监管的强化，并致力于加强与其他国家和国际组织的执法合作，通过分享信息和经验，增强彼此的合作，可以更有效地打击跨国垄断行为，保护国内市场的竞争性；第六，加强消费者教育和保护。乌兹别克斯坦重视加强对消费者的教育，提高消费者对市场竞争和垄断行为的认识。同时，建立有效的消费者投诉机制，加强对消费者权益的保护，鼓励消费者积极参与监督市场竞争的公平性。

乌兹别克斯坦在预防垄断行为方面通过采取建立健全法律框架、加强执法能力、推动市场透明度、促进市场竞争、加强监管和执法合作以及加强消费者教育和保护等一系列措施旨在提高法律实施的效果。这些举措将有助于形成公平竞争的市场环境，预防垄断行为的滋生和蔓延，激发市场活力，促进国家经济健康发展。

### 三、保护消费者合法权益

乌兹别克斯坦作为一个历史悠久的中亚国家，了解其历史对于理解乌兹别克斯坦竞争法中为何要保护消费者合法权益具有重要意义。在过去的几个世纪中，乌兹别克斯坦一直是丝绸之路的一部分，吸引了来自不同文化和民族的商人。在这种商业交流的背景下，保护消费者合法权益成为维护商业道德和经济公平性的重要因素。

乌兹别克斯坦竞争法中保护消费者合法权益的立法目的的实现是确保公平竞争和可持续发展的必然途径。保护消费者合法权益有助于确保市场上的公平竞争。消费者如果受到欺诈、虚假广告或低质量产品等的伤害，将会减弱市场的竞争力，不仅不利于消费者更不利于企业的长期发展。乌兹别克斯坦通过设立竞争法律规范和相应监管机构，致力于保护消费者免受不公平竞争行为的影响。消费者的信任是商业成功的重要因素，如果消费者对产品和服务的质量、安全性和可靠性感到担忧，他们可能会降低其对产品和服务的购买力，这对企业，甚至是整个市场都是不利的。通过建立消费者权益保护机制，乌兹别克斯坦竞争法努力建立起消费者的信任建议，使消费者有信心购买和使用产品和服务；除此之外，乌兹别克斯坦竞争法还着重保护弱势群体的消费者权益，例如儿童、老年人和残疾人等。这些群体更容易受到欺诈、不公平交易和剥削的伤害。通过特别的保护措施，乌兹别克斯坦竞争法确保这些弱势群体能够享受到公平和合理的待遇。

为实现上述目标，乌兹别克斯坦竞争法做出了大量具体规定。首先，竞争法鼓励提供与消费者有关的产品和服务的准确、透明和易于理解的信息，包括产品的成分、质量标准、价格和售后服务等方面的信息；此外，通过教育和宣传活动，消费者被赋予知识和技能，使他们能够做出明智的消费决策；其次，竞争法明确禁止虚假广告和误导性行为。广告必须准确、真实地描述产品和服务，不得误导消费者。如果发现虚假广告，相关机构将采取措施制止并惩罚违规行为；最后，竞争法建立了消费者投诉机制，以便消费者能够报告不公平交易、欺诈行为和其他消费者权益受损的问题。通过向相关监督机构进行投诉，以此来解决此类问题；与此同时，乌兹别克斯坦竞争法加强了对市场行为的监管和执法力度。相关机构负责监督市场的合规性，打击欺诈行为和不公平竞争，违反竞争法规定的企业和个人，将会面临包括赔偿损失、收回不合理收入、罚款等处罚的法律制裁。

乌兹别克斯坦竞争法中保护消费者合法权益的立法目的的凸显，是确保市场公平竞争和国家可持续发展的重要体现。国家通过提供信息和教育、禁止虚假广告、设立投诉机制以及加强监管和执法，致力于保护消费者的利益，促进公正和健康的市场环境的形成。

### 四、维护经济秩序

苏联解体后，乌兹别克斯独立，并进行了一系列政治和经济改革。维护经济秩序对乌兹别克斯坦来说至关重要，以此来确保经济稳定和可持续发展，以及吸引外国投资和促进国内企业的发展。

在苏联时期，乌兹别克斯坦经济受中央计划经济体制的支配。物质的生产和资源的配置由政府决定，这就导致了经济的高度集中和垄断。尽管乌兹别克斯坦在苏联时期取得了一定的经济发展，但也存在大量问题，如过度依赖棉花产业、不合理的资源配置和环境问题等。1991年乌兹别克斯坦独立后，面临着从计划经济到市场经济转型的挑战。这个转型过程并不容易，因为它需要建立新的经济体系、改革国有企业、吸引外国投资以及培养市场经济的机制和文化。乌兹别克斯坦的经济在独立后迅速增长，但长期以来过度依赖棉花和自然资源，如石油和天然气等，使其面临经济发展上的不平衡和不稳定。为了减少对少数商品的依赖，国家需要推动经济多样化，发展其他产业，提高经济韧性。为了促进经济全面协调发展，乌兹别克斯坦需要吸引外国投资，加强国际合作，然而，随着全球化的深入发展，跨国垄断行为对于发展中国家的影响日益显著。乌兹别克斯坦通过加强国际合作，在竞争法领域进行经验交流和合作，共同应对跨国垄断行为，维护自身国家市场的公平竞争环境。为此，需要确保经济秩序的稳定，以增强外国投资者的信心，健全法律制度，提供有利的营商环境，并加大知识产权的保护力度，以吸引外商投资。

维护经济秩序对于确保乌兹别克斯坦的社会稳定和经济发展至关重要。经济稳定有助于减少社会动荡和人民的不满情绪，为社会的发展提供稳固的基础，以便政府有效地管理国家和推动社会进步。乌兹别克斯坦独立后致力于从苏联时期的计划经济体制转型到市场经济体系建设，但在实现产业多样化、吸引外国投资、保持社会稳定和政治合法性等各方面面临挑战，因此，维护经济秩序对于乌兹别克斯坦的可持续发展和经济繁荣至关重要。

维护经济秩序是确保经济稳定的基础。一个稳定的经济环境有助于吸引国内外投资、促进企业发展、创造就业机会、提高人民生活水平，并为经济增长提供持续的推动力；维护经济秩序可以降低经济风险和不确定性，确保经济的平稳运行，稳定的经济环境有利于企业规划投资和发展，也有利于吸引外国投资者；同时，维护经济秩序可以提高乌兹别克斯坦的投资环境，增加外国投资者的稳定性。经济秩序的维护有助于推动经济增长，引入技术和知识，增加就业机会，并促进产业升级。除此之外，经济秩序的维护可以帮助保护国内企业免受不公平竞争的冲击，从而激励企业家们更有投资信心，进而推动乌兹别克斯坦的经济多样化和竞争力提升。维护经济秩序也对政权稳定性至关重要。经济稳定和繁荣有助于政府获得人民的信任和支持，增强政府的合法性基础，并推动提升政府在国内外的地位和声誉。一个稳定的经济秩序可以减少贫困和不平等现象。通过促进经济增长，改善收入分配和提供社会福利，可以更好地满足人民的基本需求，并促进社会的公平和包容性。

总的来说，维护经济秩序是乌兹别克斯坦可持续发展和国家繁荣的基石。它不仅对经济方面有积极影响，而且对社会稳定、政治合法性和人民福祉都具有重要意义。通过维护经济秩序，乌兹别克斯坦可以更好地应对挑战，实现长期的经济繁荣和全面的社会进步。

## 第三节　乌兹别克斯坦竞争法的主要内容

古代丝绸之路的贸易往来，使得乌兹别克斯坦成为东西方交流的重要枢纽。随着 1917 年布尔什维克政权的建立，乌兹别克斯坦成为苏联的一部分，开始施行社会主义的计划经济体制。苏联时期的乌兹别克斯坦经济受到计划经济体制的支配，缺乏市场竞争，导致经济效率低下和资源分配不均。1990—1996 年，在中欧、东欧及苏联的 26 个经济转型国家中，就有22 个国家制定并实施了竞争政策及相关法律制度。基于这一背景，乌兹别

克斯坦于 1992 年制定了《乌兹别克斯坦共和国限制垄断行为法》，后又于
1996 年将该法修订为《乌兹别克斯坦共和国市场竞争和限制垄断法》。在
"渐进主义"的改革理念影响下，当年的立法虽然确立了推进市场竞争机制
建设的总体目标，但是在具体制度构建方面仍未彻底摆脱计划经济模式的
影响，政府对于市场仍保有大量的管制性权力。在经历了十几年的市场化
改革之后，此种管制性的竞争立法模式与不断推进的自由市场改革之间的
矛盾日益突出，乌兹别克斯坦于 2011 年对竞争立法进行了大幅度的修订，
制定了新的《乌兹别克斯坦共和国竞争法》，并于 2012 年正式实施。① 该法
旨在促进公平竞争，保护市场秩序，维护经济竞争环境的公正和透明。随
着经济社会的发展，乌兹别克斯坦在 2023 年 7 月颁布了新的《乌兹别克斯
坦共和国竞争法》，其主要内容有设立竞争监管机构、明确禁止垄断行为和
不正当竞争行为、保障竞争的公正与公平以及对于违反该国竞争法规定的
企业给予处罚，对受到不公平待遇的企业给予鼓励和救济。

## 一、设立竞争监管机构

关于竞争监管机构的设立与运行同样是乌兹别克竞争法中的重要组
成部分。竞争法中明确规定乌兹别克斯坦政府应当设立专门的竞争监管机
构，负责监督市场竞争状况，调查和处理涉及垄断和不正当竞争行为的案
件，② 乌兹别克斯坦竞争法中的竞争监管机构是由"反垄断委员会"（Anti-
Monopoly Committee）负责，③ 其主要职责包括防止市场垄断和不正当竞争
行为，促进市场公平竞争，保护消费者权益，维护市场秩序等。该机构负
责审查和调查与反垄断法相关的案件，并对违反竞争法律的行为采取相应
的法律措施。竞争监管机构定期监督市场竞争情况，收集市场信息，分析
市场竞争格局，发现市场潜在的垄断和不正当竞争行为，其根据举报或发

---

① 马幸荣.《乌兹别克斯坦共和国竞争法》评析 [J]. 俄罗斯东欧中亚研究,2015(05):32-40.

② 参见《乌兹别克斯坦共和国竞争法》第 31 条。

③ 参见 http://ipr.mofcom.gov.cn/article/gjxw/gbhj/yzqt/wzbkst/202308/1980351.html，最后防问
时间：2023 年 8 月 10 日 .

现的情况，对涉及垄断和不正当竞争的案件进行调查，收集证据，核实事实，依法处理违法行为。除此之外，竞争监管机构有权对涉嫌垄断和不正当竞争的企业进行处罚，包括罚款、责令停止违法行为等措施。竞争监管机构在乌兹别克斯坦竞争法中发挥着重要的作用，通过监管机构的运行监督市场竞争状况，调查和处理涉及垄断和不正当竞争的案件，保障市场竞争的公正性，竞争监管机构的存在鼓励企业通过正当竞争和创新来提升自身竞争力，推动产品和服务的不断改进。监管机构有权对涉嫌垄断的企业进行处罚，敦促企业遵守竞争法律法规，确保守法企业在竞争中不受恶意诋毁和诽谤，维护企业的商誉和声誉，有助于企业树立良好的形象，获得消费者的信任和支持。同时，竞争监管机构也可以及时监测市场竞争情况，及时发现潜在的垄断和不正当竞争行为，防止市场失衡和不稳定。

为了建立有效的竞争监管机构，乌兹别克斯坦不断完善相关法律法规，明确竞争监管机构的职责和权限，确保其独立性和权威性。竞争监管机构的工作人员需要具备专业的调查和处理垄断、不正当竞争案件的能力，为此，乌兹别克斯坦加强相关领域人才培养，确保竞争监管机构拥有高素质的专业人员。竞争监管机构还需要及时收集市场竞争信息，了解市场格局和行业状况，为此，国家建立并不断健全市场信息搜集和监测系统，为竞争监管机构提供准确的数据支持。监管机构还需要有强大的执法能力，包括调查、取证和处罚等手段，乌国政府不断加大对竞争监管机构的执法能力培训和支持，确保其有效履行职责。为了建设强有力的竞争监管机构，乌兹别克斯坦不断采取完善相关法律法规、培养专业人才、加强信息收集和监测以及增强执法能力等措施，以充分发挥监管机构职能。此外，乌兹别克斯坦设立跨部门协作机制，建立国家反垄断委员会、商务主管部门和其他相关部门之间的协作机制，形成统一指挥、分工合作的执法模式。以期确保在垄断行为的查处和处罚过程中各部门有效协调，形成合力，提高竞争法的执行效力，促进经济的健康发展，维护市场竞争秩序。

## 二、明确禁止垄断

乌兹别克斯坦是一个以农业和能源为支柱产业的国家。石油、天然气、黄金和棉花是该国的重要出口产品，对经济起着关键的支撑作用。然而，长期以来，乌兹别克斯坦因为经济体制等原因处于比较封闭的状态，国家直接控制着主要的经济领域，私营产业的发展受到较大限制，这种高度集中的经济结构往往导致垄断现象频出。部分企业或集团控制了关键行业，导致削弱了市场竞争，[①] 垄断的出现可能导致产品和服务价格上涨，消费者的选择减少，影响经济效率和创新力。乌兹别克斯坦在制定和修订竞争法时均高度重视解决经济中的垄断问题，其竞争法明确禁止垄断行为，包括垄断协议、滥用市场支配地位和垄断价格行为，同时，该法规定了不得限制其他经营者进入相关市场。在执法方面，该国竞争法设立专门的机构或委员会负责竞争审查，监督市场竞争状况，调查垄断行为，并对不正当竞争进行处罚。竞争法通过规定对违反反垄断规定的企业或个人实施处罚措施，如罚款、限制市场准入、解散企业等，以保护市场的公平竞争环境。

禁止垄断是竞争法的核心内容之一，对于乌兹别克斯坦的经济发展具有重要意义，禁止垄断的规定可以确保企业在市场上公平竞争，防止垄断企业滥用市场支配地位，使其他企业有机会参与市场竞争，同时可以避免垄断企业通过抬高价格或提供低质量产品来损害消费者利益，确保消费者有更多的选择机会和享受更合理的价格。[②] 通过打破垄断，能够促进资源的有效配置，激发市场活力，提高经济效率。公平竞争环境有助于鼓励企业进行创新，推动科技进步和产业升级。然而，在市场经济中，一些企业可能会滥用其市场支配地位，对其他竞争者采取不正当的手段，破坏市场竞争秩序，要确保垄断禁止的有效实施，需要建立健全执法机构和监管体系，

---

① 石越洋. 浅谈乌兹别克斯坦经济体制改革 [J]. 中国集体经济 ,2021(15):167-168.

② 参见《乌兹别克斯坦共和国竞争法》第 11 条：单一的高价格是由在商品或金融市场中占主导地位的东道主决定的商品价格，如果商品的销售价格和 ( 或 ) 销售价格之间的差异非常高，或者商品的价格是通过商品质量下降来获得额外利润。商品价格不被认为是单一的高价格，如果它是基于商品和商品交易的结果，除了由具有主导地位的经济实体参与的操纵行为造成的价格。

还要有透明、公正的执法程序。此外，教育和宣传也是必不可少的，提高公众和企业对竞争法的认识和理解，增强相关主体的守法意识。

乌兹别克斯坦竞争法中禁止垄断的部分对于该国的经济发展和市场健康运行具有重要意义。然而，要确保竞争法的有效实施，需要政府、企业和公众的共同参与，建立健全的执法机构和监管体系，加强国际合作，不断完善立法，提高各方对竞争法的认知和遵守意识。只有在多方努力的共同推动下，禁止垄断的规定才能真正发挥作用，推动乌兹别克斯坦经济的稳定增长和可持续发展。

### 三、保障竞争的公正与公平

乌兹别克斯坦共和国竞争法的重要内容是防止垄断行为，保护消费者权益，推动自由竞争市场机制的形成。[①] 保障竞争公正与公平的部分是该法律的核心内容之一，同时在乌兹别克斯坦经济发展中发挥着重要作用。保障竞争公正与公平是确保所有企业在市场上有平等的机会竞争，防止市场垄断，避免少数企业通过不正当手段占据市场份额，保障市场的公平竞争环境，有助于保护消费者的权益。市场竞争中，企业必须提供高质量的产品和服务，以吸引消费者选择，并保持合理的价格水平，确保消费者获得最大程度的福利。公平竞争鼓励企业不断提高产品质量和服务水平，推动技术创新和管理创新。企业为了保持竞争优势，通常会加大研发和创新投入，推动经济的可持续发展，同时，有助于优化资源配置，确保资源自由流动，促进效率提升，推动整体经济的增长和发展。在公平竞争的环境下，外国企业可以更有信心地进入乌兹别克斯坦市场，参与乌国内经济活动，这不仅为乌兹别克斯坦带来了更多的外资和技术，也为本土企业创造了竞争的环境，促进了国际合作与经济交流。此外，保障竞争公正与公平还有助于防止市场失衡和不稳定。在没有竞争的情况下，市场可能会出现垄断

---

① 马幸荣. 乌兹别克斯坦经济改革与发展——基于竞争法的考察 [J]. 伊犁师范学院学报 ( 社会科学版 ),2015,34(04):64-68.

或寡头垄断现象，这可能导致产品和服务的价格波动，不稳定的市场状况，甚至经济崩溃的风险，而竞争法的公正与公平确保市场中有足够的竞争者，促进市场的稳定运行。

要保障竞争公正与公平，需要立法机关、企业和社会共同努力。首先，立法机关应该制定明确的竞争法律，建立健全的竞争法律法规体系，设立专门的竞争监管机构，推动公平竞争环境的建立；其次，企业应该遵守竞争法律法规，不采取不正当的竞争手段，提供真实准确的产品信息，保障消费者权益。同时，企业应该发挥创新力，提高产品质量和服务水平，积极参与市场竞争；最后，公众和消费者在发现不正当竞争行为时应积极举报，参与监督竞争的公正与公平，公众也应增强对竞争法的了解和认知，积极支持公平竞争的市场环境。

保障竞争的公正与公平是乌兹别克斯坦竞争法中的重要内容，也是促进经济发展和保护消费者权益的关键所在。在实践中，竞争法所倡导的公正与公平需要政府、企业和社会共同努力，建立健全的法律法规体系和监管机构，加强宣传教育，提高各方对竞争法的遵守和执行意识。只有通过多方的共同努力，才能创造更加公平竞争的市场环境，推动乌兹别克斯坦经济的可持续发展。

四、规制不正当竞争行为

乌兹别克斯坦在经历了长期封闭和高度集中的经济进程中，私营经济的发展受到极大限制，且市场法律机制不健全，市场活力不足，这必然导致乌国市场竞争的不充分和不正当竞争行为的大量存在。竞争法规定了一系列对不正当竞争行为的禁止，包括欺骗行为、不正当比较广告、侵犯商业秘密、不正当招揽以及恶意诋毁等。该法明确禁止企业采取欺骗、虚假宣传或误导性的行为，以及误导消费者，损害其他竞争者的利益。规定企业在广告宣传中不得进行不正当的比较，如虚假地与竞争对手进行比较，或是通过不公平手段贬低其他企业的形象。同时，竞争法明确禁止企业窃取其他企业的商业秘密，包括技术、客户信息、营销策略等，以避免不正当竞争行为的出现。此外，企业在招揽客户或员工时不得采取不正当的手段，如诋毁其他竞争者或提供虚假优惠，禁止企业在市场竞争中恶意诋毁其他企业的商誉或声誉，以保障公平竞争的环境。[①]

不正当竞争行为往往会误导消费者，让其做出错误的购买决策，竞争法为保护消费者权益，规定企业必须提供真实准确的产品信息。不正当竞争行为会扭曲市场竞争，导致企业之间的竞争不充分或过度竞争。竞争法中关于不得恶意诋毁和诽谤的规定，能够更好地维护守法企业的商誉和声誉。竞争法的规定有助于维护市场的公平竞争环境，防止某些企业借助不正当手段获得不正当竞争优势，通过鼓励企业正当竞争和创新来提升自身竞争力，推动产品和服务的不断改进。不正当竞争行为往往会导致资源浪费和经济效率下降，竞争法的规定有助于优化资源配置，提高整体经济效率。

为了有效防范和应对不正当竞争行为，乌兹别克斯坦竞争法明确规定各类不正当竞争行为的定义和处罚措施，以确保法律的严密性和有效性。根据竞争法规定政府可以设立独立的竞争监管机构，负责监督市场竞争状况、调查和处理不正当竞争行为，确保竞争法的执行，竞争监管机构拥有充足的执法权限，包括调查、取证和处罚等手段，以应对不正当竞争行为。国家建立举报激励机制，鼓励公众和企业向竞争监管机构举报不正当竞争行为，加大对违法行为的打击力度。同时，乌兹别克斯坦通过与其他国家合作，分享经验，共同应对跨国企业的不正当竞争行为。

对不正当竞争行为的规制是乌兹别克斯坦竞争法中的重要内容，也是保障市场公平竞争和保护消费者权益的关键所在。为了有效防范和应对不正当竞争行为，乌兹别克斯坦采取了包括建立健全法律法规，设立专门的竞争监管机构，加强执法能力，鼓励举报，加强宣传教育，提供咨询支持，

---

① Konstantin K,Alisher A,Mahammadjanov A, et al. The issue of a competitive national innovative system formation in Uzbekistan[J]. *E3S Web of Conferences*, 2020,159.

加强国际合作等一系列强有力的措施，以期通过全社会的共同努力，确保乌兹别克斯坦市场运行公平有序，促进国家经济的可持续发展和社会的稳定繁荣。

### 五、明确处罚与救济措施[①]

乌兹别克斯坦自宣布独立后，国家面临着政治、经济和社会的转型挑战，经济体制不完善、资源集中控制、私有企业发展受到限制，这些都对市场竞争和经济发展构成了阻碍。为了确保市场公平竞争，促进经济效率和创新，乌兹别克斯坦竞争法中的处罚和救济措施是不可或缺的。乌兹别克斯坦竞争法中的救济与处罚措施主要有三部分：第一，处罚措施。竞争法中明确规定对涉嫌垄断和不正当竞争行为的企业可采取一系列处罚措施，如罚款、责令停止违法行为、没收违法所得等。处罚措施的目的是惩罚违法行为，防止类似行为的再次发生；第二，救济措施。竞争法为受到不正当竞争行为侵害的企业或个人提供救济措施。受害方可以向竞争监管机构申请救济，要求恢复受损的权益，包括赔偿损失、停止侵害行为等；第三，竞争法中规定在发现垄断或不正当竞争行为后，竞争监管机构有权采取措施恢复公平竞争的市场环境。例如，可以通过拆分垄断企业、限制不正当竞争行为等方式来实现公平竞争。

处罚措施对于打击垄断和不正当竞争行为起到了震慑作用，防止企业非法垄断，或采取不正当竞争手段获取非法利益，维护市场竞争的公平性。通过处罚违法行为，可以促使企业纠正不当行为，倡导合法竞争和正当竞争，勇于创新，不断提高经济效率；通过采取救济措施为受到不正当竞争行为侵害的消费者提供了维权途径，保障消费者权益，竞争法中规定确保企业在竞争中不受恶意诋毁和诽谤，维护企业的商誉和声誉，通过采取救济措施，受损企业可以得到公平对待，恢复商誉，通过处罚和救济并行的措施，国家得以及时纠正市场失序和扭曲状况，恢复市场秩序，促进市场

---

① 参见《乌兹别克斯坦共和国竞争法》第33条：违反竞争法的后果。

的稳定发展。处罚与救济措施是乌兹别克斯坦竞争法中的重要内容，也是保障市场公平竞争和保护消费者权益的关键所在。

## 第四节　乌兹别克斯坦竞争法的制度依托

乌兹别克斯坦经历了多个朝代的更迭和不同时期的政治经济制度。在过去的几十年里，乌兹别克斯坦逐渐转向市场经济，并通过制定竞争法制度来促进公平竞争、防止垄断以及保护消费者权益，这些举措为乌兹别克斯坦的经济发展带来了一系列的挑战和机遇。为了应对挑战，乌兹别克斯坦政府制定了相关的竞争法律框架，设立了禁止不正当竞争的条款，以及建立相应的竞争监管机构。同时，乌兹别克斯坦设立了专门的竞争监管机构，例如"反垄断委员会"，负责执行竞争法律和监督市场竞争秩序。这样的机构设置有助于保护消费者权益，防止垄断和不正当竞争行为，促进市场公平竞争，维护市场竞争秩序。而逐渐成熟的乌兹别克斯坦竞争法以相应理论为依据，确保竞争法的有效实施。该国竞争法律制度依托的理论主要是市场经济理论、公平理论、垄断竞争理论、消费者权益保护理论以及经济稳定和可持续发展理论，竞争法理论制度的依托对于建立健康的市场经济、维护消费者合法权益、促进经济增长和确保国际贸易的公平性都是十分重要的，这些理论提供了法律制定和实施的基础，确保竞争法的有效性和可操作性。

### 一、制度依托的理论

（一）市场经济理论

市场经济理论最早是由亚当·斯密提出的。亚当·斯密（Adam Smith，1723—1790）是苏格兰经济学家和哲学家，也是经济学界的重要思想家之一。[①]他的著作《国富论》（*The Wealth of Nations*）于 1776 年出版，被认为是现代经济学的奠基之作。在提出市场经济理论时，亚当·斯密处于工业革命时期，欧洲的经济体制正在发生深刻变革。

工业革命带来了大规模生产的技术进步，加速了商品生产和贸易，对经济形态产生重大影响。在这个时期，许多国家尝试摆脱重商主义的经济政策，转向更开放、自由的市场经济体制，亚当·斯密的思想为这一转变提供了理论依据。

亚当·斯密的市场经济理论主要包括以下几个核心观点：[②]自由市场：亚当·斯密主张市场应该在自由竞争的环境下运作，不受过多政府干预。他认为，当个体追求自身利益时，通过供求关系和价格机制，市场能够自动调节资源配置，实现最大化的经济效益；劳动价值论：亚当·斯密强调劳动是财富创造的根本源泉。他认为，商品的价值应该由其中所包含的劳动量决定，而不是像重商主义者那样将财富的源泉归因于贵金属等自然资源；分工与专业化：亚当·斯密提出分工与专业化的概念，即通过将生产过程拆分为不同的环节，每个人专门从事其中的一部分工作，可以提高生产效率，增加财富的产出；全球化：亚当·斯密主张国际贸易的自由化和开放，认为国家间的贸易可以让各国都从中受益，并促进全球财富的增长。

乌兹别克斯坦是中亚地区的国家，在过去几十年里经历了从计划经济向市场经济转型的过程。竞争法建立了其促进市场竞争、维护市场秩序的重要法律框架。

乌兹别克斯坦在竞争法制度制定中运用市场经济理论首先是为了促进自由竞争，竞争法致力于维护市场的自由竞争环境，禁止垄断和不正当竞争行为，确保市场中各参与方都能在公平的竞争条件下开展经营活动，这与亚当·斯密强调的自由市场理念相契合；其次鼓励企业提高效率，竞争法

---

① 参见 https://baijiahao.baidu.com/s?id=1748291067626756471&wfr=spider&for=pc，最后访问时间：2023 年 7 月 23 日.

② 参见 https://baijiahao.baidu.com/s?id=1674263404666895317&wfr=spider&for=pc，最后访问时间：2023 年 7 月 23 日.

的实施鼓励企业提高生产效率，通过创新来获得竞争优势，这与亚当·斯密关于分工与专业化、劳动价值论的理念相呼应；另外竞争法的一个重要目标是保护消费者权益，防止垄断企业通过垄断定价剥削消费者，这体现了亚当·斯密关于市场经济应该为人民谋福祉的理念；最后，该理论可以有效促进国际贸易，竞争法的制定还有助于乌兹别克斯坦参与国际贸易，遵循市场规则，推动其经济全球化，这与亚当·斯密关于开放市场和国际贸易的观点相一致。

总的来说，乌兹别克斯坦竞争法中运用市场经济理论，体现了该国在经济制度转型过程中吸收并应用了现代经济学原理，以促进市场经济的发展和稳定。

（二）公平理论①

公平理论是现代经济学中的一个重要理论分支，最早由美国经济学家约翰·罗尔斯（John Rawls, 1921—2002）在其 1971 年的著作《正义论》（*A Theory of Justice*）中提出。约翰·罗尔斯是 20 世纪最具影响力的政治哲学家和社会契约理论家之一，他的思想对政治、经济和社会学等多个领域产生了深远的影响。

公平理论强调社会正义和公平，提出了"最小差异原则"和"无知原则"的概念，旨在构建一个公正的社会秩序，并考虑弱势群体的权益和福祉②。

乌兹别克斯坦是一个正在经济转型的国家，在市场经济发展过程中，需要完善的竞争法律制度作为保障，其竞争法律制度的内容体现了公平理论的核心内涵。首先，公平理论在竞争法中的运用能确保市场的健康发展。通过防止垄断和限制不正当竞争行为，保障公平竞争，有助于激发企业活力，促进经济的稳定增长；其次，公平理论考虑到社会中弱势群体的权益，避免强势企业通过不公平手段压制竞争对手和消费者。在乌兹别克斯坦，弱势群体的保护尤为重要，以确保经济增长的红利惠及广大民众；此外，公平理论强调效率和公正，通过竞争，资源能够更加合理地配置在不同产业和市场主体之间，从而提高整体经济效率；乌兹别克斯坦在国际贸易和投资中应用以公平理论为制度依托制定的竞争法推动国际经贸合作，可增强其国际竞争力，吸引更多外资和合作伙伴。

乌兹别克斯坦的竞争法体现了公平理论的内涵，该法的制定和实施有助于构建公正、稳定和有活力的市场经济运行体系，促进经济的可持续发展和社会的繁荣发展。

（三）垄断竞争理论 [1]

垄断竞争理论最早由爱德华·H. 张伯伦（Edward H. Chamberlin）和乔·S. 罗宾逊（Joan Robinson）等学者在 19 世纪 30 年代提出。该理论探讨了市场结构中存在垄断和竞争元素的情况，即在某些产业中存在少数企业垄断市场，同时又有其他许多小企业参与竞争。该理论认为，垄断企业在有限范围内能够影响价格，但由于市场上还有其他竞争对手，垄断力量受到一定制约，因此无法像完全垄断的情况下完全控制价格。

在美国和欧洲其他国家，垄断竞争理论被广泛应用于经济政策制定和反垄断执法方面。监管机构使用垄断竞争理论来评估市场结构和企业行为，确保市场的公平竞争和消费者权益的保护。一些常见的运用包括：第一，垄断审查，政府监管机构对市场进行定期审查，评估是否存在垄断行为或滥用市场支配地位的情况。根据垄断竞争理论，当市场中有一个或少数几个企业能够影响价格时，需要审查其行为是否有损公平竞争；第二，反托拉斯执法，根据垄断竞争理论，反托拉斯法规是为了限制和防止企业的垄断行为。通过反托拉斯执法，政府可以采取措施，如拆分垄断企业、限制企业并购等，以保护市场竞争和维护消费者权益；第三，市场监管，垄断

---

[1] ［美］张伯伦（Edward Chamberlin）著，郭家麟译. 垄断竞争理论 [M]. 北京：生活·读书·新知三联书店，1958.

竞争理论也指导了市场监管的方向，政府监管机构在确保市场健康发展的同时，要防范市场支配地位的滥用和不正当竞争行为。

乌兹别克斯坦在竞争法制度构建和运行中运用垄断竞争理论，帮助该国建立起健全的市场竞争环境，促进经济的发展和社会的繁荣。在竞争法制度构建和运行中运用垄断竞争理论有助于确保市场中的公平竞争环境，鼓励更多的企业参与市场竞争，推动市场的活跃发展；通过运用垄断竞争理论，竞争法可以对企业的行为进行指导和约束，确保企业在市场上遵循公平竞争原则；竞争法中垄断竞争理论的运用，还有助于打破市场垄断，提高资源配置效率，推动经济的可持续发展。

（四）消费者权益保护理论[①]

消费者权益保护理论是现代经济学中关于保护消费者利益的一个重要理论分支。该理论的出现与现代经济高速发展和市场经济的成熟有关，在工业化和全球化的背景下，商品和服务的供给不断增加，消费者面临着更广泛的选择，同时也面临着信息不对称、不完全信息等问题，导致消费者权益容易受到损害。

消费者权益保护理论旨在强调消费者在市场中的地位和权利，保护消费者的选择自由、知情权、安全权、公平交易权等权益，确保消费者在购买商品和服务时能够得到公平对待，免受不当行为的侵害。

乌兹别克斯坦在经济转型和市场经济发展过程中，认识到保护消费者权益的重要性，因此其认为在竞争法中运用消费者权益理论是十分必要的。乌兹别克斯坦作为一个新兴市场经济国家，需要保护消费者权益，确保消费者在购买商品和服务时能够享有公平的交易和质量保障，消费者权益的保护有助于增强消费者对市场的信心。消费者权益的保护，也会促使他们更加积极参与市场交易，从而促进市场的繁荣和发展；此外，保护消费者权益可以引导企业提高产品和服务的质量，满足消费者需求，从而提高整

---

① 张江莉，张镭 . 平台经济领域的消费者保护——基于反垄断法理论和实践的分析 [J]. 电子政务，2021(05):21-32.

体经济效率。乌兹别克斯坦竞争法在制度构建和运行中将消费者权益理论与前述的垄断竞争理论相互链接，旨在构建公平竞争的市场环境，防止企业实施垄断行为及不正当竞争行为，保护弱势消费者；在实施对消费者权益保护的过程中也可以促进消费者自我保护意识的提高，让消费者更加了解自己的权益和责任，增强自我保护意识。乌兹别克斯坦竞争法运用消费者权益保护理论，旨在确保市场经济中消费者权益的保护，促进市场的稳定和健康发展，同时也有助于提高消费者的福祉和提升社会总福利水平。

（五）经济稳定和可持续发展理论①

经济稳定和可持续发展理论是现代经济学中的两个重要分支，经济稳定理论主要起源于 20 世纪初期，尤其是在 20 世纪 30 年代的大萧条（Great Depression）期间。大萧条是一场全球性的经济危机，导致全球范围内的经济崩溃和失业激增。经济学家如约翰·梅纳德·凯恩斯（John Maynard Keynes）在这一时期提出了宏观经济政策的观点，强调通过政府干预来平衡经济波动，维护经济稳定。② 可持续发展理论起源于 20 世纪后半叶，尤其是在 20 世纪 70 年代环保和生态危机日益严重的情况下，在这个背景下，人们开始关注经济增长对环境和资源的损害，也开始思考如何实现经济的可持续发展。以布鲁塞尔俱乐部（Club of Rome）为代表的组织在这一时期提出了可持续发展的概念，并强调经济发展应该与环境保护和社会公正相协调。

经济稳定理论是由约翰·梅纳德·凯恩斯提出的，他的著作《通论》（*The General Theory of Employment, Interest, and Money*）对宏观经济学产生了深远影响。可持续发展理论的代表人物之一是勒斯特·布朗（Lester Brown），他是环保领域的知名学者和活动家，在可持续发展方面做出了重要贡献。

乌兹别克斯坦作为一个发展中国家，在经济转型和市场经济发展的过

---

① 张晓玲 . 可持续发展理论：概念演变、维度与展望 [J]. 中国科学院院刊 ,2018,33(01):10-19.

② 参见 https://m.xue11.com/news/show-121068.html，最后访问时间：2023 年 7 月 25 日 .

程中，面临着经济稳定和可持续发展的挑战。经济稳定是实现经济可持续发展的基础。乌国在其竞争法中侧重经济稳定的，通过采取政策措施，防范和化解经济波动，确保经济增长的平稳和可持续。可持续发展理论强调资源的合理利用和环境保护，乌国在其竞争法中加入可持续发展的理念，有助于鼓励企业采用更加环保和可持续的生产方式，减少资源浪费和环境污染，其核心是不损害未来世代的利益。在竞争法中充分关注可持续发展问题，有助于国家制定长远的经济政策，确保经济的持续增长和社会的长期稳定。另外，在全球经济一体化的背景下，可持续发展成为国际竞争的重要因素。乌兹别克斯坦在竞争法中关注可持续发展，有助于提升其国际竞争力，吸引更多国际投资和合作。乌兹别克斯坦竞争法重视经济稳定和可持续发展，依法保障国家经济的健康可持续增长，符合全球可持续发展的趋势和要求。

## 二、制度的发展历程

### （一）早期历史和起源

乌兹别克斯坦的历史可以追溯到古代丝绸之路的时期，这使得该地区成为贸易和文明交流的重要枢纽。[①] 在古代，这片土地上的贸易往来和商业竞争的出现催生了一些规则和行业标准，这可以看作是早期竞争法制度的雏形。但在这一时期，法律规范并不统一，大多是基于地方传统和商业实践而形成的。

随着时间的推移，该地区先后被波斯、蒙古、阿拉伯和帖木儿等帝国所统治，不同文化和法律体系的交汇，也为后来的法律发展奠定了基础。

### （二）沙里法和乌兹别克汗国时期[②]

14世纪中期，乌兹别克人建立了乌兹别克汗国，这一时期的法律制度主要依据伊斯兰教法——沙里法（Shariah）来管理，包括经济和商业活动。

---

[①] 参见 https://baijiahao.baidu.com/s?id=1734068038966216758&wfr=spider&for=pc，最后访问时间：2023 年 8 月 1 日．

[②] 参见 https://zhuanlan.zhihu.com/p/417230749，最后访问时间：2023 年 8 月 1 日．

沙里法在当时被广泛应用于商业合同、争端解决和财产权益的保护。然而，由于沙里法主要基于宗教教义，不适用于所有情况，因此逐渐出现了一些针对特定领域和行业的专门法规。

（三）沙俄和苏联时期的法律变革[①]

19世纪末，乌兹别克斯坦地区被沙俄帝国占领，后来成为苏联的一部分。在这一时期，苏联的法律体系被引入乌兹别克斯坦，大规模的法律改革开启了竞争法制度的现代化进程。

苏联时期，乌兹别克斯坦的经济活动主要以集体农庄和国有企业为主，竞争法律规范主要集中在国有企业之间的竞争和市场监管方面。然而，苏联模式下的经济体系并不利于真正的竞争和市场经济的发展。

（四）独立后的市场经济改革[②]

1991年，苏联解体后，乌兹别克斯坦宣布独立。这一时期，乌兹别克斯坦政府开启了大规模的市场经济改革，包括私有化和经济自由化措施。在市场经济的推动下，竞争法制度得到了进一步的发展。

乌兹别克斯坦在1992年颁布了《乌兹别克斯坦共和国竞争和垄断法》，旨在保护市场竞争，防止垄断行为，促进经济的公平竞争。该法律规定了反垄断机构的职责，禁止不正当竞争行为，并规定了相应的处罚措施。此外，乌兹别克斯坦还签署了一系列国际条约和协议，参与国际经济合作和竞争法律的国际标准。

（五）进一步的法律改革和现代竞争法体系

随着乌兹别克斯坦经济的不断发展，政府意识到旧有的竞争法制度需要进一步完善。在过去的几十年里，乌兹别克斯坦陆续通过了一系列相关法律法规，不断完善和强化竞争制度，以适应日益复杂多变的市场环境。其中，乌兹别克斯坦于2019年颁布了《乌兹别克斯坦共和国反垄断法》，

---

[①] 参见 https://c.m.163.com/news/a/I65LRAO305562YWG.html，最后访问时间：2023年7月30日.

[②] 参见王国英,孙壮志.乌兹别克斯坦的经济体制改革[J].东欧中亚市场研究,2002(02):34-37.

用以替代之前的《乌兹别克斯坦共和国竞争和垄断法》①。新法对垄断行为、滥用市场支配地位以及不正当竞争等方面做出了更为具体和细化的规定，增强了反垄断执法机构的权力，加大了违规行为的处罚力度，以确保市场的公平竞争和经济的稳健发展。

除了反垄断法，乌兹别克斯坦还加强了知识产权保护的法律框架，以鼓励创新和技术发展。此外，为了提升投资环境和吸引外资，乌兹别克斯坦还不断完善投资法律法规，为投资者提供更加稳定和透明的法律环境。

### 三、理论与制度相结合

#### （一）乌兹别克斯坦竞争法制度与市场经济理论

乌兹别克斯坦在 1991 年苏联解体后宣布独立，迅速启动了经济改革，并在经济领域逐渐向市场经济转型。市场经济理论认为，在自由的市场环境下，供求关系决定价格，资源通过竞争配置，从而有效地促进经济增长。

在实践中，乌兹别克斯坦积极推动经济的自由化和市场化。政府大幅度减少对企业的直接控制，鼓励私人企业的发展，推动国有企业的改革，逐步降低关税和非关税壁垒。这些措施使得企业在市场上有更大的自主权，为市场竞争创造了条件。

#### （二）乌兹别克斯坦竞争法制度与公平竞争理论

公平竞争理论认为，只有在公平的竞争环境下，企业才能真正根据产品质量、价格和服务水平等因素来争取顾客，从而激发企业提高效率和质量。

乌兹别克斯坦在竞争法制度中强调公平竞争的原则，制定了反垄断法等法律法规，打击各种横向、纵向垄断行为，维护市场的公平竞争秩序。此外，政府还通过优惠政策鼓励中小企业的发展，促进市场上的多样化和竞争，防止大企业垄断市场资源。

---

① 马幸荣．《乌兹别克斯坦共和国竞争法》评析 [J]. 俄罗斯东欧中亚研究 ,2015(05):32-40.

（三）乌兹别克斯坦竞争法制度与防止垄断理论

防止垄断理论认为，垄断市场会导致资源配置的低效和社会福利的损失，因此需要采取措施防止垄断的形成和发展。

乌兹别克斯坦在竞争法中规定，①不允许企业通过协议、合并、收购等手段垄断市场，对垄断行为进行处罚。此外，政府还加强对市场的监管，鼓励竞争，促进市场多样性，防止市场出现垄断局面。

（四）乌兹别克斯坦竞争法制度与消费者权益保护理论

消费者权益保护理论认为，保护消费者的合法权益对于市场的稳定和可持续发展至关重要，消费者满意度的提高有利于企业长期发展。

乌兹别克斯坦在竞争法制度中设立了消费者权益保护的相关规定，保障消费者的知情权、选择权、安全权等基本权益。政府积极推进消费者权益保护知识的普及，加强对产品质量和安全的监督，打击虚假广告和欺诈行为，维护市场秩序，增强消费者的信心和满意度。

（五）乌兹别克斯坦竞争法制度与经济稳定和可持续发展理论

经济稳定和可持续发展理论认为，一个国家的经济发展必须建立在稳定的宏观经济环境和可持续的经济增长基础上。

乌兹别克斯坦通过竞争法制度的建设，推动市场经济的发展，吸引更多投资，促进企业竞争，提高资源配置效率，增强经济的稳定性。同时，政府加强对市场的监管和调控，防范金融风险，保障经济的可持续发展。此外，乌兹别克斯坦还积极开展与国际社会的合作，推动经济的全球化，增强国际竞争力。

乌兹别克斯坦竞争法制度的建设与市场经济理论、公平竞争理论、防止垄断理论、消费者权益保护理论以及经济稳定和可持续发展理论相结合，为该国的经济发展提供了有力的支持。通过市场机制的引入，乌兹别克斯坦取得了一系列显著的成就。首先，市场经济理论的应用使得企业在资源

---

① 参见《乌兹别克斯坦共和国竞争法》第26条—第29条：为防止限制竞争而对经济集中和交易进行管制。

配置方面更加高效和灵活。市场竞争的推动下，企业不断优化生产过程，提高产品质量，降低成本，满足消费者需求，进而促进经济增长。乌兹别克斯坦的国内生产总值和外贸额逐年增长，经济结构逐渐优化，国际竞争力不断增强；其次，公平竞争理论的引入有助于构建公平竞争的市场环境。政府通过反垄断法等法律法规限制企业的垄断行为，鼓励中小企业的发展，避免了市场上的垄断现象。这种公平竞争的环境有利于优胜劣汰，推动经济结构的优化和转型升级；除此之外，防止垄断理论的运用确保市场资源的合理配置。通过反垄断法的实施，乌兹别克斯坦有效地避免了企业之间的恶性竞争和资源浪费，保障了企业的公平竞争权利，增强了市场的活力；与此同时，消费者权益保护理论的贯彻有利于建立稳定的消费者市场。政府加强对产品质量和安全的监管，保护消费者的合法权益，提高消费者满意度，增强市场信心，从而促进市场的稳定发展；最后，乌兹别克斯坦竞争法制度与经济稳定和可持续发展理论的结合为国家经济的稳健增长打下了坚实基础。乌兹别克斯坦在引入市场机制的同时，也加强了对市场的监管和调控，防范了金融风险，保障了经济的可持续发展。此外，国际合作的推进也使得乌兹别克斯坦能够更好地融入全球经济体系，提高了国际竞争力。

然而，乌兹别克斯坦在竞争法制度的实施过程中也面临一些挑战。首先，市场经济的转型并不是一蹴而就的过程，需要时间和经验的积累。在市场经济的发展过程中，可能会出现一些市场失灵和信息不对称等问题，需要政府及时介入进行调整和引导；其次，竞争法制度的执行需要强大的监管和执法机构，以确保法律的有效执行。乌兹别克斯坦在这方面可能需要进一步加强相关机构的能力建设，提高执法的透明度和公正性；此外，市场竞争对于一些传统产业和地区可能带来冲击，因此政府还需要制定一些过渡性政策，帮助这些产业和地区实现结构调整和产业升级。

综上所述，乌兹别克斯坦在竞争法制度与市场经济理论、公平竞争理论、防止垄断理论、消费者权益保护理论以及经济稳定和可持续发展理论的结合下，取得了一系列显著的成就。然而，要实现更加全面、稳定和可持续的经济发展，乌兹别克斯坦还需不断总结经验，解决挑战，进一步完善法制和政策，促进经济的健康发展。

## 第五节　中国与乌兹别克斯坦竞争法律制度比较

中乌两国自 1992 年建交以来，保持着良好的政治、经济和文化合作关系。双方在"一带一路"的合作框架下，为适应不断变化的经济环境和国际合作需求，需要加强竞争法律制度方面的深度交流与探索，以促进双方国家竞争法律制度的发展与完善，为"一带一路"倡议的落实与推进提供有力的法律制度支持。下面从两国竞争法的适用范围、适用条件、适用程序以及救济途径方面进行比较，探讨两国在竞争法领域的异同及可相互借鉴之处。

### 一、竞争法的适用范围

中乌两国在竞争法的适用范围方面存在一定差异，从主体范围、地域范围两个角度比较两国竞争法的适用范围。

乌兹别克斯坦作为中亚地区的新兴经济体，是"一带一路"倡议的重要成员国之一。中国是全球第二大经济体和主要的"一带一路"倡议发起国。这两个国家在"一带一路"倡议框架下的合作不断加强，经济联系日益紧密。在这样的背景下，比较乌兹别克斯坦 [①] 和中国 [②] 的竞争法适用范围可以从以下两个方面进行分析：第一，主体范围，竞争主体是竞争法律关系的主体，是参加竞争法律关系并在其中享受权利和承担义务的人。在我国竞争主体不仅包括各类典型的从事竞争行为、不正当竞争行为、限制竞争行为的主体（统称竞争主体），也包括非典型竞争主体，如经营者团体

---

① 乌兹别克斯坦《竞争法》第 3 条。
② 徐孟洲、孟雁北 . 21 世纪法学系列教材：竞争法［M］. 中国人民大学出版社 .2008.

（行业协会）和除国务院以外的政府行政机关。作为市场主体的经营者是竞争法规制的最广泛的主体，经营者主要包括普通商事企业、特殊企业和个人依法参与生产经营活动时也会成为经营者，例如，因其从事领域的不同和参与经济活动的方式不同，经营者可以包括特定职业者、个体工商户和农村承包经营户和其他参与经济活动的个人；乌兹别克斯坦竞争法的适用主体包括自然人、法人和国家机关，而不适用于与知识产权对象有关的关系，这意味着涉及知识产权的企业通常不受乌兹别克斯坦竞争法规定的约束；第二，地域范围，中国竞争法的地域范围是全国范围，即整个中华人民共和国境内都适用。中国的竞争法不仅适用于中央政府辖区内的各省、自治区和直辖市，还包括中国的特别行政区，如香港、澳门，以及台湾地区的经济活动。竞争法的全国性适用有助于确保在中国境内的所有地区都有一致的反垄断和反不正当竞争政策，并促进公平竞争和市场秩序的维护。此外，中国还设有国家市场监督管理总局（市场监管总局）等机构，负责监督和实施竞争法，以确保法律的有效执行和一致性；而乌兹别克斯坦竞争法的适用于乌兹别克斯坦的整个领土范围，该国竞争法的规定和原则适用于乌兹别克斯坦境内的各个省份、城市和地区，确保在国内市场中维护竞争、预防垄断和不正当行为的发生，值得注意的是，乌兹别克斯坦竞争法会规范在竞争或自然垄断条件下消费者在乌兹别克斯坦共和国境外被侵犯的合法利益，这一点与我国竞争法有所差异。

二、竞争法的适用条件

中乌两国在竞争法的具体适用条件方面的制度设计不尽相同，中国竞争法的适用条件规范较为具体，可操作性强，而乌兹别克斯坦国竞争法的适用条件的规范较为原则，缺乏可操作性。

如：中国的《反垄断法》对于涉嫌垄断行为有明确的具体适用条件，如对市场份额的规定、对价格垄断和排他性协议的界定等。此外，中国对于横向和纵向垄断行为均有明确规定，有利于制度的具体落实；乌兹别克斯坦的竞争法虽然规定了垄断行为的类型，但对具体的适用条件规定得并不详尽。因此，在制度实施中可能面临着对垄断行为的界定和处理上的不一致性，即在实践中可能出现制度的可操作性不强的问题。中国作为一个已经相对成熟的社会主义市场经济国家，其竞争法立法历程较长，制度规范也相对完善，适用范围广泛，执法机构多样化，并且规定了明确的适用条件，有利于制度在实践中的落实，即制度的可操作性较强。乌兹别克斯坦虽然在竞争法的制度建设上仍处于起步阶段，但其法律框架已经初步形成，为未来制度的完善奠定了基础。中国可以与乌兹别克斯坦分享其丰富的竞争法制度设计及实施经验，双方加强合作与沟通，并根据各自国情进一步完善本国竞争法，促进立法水平的提升。

三、竞争法的适用程序

规范的适用程序是确保竞争法顺利实施的关键环节。中乌两国在竞争法适用程序方面存在一些差异。中国竞争法在适用程序上的规范较为具体，而乌兹别克斯坦的规范较为简单。

中国在竞争法的适用程序上较为成熟，设立了多个执法机构，形成了相对完善的执法体系。而乌兹别克斯坦在执法机构和适用程序方面可能相对较为简单。中国竞争法的适用程序包括：（1）举报与投诉：中国的竞争法允许个人和企业对涉嫌垄断行为的企业进行举报和投诉，确保垄断行为得到及时处理；（2）反垄断调查：执法机构会对涉嫌垄断行为展开调查，包括对市场份额、市场定位、价格等数据的收集和分析，以判断是否存在垄断行为；（3）立案与处罚：如果调查发现确实存在垄断行为，执法机构会对相关企业立案，并依法对其进行处罚，如罚款、限制市场准入等；（4）行政复议和司法救济：受到处罚的企业可以提起行政复议或通过司法途径寻求救济，确保执法的公正性和合法性。

乌兹别克斯坦的竞争法在适用程序上可能较为简单。一般情况下，涉嫌垄断行为由国家反垄断委员会展开调查，并对违法行为进行处理。相较于中国的相关规定，乌国竞争法在适用程序方面还有待进一步完善。为了进一步提高竞争法的有效执行，乌兹别克斯坦可以借鉴中国的经验，加强执法机构的建设和多部门的协调配合，提高反垄断调查和处罚的效率。此外，双方可以加强合作，分享执法经验，共同推进竞争法的发展，为两国的经贸合作提供更加稳定、公平的环境。

针对以上问题，本书尝试提出改进中乌两国竞争法适用程序的建议：第一，加强执法机构的建设与协作。乌兹别克斯坦可以学习中国的做法，建立多部门协作机制，形成联合行动的合力。可以设立竞争法执法委员会，由相关部门组成，负责协调、推进竞争法的执行工作，确保各部门在竞争法执法中形成合力，提高工作效率；第二，拓宽举报渠道。加强公众参与对垄断行为的监督，鼓励举报投诉。可以建立在线举报平台，便于公众举报涉嫌垄断行为，形成多元化的监督机制，增加执法机关发现和处理垄断行为的准确性和及时性；第三，提高执法效率。加强执法机构的人员培训和专业能力建设，提高调查和处罚的效率和水平。可以邀请中国的竞争法执法专家进行交流，学习中国的先进执法经验，提高执法水平；第四，强化司法救济。乌兹别克可以考虑建立专门的垄断行为司法审判机构，为受到处罚的企业提供公正的司法救济途径，确保执法的公正性和合法性；第五，加强国际交流与合作。中乌两国可以加强在竞争法领域的国际交流与合作。可以签署双边或多边合作协议，在竞争法执法方面进行信息共享、经验交流，共同应对跨国垄断行为，维护两国市场的公平竞争秩序。

中乌两国在竞争法适用程序方面存在一定的差异，但双方都积极致力于促进竞争法的完善和执行。乌兹别克可以借鉴中国在竞争法领域的经验，加强执法机构建设、提高执法效率和公众参与，为市场竞争提供更好的保障。同时，中乌两国可以加强合作与交流，在国际竞争法领域形成更为紧密的合作关系，共同维护全球市场的公平竞争环境。通过这些努力，中乌两国的经济合作与发展将迎来更加广阔的前景。

## 四、竞争法救济途径

竞争法的救济途径是指在竞争法的制度规范中确保受到垄断行为和不正当竞争行为侵害的企业和个人能够获得合法权益保护的方法和道路，它是竞争法实施效果体现的重要方面。中乌两国竞争法均对救济途径做出了明确规定，且在救济的种类中都包含行政救济和司法救济两类。但两国在获得救济的可行性、救济的效率、救济在公正性等方面还存在一定差异。

首先，关于救济途径的种类。在中国《反垄断法》中规定，法律为受到垄断行为侵害的企业和个人提供了多种救济途径。主要包括行政救济和司法救济两类。（1）行政救济：受害者可以向国家市场监督管理总局（SAMR）等相关执法机构提出投诉，请求对涉嫌垄断行为的企业进行调查，确认违法事实，对违法行为进行处理，并采取必要的行政措施予以制裁；（2）司法救济：受害者可以向法院提起民事诉讼或行政诉讼，请求法院判决涉嫌垄断行为的企业承担民事责任或行政责任，并给予损害赔偿。乌兹别克斯坦竞争法同样为受到垄断行为侵害的企业和个人提供了救济途径，主要包括行政救济和司法救济两类。（1）行政救济：受害者可以向国家反垄断委员会提出投诉，请求对涉嫌垄断行为的企业进行调查，并对违法行为进行处理；（2）司法救济：受害者可以向法院提起民事诉讼，请求法院判决涉嫌垄断行为的企业承担民事责任，并给予损害赔偿。其次，在获得救济的可行性方面。在中国，由于竞争法的实施较为成熟，行政救济和司法救济途径都相对可行。受害者可以向专门的执法机构提交投诉，行政执法机构会对涉嫌垄断行为进行调查，并根据调查结果做出处理决定。同时，受害者还可以选择向法院提起诉讼，通过民事诉讼或行政诉讼获得救济；在乌兹别克斯坦，竞争法的立法相对滞后，救济途径不够完善，虽然设有国家反垄断委员会，但在实际操作中可能面临着资源有限、专业人才不足等问题，导致获得救济的可行性不足。此外，司法救济的效率和公正性也需要进一步加强。最后，救济的公正性。在竞争法实施中，中国执法机构和法院依法遵循公正、公平、公开的原则，确保救济的公正性。执法机构会根据事实和证据做出独立、客观的处理决定，法院会对垄断案件进行公正的审理，并根据法律和事实做出判决，维护受害者的合法权益；乌兹别克斯坦的救济在公正性方面还有改进空间，竞争法的实施相对滞后，存在执法机构的独立性和公正性方面的不足，在实践中，可能会面临政府干预、官员以权谋私被俘获等问题，导致救济过程不透明，结果缺乏公正性等情形的出现。

针对上述问题，对乌国改进救济途径提出以下建议：第一，建立独立的执法机构。乌兹别克斯坦可以考虑建立独立的反垄断执法机构，确保其在救济过程中不受政府和其他利益干扰，真正实现独立、客观、公正的执法；第二，加强执法机构能力建设。乌兹别克斯坦可以加强执法机构的人员培训和专业能力建设，提高调查和处理垄断案件的效率和水平。可以邀请国际专家进行培训，学习其他国家在反垄断执法方面的先进经验；第三，完善司法救济机制。乌兹别克斯坦可以进一步完善司法救济机制，提高法院对垄断案件的审理效率和公正性。可以设立专门的垄断案件审判庭，加强对法官的培训，提高审理垄断案件的专业水平。

中乌两国竞争法的救济途径在种类、可行性、效率和公正性方面存在一定的差异。中国的竞争法救济途径相对较为成熟，行政救济和司法救济都相对可行、高效和公正。而乌兹别克斯坦的竞争法救济途径还需要进一步完善，可以加强执法机构建设，提高救济途径的可行性和效率，确保救济的公正性。通过加强交流与合作，中乌两国可以相互借鉴经验，共同推进竞争法救济途径的进一步完善，维护双边经贸合作的公平竞争环境，促进两国深化交流合作及两国经济的持续健康发展。

研究乌兹别克斯坦竞争法对于加深中乌两国合作，促进两国的经济增长、维护市场秩序以及保护消费者和企业权益都具有重要意义。在竞争激烈的市场环境下，企业为了在市场竞争中立于不败之地，会不断寻求技术创新和管理优化，从而提高产品质量和效率，降低成本，更好地满足消费者需求，确保市场的公平竞争和有效运行，避免垄断行为和不正当竞争，维护市场秩序的稳定和可持续发展，有助于保护消费者免受不公平竞争和虚假广告的伤害。保护消费者权益有利于提高消费者的信心和满意度，促进市场的健康发展，与此同时，也可以促进资源的优化配置和提高经济效率。在竞争激烈的市场环境中，企业必须不断提高产品和服务的质量，降低成本，以吸引更多消费者，从而推动整个经济的发展。乌兹别克斯坦竞争法律制度有助于推动与其他国家的经济合作，在国际经济交往中，合理的竞争政策和法律制度是推动经济合作的重要前提，通过与其他国家的经济合作，乌兹别克斯坦可以获得更多的发展机遇和资源。

# 第四章 吉尔吉斯共和国竞争法律制度研究

## 第一节 吉尔吉斯斯坦竞争法律制度发展历程

吉尔吉斯斯坦地处中亚，拥有令人向往的自然美景和游牧传统，1991年从苏联独立出来。吉尔吉斯斯坦是一个多山的内陆国家，与乌兹别克斯坦、塔吉克斯坦、哈萨克斯坦和中国接壤，以农业经济为主，棉花、烟草、羊毛和肉类是主要的农产品。工业出口包括黄金、汞、铀、天然气和电力。吉尔吉斯斯坦在市场改革方面比较进步，如具有较为完善的市场监管体系、采取了相对自由的经济政策，政府在控制巨额财政赤字方面取得了稳步进展，同国际金融机构一道，参与了一项全面的中期减贫和经济增长战略。吉尔吉斯共和国和其他过渡经济体承认市场经济是实现社会和经济福利的最有效途径。由于市场经济的过渡需要，吉尔吉斯共和国在所有的生活领域进行根本和大规模的改革，这将促进从衰退中复苏和国民经济的逐步发展。

吉尔吉斯共和国从计划经济向市场经济的过渡是在高度的垄断经济、不发达的市场体制和基础设施严重落后以及根深蒂固的国家干预的传统的条件下进行的。故市场经济法律制度的保障势在必行。吉尔吉斯斯坦法律制度历史悠久，我国学者对吉尔吉斯共和国的法律制度研究主要集中在吉尔吉斯斯坦投资优惠的法律制度和吉尔吉斯斯坦矿业投资法律制度研究，鲜少有学者对吉尔吉斯共和国竞争法律制度进行研究，本章就吉尔吉斯共和国竞争法律制度进行分析研究。与我国竞争法《反垄断法》《反不正当竞争法》《消费者权益保护法》分别立法不同，《吉尔吉斯共和国竞争法》属于合并式立法，竞争法规制既垄断行为也规制不正当竞争行为和损害消费者权益的行为。

1994 年 4 月 15 日吉尔吉斯共和国颁布的《关于限制垄断活动、发展和保护竞争的法律》是吉尔吉斯斯坦的第一部竞争法，以限制垄断活动、促进和保护竞争为目标。该法的通过是实现吉尔吉斯斯坦发展市场经济的改革的一个重要方面。该法以防止、限制和抑制垄断活动和不正当竞争为目的，确定了竞争发展的组织和法律基础，为国家商品市场的创建和有效运作提供环境。该法由吉尔吉斯共和国政府下的国家反垄断政策委员会（或"反垄断机构"）执行，该委员会除执行这一基本法外，还执行其他规章和法律行为，如《关于保护消费者权利》《吉尔吉斯共和国的自然和允许垄断》以及《广告法》等法律。此外，吉尔吉斯斯坦政府制定并批准了下列条例：反垄断法侵权调查程序；关于大型企业实体缩减规模和共享从的规定；确定一个商业实体在商品市场的主导地位的方法建议；关于分析和评估商品市场竞争环境状况的方法性建议；压制不公平的方法建议，这些条例也应当由反垄断执法机构执行。

在某些经济领域，市场定价不是最优的。这些领域首先包括自然垄断，即在技术上不可能发展竞争或在经济上效率低下的市场部门。关于自然垄断，政府的主要目标不是抑制垄断活动，而是创造条件来管制这些特定的企业。为此，1999 年 10 月 8 日吉尔吉斯共和国通过了《吉尔吉斯共和国自然和允许垄断法》，该法律是管理自然和允许垄断领域固有的竞争或缺乏竞争的主要法律文书。对自然垄断实体的活动进行监管的领域有：天然气管道运输；电力和火电的传输；轨道交通；机场及机场终端服务和电力、邮政等公共服务。根据《吉尔吉斯共和国自然和允许垄断法》规定，主要管理机构是反垄断机构和其他分支管理机构，如国家能源署和国家通信局。

2003 年 3 月 6 日吉尔吉斯共和国进行关于修订吉尔吉斯共和国《关

于限制垄断活动、发展和保护竞争》；2003 年 8 月 1 日吉尔吉斯共和国法律修订关于吉尔吉斯共和国法律《关于限制垄断活动、发展和保护竞争》；2009 年 4 月 27 日吉尔吉斯共和国法律修订关于吉尔吉斯共和国法律《关于限制垄断活动、发展和保护竞争》；吉尔吉斯竞争法于 2011 年 6 月 17 日由吉尔吉斯共和国议会通过，2011 年 7 月 22 日通过第 116 号法律文件《关于竞争》，规定了保护和发展竞争的组织和法律框架，于 2011 年 10 月 22 日起实施，经 2013 年 4 月 5 日第 47 号，2015 年 1 月 21 日第 22 号、2015 年 8 月 13 日第 225 号，2016 年 7 月 15 日第 118 号，2017 年 7 月 28 日第 153 号文件进行修订，2022 年 1 月 21 日，总统签署了吉尔吉斯共和国法律关于吉尔吉斯共和国竞争法的修正案。吉尔吉斯斯坦竞争法全称《吉尔吉斯共和国竞争法》，共计 21 条。该法的立法目的是预防和打击市场垄断和不正当竞争，助力市场经济的繁荣发展。至此，吉尔吉斯共和国竞争法体系基本形成。

## 第二节 吉尔吉斯斯坦竞争法律制度立法目的

竞争法的立法目的既是健全的竞争法律体系的重要组成部分，又能为市场竞争的法律实践提供明确的法律指引，当竞争法律规范的含义在理论和实践中发生歧义时，可以立法目的为依据进行释义，这对竞争法的理论研究和具体实施都具有重要意义。简单地说，竞争法是指规范市场竞争秩序的法律制度。竞争法有广义与狭义之分。广义上的竞争法包括反垄断法律制度和反不正当竞争法律制度。狭义上的竞争法一般仅指反垄断法。目前多数国家使用的是狭义上的竞争法概念，即竞争法是指规范限制竞争行为的法律规范，即反垄断法。在吉尔吉斯斯坦，竞争法的概念也有广义和狭义之分。以下所提到的竞争法在无特殊指明之处均为广义的竞争法，即竞争法不仅包括反垄断法，还包括反不正当竞争法。竞争法的政策目标，从一般意义上说，是指竞争法通过规范交易行为和维护市场竞争秩序，所呈现出的应当保护的利益和实现的功能。保护竞争究竟是为了保护何种利益？达到何种目的？这是竞争法的立法目的所要回答的基本问题。

马克思主义哲学认为：事物的发展、变化是由内因和外因共同决定的。内因是指事物自身所包含的诸要素的对立统一，内因是事物发展的根据与源泉，决定事物的本质和发展的基本趋向。外因是事物发展的外部条件，外因通过内因起作用，它对事物的发展起着加速或延缓的作用。反垄断法的法价值是决定立法目的的内因，法价值的多元性决定了立法目的的多元性。吉尔吉斯斯坦竞争法立法目的条款是该国立法体例上的重要部分。一部法律的立法目标、目的一定是多元性的，而不是单一的，其包含着社会的价值、经济的良性发展目标等，法律的立法目的条款在该法实施过程中有着极其重要的地位、功能和作用。吉尔吉斯共和国的法律主要包含吉尔吉斯斯坦已经加入的已依照法律生效的国际条约和吉尔吉斯斯坦的其他规范性法律文件。吉尔吉斯斯坦于 2011 年 7 月 22 日通过第 116 号法律文件《关于竞争》，规定了保护和发展竞争的组织和法律框架，经 2013 年 4 月 5 日第 47 号，2015 年 1 月 21 日第 22 号、2015 年 8 月 13 日第 225 号，2016 年 7 月 15 日第 118 号，2017 年 7 月 28 日第 153 号进行修订，形成了吉尔吉斯斯坦竞争法的基本内容。

《吉尔吉斯斯坦共和国竞争法》是根据《吉尔吉斯共和国宪法》制定，该法第 1 条规定"竞争法规定了保护和发展竞争中的组织和法律框架，其目的是预防、限制和制止垄断活动和不公平竞争，并为吉尔吉斯共和国市场的建立和有效的市场运作提供有利条件"。由此可见，在吉尔吉斯斯坦竞争法中，其立法目的的重要性不言而喻，其以清晰的目的条款为表现形式，包含具体且特定的价值功能，吉尔吉斯共和国宪法是其重要法律渊源。

一、预防、限制和制止垄断行为

《吉尔吉斯共和国竞争法》是广义上的竞争法，主要内容既包括反垄断法，也包括反不正当竞争法，与大多数国家的分立式立法有所不同，属于合并立法。吉尔吉斯斯坦对不公平竞争行为和垄断行为的"预防"主要表现在事前的控制。"限制"和"制止"主要表现在事中的监管——即在调节与垄断活动有关的关系中，其中包含保护和促进金融服务市场（银行服务除外）的竞争程序，而银行服务市场的反垄断监管由吉尔吉斯共和国国家银行的监管法案进行监管，该监管法案对于吉尔吉斯斯坦商业银行和吉尔吉斯斯坦银行许可和监管的金融信贷机构具有约束力。在监管的同时，吉尔吉斯斯坦政府确保其在竞争领域的国家政策的信息公开性，即在大众媒体和互联网上发布关于授权机构活动的信息，包括可以公开将企业经营信息发布到政府官方网站上，通过互联网对竞争者的行为进行监督，但最主要的监督途径还是通过吉尔吉斯斯坦的政府机构实施。

吉尔吉斯斯坦竞争法中垄断活动主要包括经营者的一致行为、滥用市场支配地位、垄断协议、国家和地方当局旨在防止、限制或消除竞争的行为和作为（不作为）。依据吉尔吉斯斯坦竞争法规定，出现以上行为就应限制和制止。因为是合并立法，吉尔吉斯斯坦竞争法中也明晰了不正当竞争和限制竞争的行为表现形式。依据该法规定，不正当竞争是指商业实体旨在获得商业活动中的优势的任何行为，这些行为违反了吉尔吉斯共和国的立法规定、商业交易的惯例、诚信、合理、公平的要求，并可能造成或已经导致其他商业实体、竞争对手的损失或损害其商业信誉。限制竞争的行为是指不属于同一群体的经济实体在市场上的数量减少，商品价格增长或下降，与市场其他一般条件的相应变化无关；不属于同一群体的经济实体拒绝在市场上独立行动；通过经济实体之间的协议或根据对他们有约束力的其他人的指示确定市场经营的一般条件，或作为经济实体协议的结果。由此，吉尔吉斯斯坦竞争法的首要立法目的是预防、限制和制止垄断行为。

## 二、保护市场公平竞争

在保护市场竞争方面，世界大多数国家竞争法的立法目标更加注重保护的是市场自由竞争，而吉尔吉斯斯坦的竞争法立法和理论都指向市场的公平竞争，具体体现在吉尔吉斯斯坦竞争法第 1 条：预防、限制和制止不公平竞争。不论是英美法系还是大陆法系市场机制的重点核心都是"竞争"，保护市场公平竞争是吉尔吉斯斯坦竞争法的立法初衷，保护市场公平竞争体现了自由价值；"维护消费者利益和社会公共利益"则体现了公平的价值；"提高经济运行效率，促进经济健康发展"体现了效益价值；它们结合在一起则体现了追求市场竞争机制良好运行的秩序价值①，即追求市场竞争机制良好运行。公平竞争已经成为各个国家在市场上十分看重的竞争目标。

　　吉尔吉斯斯坦竞争法中的公平竞争理念十分明显，如第 6 条规定，具有市场支配地位的经营者滥用支配地位的行为，禁止占据支配地位的商业实体（群体）具有或可能具有限制竞争和（或）损害其他商业实体或个人利益的行为（作为或不作为）。这就表明，不合理交易行为有可能被视为不正当竞争行为，其中就包括不公平的竞争行为。再如第 7 条规定，协定经济实体的商业实体限制竞争，相互竞争的商业实体以任何形式达成的全部或部分协议，如果具有或可能具有限制竞争的效果，应予禁止并视为无效。该条规定更加突出了吉尔吉斯斯坦竞争法保护公平竞争的立法目的，同时也体现了竞争法的基本价值，即通过保护竞争或维护竞争秩序来实现自由、公平、效率等法律价值目标。

### 三、保护消费者权益

　　消费者具有产品的选择权，保护消费者权益是竞争法的重要目标，否则竞争法的经济效率目标的实现也会受到影响。有些国家直接在竞争法立法中规定维护消费者权益的内容，而吉尔吉斯斯坦虽然在竞争法中没有直接做出规定，但却在理论研究或制度实施中将消费者权益保护置于立法目的的地位。

　　市场商品和服务的生产者或销售者能够在较低的成本下生产商品和提供服务是社会福利增长的主要表现。生产者和经营者只有在降低成本时才

---

① 　王晓晔 . 我国反垄断立法的宗旨 [J]. 华东政法大学学报 ,2008(02):98-102.

能保证市场的商品充足且交换繁荣，消费者的整体福利才能提升，故消费者福利与市场竞争有着十分密切的关系。

吉尔吉斯斯坦竞争法体现了对消费者权益的保护，如第 6 条在对滥用市场支配地位行为的规定中，禁止占据支配地位的商业实体（群体）具有或可能具有限制竞争和（或）损害其他商业实体或个人利益的行为（不作为），包括同意签订合同，但条件是合同中包括与承包商或消费者不感兴趣的货物有关的条款，第 7 条协定经济实体的商业实体限制竞争，相互竞争的商业实体以任何形式达成的全部或部分协议，如果具有或可能具有限制竞争的效果，则应予禁止并视为无效，包括强加不利于消费者的标准合同条款、限制选择商品和生产商品的经济实体的自由或规定与合同主体无关的条款；第 8 条关于限制不公平竞争的规定，不允许出现不公平竞争，包括传播任何可能误导消费者的信息，如商业实体商品的来源、制造方法、使用的适宜性、质量和其他属性、企业家的身份或其商业活动的特点以及为产品提供不适当的显著标志，以达到在商品信息和产品的其他重要特性方面误导消费者的目的。

### 四、提高经济运行效率

经济效率一般都被理解为资源配置效率和生产效率。通过竞争机制和市场机制，人们在经济效率方面的期待主要有两点：一是从宏观的角度，国家的经济资源能够得到最有效率地配置和利用；二是从微观的角度，企业能够以较低的成本生产出价值较高的产品。利用竞争法保护竞争，市场可以同时达成配置效率和生产效率的目标。

芝加哥学派提出并倡导竞争法中提高经济运行效率的效率目标。阿瑞达和卡普洛认为，竞争一方面体现了资源配置效率，另一方面也体现了生产效率。他们引述了帕累托最优理论[①]，在完全竞争状态下，帕累托最优实现的是资源配置效率。20 世纪 40 年代，美国学者克拉克提出了"有效竞争

---

① 叶卫平：反垄断法价值问题研究 [M]. 北京：北京大学出版社，2012：64.

理论"。①"有效竞争理论"主张在市场经济环境下，假如一种竞争是有利于促进经济发展的，那么其竞争目标就能够得到实现，此种竞争也就是有效的竞争。此外，德国的康森巴赫把"有效竞争"理论引入了德国并且在此基础上提出了"最优竞争强度"的理论②，提出要建立"优化的市场结构"，这种结构的市场要求保持多个市场竞争者，市场透明度不高，商品有适度差异。他提出政府应采取的经济政策是：当市场上竞争者数量较少，竞争强度过大时，改变市场结构如拆散大企业；在竞争不足的情况下，推动企业联合并扩大企业规模，并减少市场上竞争对手的数量，提高生产效率，增强不同的行业和不同的企业之间的竞争的激励水平。

提高经济运行效率是竞争法的重要立法目的之一，吉尔吉斯斯坦的竞争法也不例外，吉尔吉斯斯坦竞争法第 1 条指出，吉尔吉斯斯坦竞争法为吉尔吉斯共和国市场的建立和有效运作提供条件。一方面，要努力推动市场竞争，保持市场竞争的结构性，使市场上保持一定数量的竞争者，另一方面，注重企业间的联合，适度扩大企业经济规模，实现规模经济，提高整体经济效率和国民经济综合实力。因此，吉尔吉斯斯坦反垄断法的目标模式是市场"有效竞争"，以推动经济运行效率的提高。

## 第三节　吉尔吉斯斯坦竞争法律制度的主要内容

### 一、吉尔吉斯斯坦竞争法中的基本概念

在吉尔吉斯斯坦竞争法中有一些专有名词和特殊名词，这些名词的释义可以为理解吉尔吉斯斯坦竞争法的内涵带来便利，因此本节就吉尔吉斯斯坦竞争法中的基本概念做一详解。

〔一〕自然人或法人的关联人

吉尔吉斯斯坦竞争法第 3 条规定了吉尔吉斯斯坦竞争法中使用的基本

---

① 　J.M. Clark, Towards a Concept of Workable Competition, (1940) 30 *American Economic Review*, pp. 241-256.

② 　王晓晔：反垄断法 [M]．北京：法律出版社，2011：14.

概念，该条明晰了在竞争法中使用的专业术语的内涵。关于自然人或法人的关联人的规定，任何有权决定或影响其决策的自然人或法人（在其权力范围内对其活动行使控制权的公共当局除外），包括通过合同（包括口头合同）或其他交易具有直接决定或影响其决策的自然人或法人，以及间接的该关联公司对其拥有这种权力的任何自然人或法人。一个法律实体的执行官、股东（参与人）或任何拥有其 10% 或更多投票权股份（出资、参与权益）的实体（对于开放式股份公司，5% 或更多）也应被确认为该法律实体的关联人。本条主要规定的是自然人或法人的关联人，这在其他国家的法律规定中很少见，由此可见，吉尔吉斯斯坦将自然人和法人的关联人进行了明确的规定，这也对后面条款中的具体行为主体有了清晰的界定。

（二）可互换商品

吉尔吉斯斯坦竞争法对可互换商品有具体明确的概念，可互换商品是指一组在功能、用途、质量和技术特征、价格和其他参数方面可以进行比较的商品，买方在消费（生产）过程中实际替换或可以相互替换。其实，这里的可互换商品主要是指可替代品，可替代品是商品经济中重要的名词，替代品是指两种产品存在相互竞争的销售关系，即一种产品销售的增加会减少另一种产品的潜在销售量，反之亦然（如牛肉和猪肉）。替代品与互补品是相互对立的概念，对替代品的判别亦可根据交叉弹性系数的正负号来进行，当交叉弹性系数为正值时，即一种产品价格的提高（销售减少）会引起另一种产品需求量的增加，此时这两种产品互为替代品。

（三）主导（垄断）地位

主导（垄断）地位是指一个商业实体（集团）或几个商业实体（集团）在某一产品市场上的地位，使该商业实体（集团）有机会对产品流通的一般条件产生决定性影响，例如在相关市场将其他经济实体排除在该市场之外或阻碍其他经济实体进入该市场。吉尔吉斯斯坦竞争法对主导（垄断）地位的界定和我国的垄断地位相类似。当控制市场的能力达到一定程度，并且对市场的控制力具有可持续性且不间断，达到如此程度，通常认为在市场上具有主导（垄断）地位。

（四）歧视性或特殊条件

歧视性或特殊条件是指进入市场的条件，即在生产、交换、消费、购买、销售、其他商品转让的条件，一个或几个商业实体与其他商业实体相比处于不平等地位。例如在交换商品时具有市场支配地位的经营者，没有具体正当的理由利用其优势，对条件相同的交易人设定不同的交易价格等交易条件。交易条件除却交易价格通常还包括所交易商品的数量、质量、交易时间等不同，将商业实体置于不平等的地位之下。

（五）竞争及垄断

竞争即经济实体在市场上的自由竞争，它们的独立行动限制了每个实体单方面影响相关市场上商品流通的一般条件，并刺激消费者所需商品的生产。

垄断是指由属于一个人、一群人或国家的生产、购买、贸易、交换的专属权利（机会）所界定的市场条件。吉尔吉斯斯坦竞争法中垄断的内涵和外延相当丰富，从商品的生产到商品（包含服务）的流通都有可能会产生垄断，其也被称之为一种专属的权利。

（六）垄断活动

垄断活动通常有广义和狭义之分，广义的垄断活动就是指企业实体、团体滥用其支配地位违反反垄断法的协议或一致行动，也是商业实体（团体）、国家机构和地方当局旨在防止、限制或消除竞争的行动（不作为）。狭义的垄断活动是指经营者的独占、垄断竞争活动、寡占（寡头垄断）。吉尔吉斯斯坦竞争法主要是规定了广义上的垄断活动，有其独特的市场特征。

（七）垄断性高价

吉尔吉斯斯坦对垄断高价做出了十分详细的规定，并就哪些行为可以不被认定为垄断高价也做了具体规定。垄断性高价是指占主导地位的商业实体设定的商品价格，超过生产和销售该商品所需的成本和平均利润，即生产价格和商品价值的垄断价格。在商品买家或卖家的组成、商品流通条件、进入商品市场的条件、国家监管，包括税收、海关、关税、关税和非关税监管方面，可比照货物自然垄断主体制定的价格，只要是根据吉尔吉斯共和国法律确定的此类商品的关税范围之内，不得被认定为垄断高价。

（八）垄断性低价

垄断性低价是指占主导地位的商业实体设定的商品价格，如果该价格低于生产和销售此类商品所需的成本和平均利润之和，并且低于在可竞争的商品市场下形成的价格。垄断低价和垄断高价目的相同，都是为了牟取差额利润。

（九）不正当竞争

"不正当竞争"这一概念最早出现在法国法院于 1850 年依照《法国民法典》第 1382 条所做出的一项判决中。吉尔吉斯斯坦竞争法对不正当竞争这一名词做了清晰的定义，不正当竞争是指商业实体旨在获得商业活动中的优势的任何行为，这些行为违反了吉尔吉斯共和国的立法规定、商业交易的惯例、诚信、合理、公平的要求，并可能导致或已经造成其他商业实体－竞争对手的经济损失或损害其商业信誉。不正当竞争主要体现在经营者在经营活动中违背自愿、公平、平等、诚实信用原则和商业道德的行为，扰乱市场竞争秩序、损害其他经营者或者消费者的合法权益。

（十）限制竞争的迹象

不论是吉尔吉斯斯坦竞争法中规定的滥用市场支配地位还是经营者采取的一致行为等都具有限制竞争的表现。限制竞争的迹象是指不属于同一群体的经济实体在市场上的数量减少或商品价格增长或下降与市场其他一般条件的相应变化无关；不属于同一群体的经济实体拒绝在市场上独立行动；通过经济实体之间的协议或根据对他们有约束力的其他人的指示，确定市场的一般条件或作为经济实体协议的结果。

（十一）区域（地方）商品市场

区域（地方）商品市场是指，在该地区或其部分地区的商品（工程、服务）流通领域，买方在各自领土或其部分地区购买商品的经济机会，而其在该地区之外购买该商品的概率大大减小。例如，在新疆伊犁州昭苏县购买当地的天马比较容易，而在昭苏县之外购买天马的难度则大大增加。

（十二）市场（商品市场）

把"市场"一词放在不同的语境下的理解也各不相同。在商品或者服务的交易中可以把市场看作是交易场所、交易地点和交易区域；有些学者把市场理解为由买者和卖者相互作用并共同决定商品和劳务的价格和交易数量的机制，[①] 即配置资源的一种方式或手段，被称为"无形之手"。但吉尔吉斯斯坦对市场特别是商品市场的定义与通常理解的市场定义有所不同，在吉尔吉斯斯坦竞争法中市场（商品市场）是指商品的流通范围，它不能被另一种产品或可互换的产品所取代，在这个范围内（包括地理范围），基于经济、技术或其他可能性或权宜之计，买方可以购买该产品，而在这个范围之外的经济、技术或其他可能性存在的可能性则大打折扣，买方购买该产品的可能性也随之降低。

（十三）市场力量

市场力量也称为市场势力，是产业组织理论中的核心概念，指处于不完全竞争市场中的厂商有将产品价格定在边际成本之上而获利的能力。吉尔吉斯斯坦对市场力量的定义是一个商业实体或几个商业实体在市场中的行动（或不行动），导致限制竞争或市场的重大变化。

（十四）系统性垄断活动

系统性垄断活动是指从事垄断活动的企业实体，在一年内按照吉尔吉斯共和国立法规定的程序被认定从事垄断活动超过两次。系统性垄断活动在我国竞争法中没有明确的规定，吉尔吉斯斯坦竞争法规定的系统性垄断活动最主要地体现在程序的认定及认定的次数上。

（十五）货物及授权机构

货物是指在出售、交换或以其他方式投入流通的公民权利对象（包括

---

① ［美］保罗·A.萨缪尔森、威廉·D.诺德豪斯著；萧琛主译.经济学（第十七版）[M].北京：人民邮电出版社，2004：21.

工作、一项服务，包括金融服务）。

授权机构是指国家反垄断机构，其主要职责是执行国家关于发展竞争、限制、制止垄断活动和不公平竞争的政策。

（十六）商业实体及经济集中

商业实体是指商业组织和从事创收活动的非商业组织，根据吉尔吉斯共和国法律，其特指专业创收活动须经国家注册或许可的个人企业家。

经济集中是指在社会生产过程中，企业规模扩大的过程。它表现为全部企业中仅占很小比例的企业或数量很少的企业，积聚或支配着占很大比例的生产要素。其交易行动的实施将会对竞争状况产生影响。

（十七）银行服务及金融服务

金融服务是指银行服务、保险服务、证券市场服务、租赁协议下的服务，以及由金融机构提供的与吸引或安置法人和自然人的资金有关的服务。

银行服务是指由吉尔吉斯共和国国家银行许可和监管的商业银行和其他金融信贷机构提供的服务。

（十八）纵向协议

垄断协议，德国法上称为"卡特尔"、日本法上称为"不正当交易限制"，美国法上称为"合同""联合"和"共谋"。垄断协议是指经营者之间为了排除、限制竞争而达成的一种协议、决定或者其他协同一致的行为。纵向协议是指两个或两个以上在同一产业中处于不同阶段而有买卖关系的企业间垄断协议，其属于垄断协议的一种。吉尔吉斯斯坦对纵向协议也有具体的规定，纵向协议是指商业实体之间的协议，其中一个商业实体收购货物或作为潜在收购方，另一个商业实体提供货物或作为潜在卖方。

（十九）吉尔吉斯共和国商品市场上占有支配地位的经济实体国家登记册

吉尔吉斯共和国商品市场上占有支配地位的经济实体国家登记册是指在相关商品市场上占有支配地位的经济实体名单，但处于自然垄断状态的市场除外。

（二十）国家或市政优惠

国家或市政优惠是指吉尔吉斯共和国政府或地方自治政府代表机构向某些商业实体提供优惠，通过转让国家或市政财产、其他民事权利对象或提供财产优惠、国家或市政担保，为其提供更有利的活动条件。

（二十一）经济活动的协调

经济活动的协调是指由第三方协调商业实体的行动，该第三方与任何这些商业实体不属于同一集团，并且不再进行商业实体行动协调的商品市场中经营。商业实体在纵向协议框架内采取的行动不构成经济活动的协调。

（二十二）金融服务的竞争价格

金融服务的竞争价格是指在竞争环境中可以提供的金融服务的价格。吉尔吉斯斯坦对金融服务的竞争价格概念做了详细的规定，包括：金融服务价格过高，金融服务价格过低。金融服务价格过低是指主要金融机构制定的一项或多项金融服务的价格远低于金融服务的竞争价格，阻碍其他金融机构进入市场，并对竞争产生负面影响。

## 二、滥用市场支配地位

在市场经济条件下所有市场主体都以获取经济利益为目标，进行市场竞争并遵循优胜劣汰的规则。因此竞争力强的企业或者通过自身盈利不断地积累资本或者通过并购而使企业自身不断地得到增长以求壮大自身实力而在竞争中立于不败之地。因此市场竞争的过程从某程度上说实际上是企业逐渐获取市场支配地位的过程。吉尔吉斯斯坦竞争法对滥用市场支配地位做了详尽的规定，包括对主导地位和支配地位的界定及滥用市场支配地位的具体行为的判定。

（一）支配地位的界定

1. 市场地位的主导性

吉尔吉斯斯坦竞争法中还特别规定了市场地位的主导性，由此可见，吉尔吉斯斯坦对市场地位的主导性和市场支配地位有了具体的细分。就市场主导地位吉尔吉斯斯坦竞争法第 4 条做了详细的规定，如果满足以下条件之一，一个商业实体被认为具有主导性的市场地位：

（1）一个商业实体在某一特定市场的份额为 35% 或更高；

（2）超过三个商业实体的累计支配地位且累计超过 50%，每个实体的份额都大于该市场中其他实体的份额，或者不超过五个商业实体的累计份额，每个实体的份额都大于相关市场中其他商业实体的份额；

（3）在很长一段时间内（至少一年，如果不到一年则为相关市场的持续时间），经济经营者的相对份额大小没有变化或变化不大，导致新的竞争者很难进入相关市场；

（4）商业实体出售或购买的商品在消费时不能被其他商品取代（包括为生产目的而消费），有关该商品在相关市场上的价格、销售或购买条件的信息仅可被一定范围的人获得。

通过该规定可看出市场份额对判断市场主导地位有着十分重要的作用。一是规定只能是商业实体，二是针对累积支配地位，具体的商业实体则规定在三个及三个以上，而且每一个商业实体的市场份额大于市场中其他商业实体的市场份额，并且市场份额要累计超过 50% 或者市场份额不超过 5 个商业实体的累积份额且每家商业实体的市场份额都要超过他们相关市场中其他商业实体的份额，由此可见，绝对的市场份额是认定一个商业实体在市场上主导性地位的重要条件。三主要是体现在"时间"，最少是 1 年，在这期间经营者的相对市场份额没有变化或者变化轻微的，致使该市场新的竞争者很难进入该市场，即认定为企业实体在市场上的地位具有主导性。四是企业实体为了生产经营所需购买或者消费的商品不能被替代，同时还要满足"有关该商品的信息仅能被一定范围的人获得"这个条件。

2. 支配地位

吉尔吉斯斯坦竞争法第 4 条对支配地位进行了具体的规定，根据竞争状况的分析结果，如果一个商业实体在某种产品的市场份额低于 35%，超过了其他商业实体在相关商品市场上的份额并可以对商品市场上的一般商品流通条件产生决定性的影响，如果综合满足以下条件，则被确认为支配地位：

（1）商业实体有可能单方面决定产品的价格水平，并对相关产品市场上产品销售的一般条件施加决定性影响；

（2）新的竞争者难以进入相关产品市场，包括由于经济、技术、行政或其他制约因素；

（3）企业实体出售或购买的货物在消费时具有不可替代性（包括为生产目的而消费）；

（4）商品的价格变化并不导致对该商品的需求相应减少。

如果一个商业实体的地位在本条第 1 部分规定的理由上没有被承认为支配地位，那么该企业实体的地位就不可以被承认为支配地位。

根据第 4 条的规定可看出，吉尔吉斯斯坦竞争法对市场支配地位的认定要进行综合判断。经营者的市场支配地位认定需要运用经济学的产业组织理论和方法，进行全面的市场调查和周密的数据分析。认定市场支配地位的依据，一般以市场份额为主，兼顾市场行为及其他相关因素。一是需要一个商业实体在某种产品的市场份额低于 35%，超过了其他商业实体在相关商品市场上的份额且它可以对商品市场上的一般商品流通条件产生决定性的影响，二是要满足具体的要件，就具体要件来说具体有四个方面：第一是经济经营者有可能单方面决定产品的价格水平并对相关产品市场上产品销售的一般条件施加决定性影响且新的竞争者难以进入相关产品市场，这就要对相关产品市场进行界定，相关产品市场是指经营者在一定时期内就特定产品进行竞争的产品范围，包括同品种和替代品的范围。如考察某牛肉经营者的市场地位，各类牛肉均是同种品，猪肉、羊肉等则是替代品。第二是新的竞争者难以进入相关产品市场，包括由于经济、技术、行政或其他制约因素的影响。这里主要体现的是新竞争者，新竞争者主要是指在进入该产品市场前，没有该产品的经营者进行相应的商品交易。由于其为新竞争者，可能会遇到其他经营者在技术、经济等其他方面的制约，包括限制、禁止等方式阻止新的竞争者进入相关产品市场。第三是商业实体出售或购买的货物在消费时不能被另一种货物取代，这类行为属于严重的排除、限制竞争行为。这种占有较高市场份额并一家独大的行为也是一种很明显具有市场支配地位的行为。第四是商品的价格变化并不导致对该商品的需求相应减少，不论是商品的价格上涨还是下跌都不会影响消费者对该商品的消费，可见，该商品的经营者在控制着该商品的市场方面拥有绝对的市场力量，因此，也被认定为具有市场支配地位。

3. 金融机构的主导地位

吉尔吉斯斯坦竞争法对金融机构的主导地位也有具体的规定，可见在吉尔吉斯斯坦金融机构也极有可能成为排除、限制竞争的机构，但也不是所有的金融机构都具有主导地位，需要满足具体条件。金融机构的地位在以下情况下被确认为主导地位：

（1）金融机构在某一特定金融市场的份额达到或超过35%;（2）在相关金融服务市场中占有最大份额的两家金融机构的份额之累计为50%或大于50%;（3）在相关金融服务市场中占有最大份额的三家金融机构的份额之累计为70%或大于70%。

首先，由以上三条规定可见，金融机构如果被认为具有主导地位，那么该金融机构在某一特定的金融市场份额要达到或者超过35%，这与界定商业实体的市场地位主导性和商业实体是否具有支配地位所规定的市场份额是一致的，可见，吉尔吉斯斯坦竞争法中所规定的市场份额一般情况下都在35%。其次，通过金融机构的数量来看，有两家在相关金融服务市场中占有最大份额的金融机构，而且这两家金融机构的份额累计为50%或以上，可以被确认为具有主导地位。或者，有三家在相关金融服务市场中占有最大份额的金融机构，而且这两家金融机构的份额累计为70%或以上，可以被确认为具有主导地位。

吉尔吉斯斯坦竞争法还规定，考虑到竞争法规定的限制，承认对吉尔吉斯共和国国家银行监管的金融机构具有支配地位的条件认定的通过，由吉尔吉斯共和国国家银行确定。考虑到竞争法规定的限制，承认确定另一些金融机构的支配地位的条件由吉尔吉斯共和国政府制定。可见，吉尔吉斯斯坦金融机构的监管机关是吉尔吉斯共和国国家银行，但是，有关另一些金融机构的支配地位的条件则由吉尔吉斯共和国政府制定。

（二）垄断性高价商品

1. 主导企业制定的价格

吉尔吉斯斯坦竞争法规定的垄断性高价通常是指由主导企业制定的价格如果同时满足生产和销售商品所需的成本保持不变或其成本变化与商品价格的变化不相适应；商品的卖家或买家的构成没有变化或者商品的卖家或买家的构成没有什么根本性变化；商品市场的条件，包括因国家管制，包括税收、海关、关税、关税和非关税管制而产生的条件，保持不变或与商品价格变化不成比例，满足以上这三个条件则可以提高先前设定的货物价格。

如果同时满足三个条件则维持或不降低先前确定的货物价格，具体的三个条件包括：生产和销售产品所需的成本大幅下降；商品的卖家或买家的构成变化使得商品的价格有可能下降；商品市场的条件，包括因国家管制，包括税收、海关、关税、关税和非关税管制而产生的条件，提供了商品价格下降的可能性。

2. 不认为是垄断性的高价格

除了以上提到的可以通过提高先前设定的货物价格和维持或不降低先前确定的货物价格的条件，还有一种例外情况，具体为：如果一种商品的价格不超过在可比产品市场上竞争形成的价格，就不被认为是垄断性的高价。由此可见，吉尔吉斯斯坦竞争法只规定了一种行为不是垄断性高价。

（三）垄断性低价商品

1. 具有支配地位的企业制定的价格

吉尔吉斯斯坦竞争法第4-2条对垄断性低价做了详细的规定，垄断性低价是指由占主导地位的企业制定的价格，包括由具有支配地位的企业制定的价格。

第一种情况是，如果同时满足以下条件，则通过降低先前设定的货物价格：条件一，生产和销售商品所需的成本保持不变，或其变化与商品价格的变化不相适应；条件二，商品的卖家或买家的构成没有变化，或者商品的卖家或买家的构成没有什么根本性的变化；条件三，商品市场的条件，包括因国家管制，包括税收、海关、关税、关税和非关税管制而产生的条件，保持不变或发生与商品价格不相称的变化。第二种情况是维持或不提高先前确定的货物价格：如果同时满足生产和销售商品所需的成本大幅增加；商品的卖家或买家的构成使商品的价格有可能向上变化；商品市场的条件，包括因国家管制，包括税收、海关、关税、关税和非关税管制而产生的条件，提供了商品价格向上变化的可能性，则维持或不提高先前确定的货物价格。

2. 不认为是垄断性的低价格

在以下情况下，产品的价格不被认为是垄断性的低价格：（1）它不低于在可比产品市场竞争中出现的价格；（2）该产品的销售商没有或不可能产生通过减少非竞争者数量来限制竞争的效果；卖家或买方商品是同一群体人相关商品市场上的经济实体。

该规定主要体现在价格方面，一是在市场上产品的价格没有低于可以与之相比的产品的价格，则不被认定为垄断性的低价格。二是在销售商中分为两种情况，一种是商品的销售者设立的经营机构没有从事或者是没有通过减少不是相关竞争者数量来限制竞争的效果；另一种是卖家或买方商品是同一群体人相关商品市场上的经济实体。

（四）垄断地位和垄断低价

1. 垄断地位

吉尔吉斯斯坦竞争法对垄断地位进行了定义。在垄断地位的认定中也有明确的法律规定。吉尔吉斯斯坦竞争法 4–3 条明确规定：垄断地位是指一个商业实体和一群人或几个商业实体和一群人在某种商品市场上的支配地位，这种商业实体或一群人购买商品，此时则被认为是垄断地位。这里的商业实体主要是指具有实体生产、经营、销售的商家，而一群人这一概念在吉尔吉斯斯坦竞争法第5条做了明确的分类，分为两类，一类是一群人的行为被认可，另一类是对商业实体在竞争法中建立的商业实体的行为（不行为）对于一群人的禁止应适用。一群人行为被认可具体包含：

（1）商业实体和一个自然人或法律实体，如果该自然人或该法律实体由于参与该商业实体或根据从其他人那里得到的授权，持有该商业实体法定资本中的投票权股份（股权）总数的50%以上；（2）同一个人或同一法律实体因参与这些商业实体或因从其他人那里得到的授权而持有这些商业实体中每个法定资本中的投票权股份（股权）总数的50%以上；（3）一个商业实体和一个自然人或法律实体，如果该自然人或该法律实体履行该商业实体的唯一执行机构的职能；（4）由同一人或同一法律实体担任唯一商业实体的执行机构；（5）一个商业实体和一个自然人或法人，如果该自然人或该法人有权根据该商业实体的成立文件或与该商业实体缔结的合同向该商业实体发出有约束力的指示；（6）有权根据这些商业实体的成立文件或与这些商业实体签订的合同向该商业实体发出有约束力的指示的商业实体；（7）在一个商业实体和一个自然人或法律实体的关系中，该自然人或该法律实体提议任命或选举出商业实体的唯一执行机构；（8）其唯一的执行机构是根据同一个人或同一个法律实体的建议任命或选举的商业实体；（9）一个经济经营者和一个自然人或一个法律实体，如果一个合议机构50%以上的成员是根据该自然人或法律实体的提议选出的该企业实体的执行机构或董事会（监事会）；（10）一个商业实体，其中50%以上的合议行政机构和（或）董事会（监事会）成员是根据同一个人或同一法律实体的提议选出的；（11）50%以上的集体执行机构和（或）董事会（监事会）由相同的人组成的商业实体；（12）属于同一金融和工业集团成员的人；（13）个人或其配偶、父母（包括养父母）、子女（包括收养的子女）、同父异母的兄弟姐妹；（14）因本部分第1—13段所列任何理由而与同一人同属一个集团的人，以及因本部分第1—13段所列任何理由而与上述每个人同属一个集团的其他人。

2. 垄断性低价

吉尔吉斯斯坦竞争法中的垄断性低价通常是指由垄断性经济经营者设定的商品价格。第一类情况是这个价格允许垄断性经济实体通过降低生产和销售商品的成本来创造额外的收入；第二类情况是这个价格低于经济经营者生产和销售这种商品所需的成本和平均利润之和。在这两种情况下则认为是垄断性低价。

（五）滥用市场支配地位的判断

吉尔吉斯斯坦竞争法第6条对滥用支配地位的行为做了详细规定，滥用市场支配地位是竞争法中尤其是反垄断法中重要的实体制度之一，吉尔吉斯斯坦竞争法规定，禁止占据支配地位的商业实体（群体）具有或可能具有限制竞争和（或）损害其他商业实体或个人利益的行为（不作为），包括以下行为：(1) 为其他企业创造市场准入的障碍；(2) 将货物从流通中移除，其目的或效果是在市场上造成或维持该产品短缺或提高该产品价格；(3) 将不利于交易方或与合同主体无关的合同条款强加给交易方（不合理地要求转移资金、其他财产、产权、交易方的劳动力等）；(4) 在合同中列入歧视性或特权性条款，使对方与其他经济经营者相比处于不平等的不利地位；(5) 对交易方（消费者）施加条件，使其只与特定的制造商或买方签订合同成为交易方的一项义务；(6) 同意签订合同，但条件是合同的条款中包括与承包商或消费者不感兴趣的货物有关的内容；(7) 建立、维持一个产品的垄断性高价或垄断性低价；(8) 在经济上或技术上不合理地减少或停止商品生产，如果对这些商品有需求或在有可能生产这些商品的情况下已经下了订单，而且这种减少或停止商品生产没有直接被吉尔吉斯共和国的法律或司法行为规定；(9) 非因不可抗力而无理拒绝履行合同条款；(10) 在可以生产或供应相关货物的情况下，在经济上或技术上不合理地拒绝或回避与个人买家（客户）签订合同，而且这种拒绝或回避没有直接被吉尔吉斯共和国的监管法律行为或司法行为所规定；(11) 创造歧视性或特殊条件；(12)

在经济上、技术上和其他方面对相同的货物制定不合理的不同的价格（关税），除非吉尔吉斯共和国的立法另有规定；（13）金融机构为一项金融服务设定不合理的高价或低价。

根据吉尔吉斯斯坦竞争法对滥用市场支配地位的判定可以看出：如果占据支配地位的商业实体（群体）具有或可能具有限制竞争和（或）损害其他商业实体或个人利益的行为则可以认定为滥用市场支配地位。具体的行为可以是其他企业在进入该市场时具有支配地位的企业进行阻碍、限制该企业进入相关的市场，为进入市场的企业制造障碍；在市场上造成货物短缺的状况或者是提高货物的价格；通过转移资金、产权、财产等不合理的方式将不利于交易方或与合同主体无关的合同条款强加给交易方；列出具有歧视性的条款使对方处于不利地位；对消费者施加压力，使消费者与特定的制造商签订合同；建立、维持一个产品的垄断性高价或垄断性低价；不合理地减少或者停止商品生产；非因不可抗力而无理拒绝履行合同条款等。通过以上规定可以看出滥用市场支配地位的行为都是行为人具有支配地位时做出的不利于相对人的行为。

### 三、垄断协议

吉尔吉斯斯坦竞争法对垄断协议中的协定经济实体（商业实体）限制竞争、经济实体限制竞争的一致行动与协议、协同行为的可接受性有具体的规定。

（一）协定经济实体（商业实体）限制竞争

1. 相互竞争的商业实体以任何形式达成的全部或部分协议（横向垄断协议）

相互竞争的商业实体以任何形式达成的全部或部分协议，如果具有或可能具有限制竞争的效果，应予禁止并视为无效，主要包括的行为有九类：一是制定（维持）价格（关税）、折扣、附加费（加价）、加价的行为，此种行为主要体现在价格和关税上；二是在市场和交易中提高、降低价格或保持价格在同一水平；三是划分市场，包括按地域、销售量或购买量、销售商品的范围、提供服务的类型或按卖家或买家（客户）的范围划分；四是限制或排除其他经济实体作为某些商品的卖家或买家进入市场；五是调和生产量，以人为地改变供应量；六是不合理地拒绝与某些卖家或买家（客户）签订合同；七是确定价格歧视；八是以不正当的理由无故减少或停止供应货物；九是强加不利于消费者的标准合同条款，或限制选择商品和生产商品的经济实体的自由，或规定与合同主体无关的条款；对以上九类行为可适用于属于同一集团的商业实体之间的横向垄断协议，应受到吉尔吉斯斯坦竞争法的规制。

2. 以任何形式达成的全部或部分纵向协议

以任何形式达成的全部或部分纵向协议，如果这些协议具有或可能具有限制竞争的效果，则应被禁止并宣告无效，包括：施加不利于交易方的条件；商业实体对该产品的经营具有独占性，这使得人们必须只从某个特定的卖家那里购买产品，而不是从其竞争对手那里购买；限制领土或客户的范围；对买方购买的货物的转售设定价格限制；禁止销售竞争对手生产的商品。

除了以上两种情形，吉尔吉斯斯坦竞争法规定经济实体（商业实体）限制竞争不适用于属于同一集团的商业实体之间的协议，即这些商业实体之一控制着另一个商业实体，或者这些商业实体受一个人控制，但从事吉尔吉斯共和国法律不允许同一商业集团的商业实体同时进行的活动的商业实体之间的协议除外。

（二）经济实体限制竞争的一致行动

一是从吉尔吉斯斯坦竞争法立法情况来看，经济实体限制竞争的一致行动以及该行为的认定在吉尔吉斯斯坦竞争法中有着举足轻重的作用。吉尔吉斯斯坦法通过限制竞争来推动竞争，经济实体限制竞争的一致行动会损害现实和潜在的竞争。如果相互竞争的商业实体一致行动则具有或可能具有限制竞争的效果，具体的行为可以分为九种，如果存在以下行为则这种一致行动应被禁止并被视为全部或部分无效，一是制定（维持）价格（关税）、折扣、附加费（加价）、加价；二是在市场和交易中提高、降低价格或保持价格在同一水平；三是根据地域、销售或购买量、销售商品的范围、提供服务的类型或卖家或买家（客户）的范围划分市场；四是限制或排除作为某些商品的卖家或买家的其他经济经营者进入市场；五是调和生产量，以便人为地改变供应量；六是不合理地拒绝与某些卖家或买家（客户）签订合同；七是确定价格歧视；八是以不正当的理由无故减少或停止供应货物；九是制定不利于消费者的标准合同条款，或限制选择商品和生产这些商品的经济实体的自由，或规定与合同主体无关的条款。

以上九种行为中的一部分行为是在价格上出现的提高、降低或维持价格，另一部分是对市场的限制，例如划分市场、限制或排除作为某些商品的卖家或买家的其他经济经营者进入市场等行为，以上行为更多地体现为经济实体限制竞争的一致行动会对市场的良性竞争以及竞争环境带来巨大的危害。

如果商业实体认为其行为不属于经济实体限制竞争的一致行动，则该商业实体可以提出证据证明其行为并没有违反吉尔吉斯斯坦竞争法，商业实体提出的证据证明其行为不属于限制或排除作为某些商品的卖家或买家的其他经济经营者进入市场、不合理地拒绝与某些卖家或买家（客户）签订合同、以确定价格歧视、制定不利于消费者的标准合同条款，或限制选择商品和生产这些商品的经济实体的自由，或规定与合同主体无关的条款进行的一致行动的行为且协议的每一方在任何产品市场的份额不超过20%，则该商业实体的行为被视为可接受。由此，在商业实体认为其行为不属于经济实体限制竞争的一致行动时，市场份额也是极为重要的判断标准。

二是经济实体限制竞争的一致行动所述的禁令不应适用于在某一商品市场的总份额不超过20%，且其中每个实体在某一商品市场的份额不超过8%的商业实体的协同行动。

三是经济实体限制竞争的一致行动的规定不适用于属于同一集团的商业实体的一致行动，即这些商业实体之一对另一商业实体有控制权，或者这些商业实体由同一个人控制。

（三）协议、协同行动的可接受性

吉尔吉斯斯坦竞争法中还规定了对一些协议、协同行动的可接受性，其中包括了允许书面的纵向协议及制定（维持）价格（关税）、折扣、附加费（加价）、加价等行为；在市场和交易中提高、降低价格或保持价格在同一水平；限制或排除作为某些商品的卖家或买家的其他经济经营者进入市场；不合理地拒绝与某些卖家或买家（客户）签订合同；确定价格歧视；制定不利于消费者的标准合同条款，或限制选择商品和生产这些商品的经济实体的自由，或规定与合同主体无关的条款。达成协议或一致行动以及吉尔吉斯斯坦竞争法认可的协议的商业实体应有权向反垄断机构提出申请，以核实协议草案（书面）是否符合反垄断法对协议、协同行动的可接受性的要求。如果符合要求则表示该协议或协同行动可被接受。

第一种情况，允许书面的纵向协议，但是，金融机构之间的纵向协议不包括在内。就具体的允许书面的纵向协议有：该类协议是商业特许权协议且该协议的任何一方在任何产品市场的份额不超过20%。从协议的类型来看此类协议只限定在纵向协议中，而且协议属于商业的范畴内，也就是说该协议主要在商业领域内使用而且是商业特许权类的协议，其是由国家特批的协议而不是普通的协议类型。就协议的市场份额来看，吉尔吉斯斯坦在允许书面的纵向协议中对市场份额有着明确的规定，要求签署协议的任何一方在其产品的市场份额要低于20%，由此可见市场份额的多寡也是判断能否适用协议或协同行动的可接受性的标准。

第二种情况，吉尔吉斯斯坦竞争法还规定了一些表面看起来反竞争，但其实际上可以被吉尔吉斯斯坦竞争法允许的行为。如：在制定（维持）价格（关税）、折扣、附加费、加价；在市场和交易中提高、降低或保持价格在同一水平；限制或排除作为某些商品的卖家或买家的其他经济经营者进入市场；不合理地拒绝与某些卖家或买家（客户）签订合同；确定价格歧视。这种协议或一致行动在总量上确实或可能导致：改善货物的生产、销售，或刺激技术、经济进步，或提高货物在世界市场上的竞争力；买方获得与商业实体因作为（不作为）、协议和一致行动、交易而获得的好处（利益）相称的利益。但只要这些商业实体的协议或一致行动不为某些人创造消除相关商品市场竞争的机会且不对其参与者或第三方施加限制，其就可以被允许。

第三种情况，由吉尔吉斯斯坦竞争法认可的协议的商业实体应有权向反垄断机构提出申请，以核实协议草案（书面）是否符合反垄断法协议、协同行为的可接受性的要求。审议该申请的程序应由吉尔吉斯共和国政府决定。

四、不公平竞争

当今世界范围内的竞争法出现了一些新发展和新动向。比较突出的是，竞争法由维护公序良俗和社会和谐的传统目标转向强化竞争自由和市场效率的现代观念。竞争法恰是以竞争行为为规范对象，以认定反垄断行为和不正当竞争行为为规范基础。它本身并无预定竞争关系的边框和限制，解决实践中的困境所需要的恰恰是回归法律规定和立法本意。吉尔吉斯斯坦竞争法立法明确规定不允许出现不公平竞争，具体的不公平竞争包括：

第一类：在专利权、商标权等权利范围内的不公平竞争行为，如商品外包、商品设计、企业实体的专利权、商标、服务标志、原产地名称或商号等。第一种是擅自复制另一商业实体的商品以及其包装和外部设计，通过侵犯另一商业实体的专利权，直接重新创造其产品，除非对该商品或其部分的复制完全是由于技术应用。第二种是非法使用他人的商标、服务标志、原产地名称或商号，导致与另一商业实体的活动相混淆。第三种是通过侵犯另一商业实体的智力活动成果和类似的民事交易参与者的个性化手段的权利，制造、销售和以其他方式将其产品引入市场（未经授权的使用）。吉尔吉斯斯坦竞争法关于不公平竞争现象中的商标权、专利权予以特殊的竞争法保护，可见吉尔吉斯斯坦对知识产权也有较为严格的保护，一个国家对知识产权的保护体现了对知识的尊重，更多的是对智力成果的保护，这也对经营者、生产者在市场上进行经济活动给予了充分的保护。

第二类：通过破坏竞争企业的商业信誉来进行不公平竞争。第一种是传播关于另一商业实体的商业信誉和财务状况的虚假和误导性信息；第二种是以歪曲的方式披露有关竞争对手的科学、技术和生产能力的信息。通过对以上两种行为的规定可以看出吉尔吉斯斯坦竞争法对商业信誉的保护。商业信誉是一个企业的"精神"支柱，是社会公众对某一经营者的经济能力、信用状况等所给予的社会评价，是经营者在经济生活中信用、声望的定位，是商品经济运行的根本基石。如果一个经营者对另一个经营者的商业信誉和财务状况进行虚假和误导性宣传，那么将会对该企业的经营将带来巨大的打击，甚至毁灭一个企业。因此在竞争法中规定不公平竞争的行为至关重要，这体现了吉尔吉斯斯坦对经营者商业信誉的保护，也体现出公平竞争在企业之间的重要性。

第三类：通过非法手段故意破坏竞争对手的正常经营活动来展开不正当竞争行为。第一种，故意以非法手段扰乱、破坏和终止竞争对手的业务关系或影响竞争对手的员工，以非法手段诱使他们忽视其职责；第二种，非法获取、使用和披露有关商业实体的科学、技术、生产或商业活动的信息，包括其商业秘密；第三种，通过非法手段影响竞争对手的经济决策的通过和执行，以对其获得不正当竞争的优势。以上三种行为不论是扰乱、破坏和终止竞争对手的业务关系还是影响竞争对手的经济决策的通过和执行都体现了"非法"二字，并且在破坏竞争对手时具有明显的"故意"。竞争对手的扰乱和破坏导致企业相关业务减少、企业经营额度降低，非法手段影响竞争对手的经济决策的通过和执行，导致竞争对手决策失误等不正当竞争的行为具有严重的危害性，极大地扰乱了市场秩序。

第四类：通过对消费者的误导来展开不正当竞争行为。商业实体传播任何可能误导消费者的信息，如商业实体商品的来源、制造方法、使用的适宜性、质量和其他属性、企业家的身份或其商业活动的特点。具体表现为产品提供不适当的显著标志，以在消费者和产品的其他重要特性方面误导消费者；隐瞒货物不符合其预定用途或对其提出的要求；一个商业实体将其生产或销售的商品与其他商业实体生产或销售的商品进行不正确的比较。以上几种行为体现在对消费者的误导，主要包括隐瞒商品的来源、制造方法、使用的适宜性、质量，隐瞒货物的用途。在现代经济条件下，消费者在强大的经营资本面前，呈现出显著无力的状态，少数生产经营者为了追求利润而不择手段，使消费者在信息不准确的情况下置身于丧失财产乃至生命的危险之中，因此，要对处于弱势的消费者进行保护。对消费者的误导和隐瞒对消费者权益产生了巨大损害，吉尔吉斯斯坦竞争法对消费者权益也有具体的保护。

第五类：专属权利通常是指无移转性的权利，也就是一般来说既不能转让，也不能依继承程序转移的权利。从专属权利的概念可以看出专属权利不具有转移性，因此，吉尔吉斯斯坦竞争法规定不允许实施与获取和使用民事、货物、工程和服务的专属权利有关的不公平竞争行为。通过此规定也可以看出，民事、货物、工程和服务在吉尔吉斯斯坦社会经济中有着极为重要的作用，因此对其赋予了专属权并在具体的法律条文中也做了明确规定，不允许出现不公平竞争的行为。

### 五、国家和地方当局旨在防止、限制或消除竞争的行为和作为（不作为）

竞争是市场经济的核心和灵魂，依法制止滥用行政权力排除、限制竞争的行为是保护市场公平竞争的内在要求。经济性垄断指向的影响力量是私权力，行政性垄断指向的影响力量是公权力，二者主要表现为形式上的差别。① 吉尔吉斯斯坦竞争法除了对商业实体排除、限制竞争有严格规定，对国家和地方当局的排除、限制竞争的行为也有具体的规定。

---

① 王晓晔：反垄断法 [M].北京：法律出版社，2011：287.

首先，规定国家和地方自治机构不得采取限制商业实体独立性的行为，为某些商业实体的活动创造歧视性或有利的条件，该行为和（或）行动导致或可能导致防止、限制或消除竞争和（或）侵犯商业实体和（或）个人的利益。具体的行为主要包括：

第一类行为：不合理地阻碍商业实体在某一活动领域活动以及赋予商业实体权力导致限制竞争。具体来说即禁止或限制在任何活动领域建立新的商业实体，以及禁止贸易和采购或生产某些类型的商品的活动，但吉尔吉斯共和国法律另有规定的情况除外。以上两种行为主要针对新建立的商业实体，不得对新商业实体的经济活动的限制，但有一个背书，如果吉尔吉斯斯坦竞争法之外的法律另有规定的除外，由此可见某些商业实体的行为还是要加以限制的。

第二类行为：对吉尔吉斯共和国各地区之间的产品流动施加不合理的禁令或限制，建立导致其获得市场支配地位的商业实体，但吉尔吉斯共和国立法另有规定的情况除外。具体而言，即不合理地给予某些商业实体特权，包括使其优先获取信息相对于同一市场的其他实体处于有利地位或向商业实体下达合同优先权的指示，使其优先向某一类消费者提供货物；对商业实体的对外经济活动施加不合理的限制。但吉尔吉斯共和国法律规定的情况除外。

第三类行为：防止形成分配、采购和销售货物的平行结构。对新产品和新技术的开发设置与吉尔吉斯共和国的立法相抵触的不合理的障碍。对某些商业实体的活动施加其他特权或限制竞争的歧视性条件。在提供公共或市政服务时，设定和（或）收取法律没有规定的费用，以及提供公共或市政服务所必须和必需的服务。

其次，如果公共当局、地方当局、其他行使其职能的机构或组织之间或它们与商业实体之间的协议导致或可能导致防止、限制或消除竞争，则禁止此类协议。

再次，国家和地方政府机构以及国家和地方政府机构为垄断服务的提供、生产和（或）商品的销售而建立的结构单元和经济实体不得被授予具有（可能具有）防止、限制或消除竞争的效果的权力。

最后，规定禁止将国家机关和地方自治机构的职能与经济实体的职能结合起来，也禁止将国家机关和地方自治机构的职能和权利赋予经济实体，但吉尔吉斯共和国法律规定的情况除外。

### 六、竞争对货物采购的反垄断要求

采购应禁止导致或可能导致防止、限制或消除竞争的行动，包括：由采购的组织者或其参与者的采购者进行协调；给予一个采购参与者或几个采购参与者参与采购的优惠条件，包括优先获取信息的条件，除非吉尔吉斯共和国法律另有规定；违反了确定采购中标人的程序；采购组织者、申购者或采购组织者的雇员或申购者的雇员参与采购。

在采购中，如果采购的组织者或客户是国家机构或地方当局，以及在为国家或市政需要提供货物、工程和服务的采购中，吉尔吉斯共和国法律未规定的采购不得被限制。

在为供应国家或市政需要的货物、工程和服务进行招标时，应禁止将技术上和功能上与采购标的的货物、工程和服务无关的产品（货物、工程和服务）列入标的，以避免限制采购参与者之间的公平竞争行为。

在违反以上规定时反垄断机构可根据吉尔吉斯共和国法律规定的程序，宣布有关采购和因该采购而达成的交易无效。

## 第四节　吉尔吉斯斯坦竞争法律制度的其他规定

### 一、国家控制收购商业实体法定资本中的股份（权益）

首先，占据主导地位的商业实体收购在同一产品市场上经营的另一商业实体的特许资本中的股份、单位或参与性权益，以及任何法律实体或自然人购买占据主导地位的商业实体的控制区块的股份、单位或参与性权益，都必须事先得到反垄断机构的同意。在此规定中控制性的股份、单位、参与性权益是指，股份、单位、参与性权益的数量，在股东、创始人、股东的大会上直接或间接提供 50% 以上的投票权。

其次，占据主导地位的商业实体收购在同一产品市场上经营的另一商业实体的特许资本中的股份、单位或参与性权益，以及任何法律实体或公民购买占据主导地位的商业实体的控制区块的股份、单位或参与性权益，都必须事先得到反垄断机构的同意的交易且被授权人应根据吉尔吉斯共和国政府批准的程序，向反垄断机构提交同意进行此类交易的申请和信息。

最后，如果申请条件满足可能导致形成一个商业实体（集团）的支配地位或加强一个商业实体的支配地位从而限制竞争，或者如果提交了与决定有关的不真实的信息，那么申请可能被拒绝。违反本条规定的程序进行的交易，如果导致形成支配地位或加强支配地位，并因此导致限制竞争，则应根据吉尔吉斯共和国的法律规定与该交易有关的行为无效。

## 二、经济实体的强行拆分（分拆）

如果拥有支配地位的商业实体进行系统性的垄断活动如满足吉尔吉斯斯坦竞争法规定的条件，反垄断机构可以决定强行拆分这些实体，或者决定将一个或多个实体从其构成中剥离出来。因强制拆分而产生的组织不能成为同一实体集团的一部分。

当存在以下一个或多个条件时，就可以做出强制分割或分离商业实体的决定：影响了市场竞争的发展；有可能将组织的结构单元分开；该组织的结构单元之间没有技术驱动的相互联系；因重组而成立的法律实体有可能在相关市场独立运作。

关于强制分割或分离商业实体的决定应由所有者或被授权者执行，但必须符合上述决定中规定的要求，并在上述决定规定的期限内执行，不得少于三个月。

### 三、竞争管理机构的雇员获得信息的权利

反垄断机构的雇员在审议违反反垄断法的申请、审查违反反垄断法的案件、对经济集中进行国家控制和进行竞争分析时，根据赋予他们的权力，有权在出示其官方身份证和反垄断机构负责人（其副手）的决定后不受阻碍地进入国家和地方自治机构。

### 四、向竞争管理机构提交信息的义务

为了履行分配给竞争管理机构的任务和职能，统计、司法、海关和其他公共机构要及时向竞争管理机构提交信息。

管理（监督）经济实体活动和登记其关系的机构、档案机构、地方自治机构和经济实体，无论其所有权形式如何，都应根据反垄断机构的要求提交必要的文件和信息。

### 五、责任制度

违反吉尔吉斯斯坦竞争法的人应根据吉尔吉斯共和国的法律追究责任。主要体现为民事赔偿责任。

第一，如果国家或地方政府机构，包括反垄断机构的行为违反了反垄断法，或者上述机构未能或不适当地履行其职责，给商业实体或其他人造成了损失，这种损失应根据吉尔吉斯共和国的民事立法予以赔偿。

第二，在违反反垄断法的情况下，国家和地方当局（其官员）、商业实体（其经理）必须遵循反垄断机构的决定，停止违法行为，恢复原状，终止（缔结）或修改合同，废除与吉尔吉斯共和国法律相抵触的行为，将因违反反垄断法而获得的收入转入国家预算。

第三，如果一个商业实体违反反垄断法的行为（不行为）给另一个商业实体或另一自然人造成了损失，那么造成这种损失的商业实体应根据吉尔吉斯共和国的民事立法予以赔偿。

被追究民事责任并不能免除该商业实体遵守竞争管理机构的决定的义务。

### 六、反垄断机构对违反反垄断法的案件进行审查的理由

反垄断机构根据媒体报道和其掌握的表明违反吉尔吉斯斯坦竞争法的其他材料，主动审查违反反垄断法的案件。申请应以书面形式提交给竞争管理机构，并附上关于违反反垄断法的事实的文件。审查违反反垄断法的案件和进行调查的程序由吉尔吉斯共和国政府制定。

### 七、对违反反垄断法的告诫

第一，为了防止违反反垄断法，反垄断机构以书面形式向商业实体发出警告，告知其不得采取可能导致违反反垄断法的行动。

第二，发出警告的依据是对商品市场中的计划行为的公开声明，该商业实体的行为可能导致违反竞争法，但不足以启动和审查违反竞争法的程序。

第三，发出警告的程序和形式应由吉尔吉斯共和国政府批准。

### 八、竞争管理机构的纪律和其他决定的执行

反垄断机构的决定（命令）应在决定（命令）规定的时限内全面执行。如果不及时或不完全执行上述决定（命令），将导致反垄断法规定的后果。

国家机关、经济经营者及其官员有权对反垄断机构的决定提出申诉，或向法院提出上诉，而对于行政处罚，则按照关于行政法中关于行政责任的部分适用。

## 第五节　中国与吉尔吉斯斯坦竞争法律制度比较

中国与吉尔吉斯共和国之间存在着深入的政治、经济、文化交流，这

也使得我们应该深入研究两国在法律领域的方面的异同，本节内容重点研究两国在竞争法方面的异同。虽然中吉两国有着不同的国情和不同的经济发展状况，但是两国在竞争法的立法目的、立法模式、法律适用中各具特色，即存在共性也存在差异性，可以相互借鉴，取长补短。

## 一、中国与吉尔吉斯斯坦竞争法立法目的考察

一部法律的立法目的十分重要，立法目的是立法的开端，其指导着一部法律的立法、执法、司法活动。竞争法的立法目的是指导竞争法的执法与司法的基本原则和基本标准。竞争法立法目的在对整个的竞争法制度进行设计的过程当中，为竞争法提供了最为根本性的指导思想和原则，竞争法对于一个国家的竞争制度来说是一种具有宣示性的法律，具有导向性的特征，为竞争制度体系当中所规定的全部的程序性原则和实体上的规则提供了相应的价值的基础，这不仅关系到立法本身，而且直接影响反垄断的司法和执法活动，因此，加强对竞争法立法的研究，显得尤为重要。

（一）中国竞争法的立法目的

对于竞争法立法目的，其争议主要体现在保护竞争、提高效率、保护消费者利益等方面。有的学者认为反垄断法的立法目的是一元的，但是究竟以维护市场竞争还是以促进效率为目的存在争议；有的学者认为反垄断法的立法目的是多元的。从我国《反垄断法》《反不正当竞争法》《消费者权益保护法》第 1 条的规定来看，竞争法的立法目的是多元的，总结来说我国的这几部竞争法的直接目标是预防和制止垄断和不正当竞争行为，间接目标是保护市场公平竞争，鼓励创新，终极目标是"提高经济运行效率，维护消费者利益和社会公共利益"。①《反垄断法》的终极目标是一种多元利益平衡，提高经济运行效率与消费者利益、社会公共利益并列，促进社会主义市场经济健康发展则位阶更高。我国最新修订的《反垄断法》第一条

---

① 袁嘉.《反垄断法》中的鼓励创新目标与反垄断分析范式革新 [J]. 南开学报 ( 哲学社会科学版 ),2023,(05):96-109.

在立法目的中增加了"鼓励创新",其能直接提升经济效率,尤其是动态效率,促进市场贸易自由化,提高市场经济的发达程度。通过公平自由竞争提高企业的经济效率,保证广大消费者的利益和社会公共利益,保障经济发展健康运行。

1.预防、限制和制止垄断行为

对不正当竞争行为、垄断行为、损害消费者权益的行为应当有效地"预防"和"制止",预防主要表现为事先控制,事前审查;制止主要表现为事中和事后控制,体现为对不正当竞争行为、垄断行为、损害消费者权益的行为的不正当竞争、垄断行为的责任追究。有关不正当竞争、垄断、损害消费者权益行为的法律责任制度,我国《反垄断法》和《反不正当竞争法》都分别规定了对涉嫌垄断行为和不正当竞争行为的调查,《反不正当竞争法》还规定了经营者违反本法的法律责任。

2.保护市场公平竞争和提高经济效率

竞争法保护市场自由竞争和公平竞争,其是我国经济法所追逐的两大价值,在我国学者看来,反不正当竞争法强调公平竞争,而反垄断法侧重自由竞争[1],由此看来,我国对保护"自由竞争"和保护"公平竞争"采取了分别立法的模式。我国《反不正当竞争法》第2条规定:"经营者在市场交易中,应当遵循自愿、平等、公平、诚实信用的原则,遵守公认的商业道德。"此处的"自愿、平等、公平、诚实信用的原则"均是公平竞争价值的具体衡量指标,公平竞争价值的基础性地位确立无疑。公平竞争价值的过度倡导会导致政府对市场竞争行为的过度干预,导致自由竞争价值常常被弱化。而市场自由、动态竞争的本质规律要求竞争法应奉行自由竞争价值,自由竞争乃是市场经济的"灵魂",是市场经济发展的生命之源,为保障市场动态竞争的内在属性和提高经济效率也要求推动经济法的自由竞争价值。

---

① 王晓晔:我国《反垄断法》修订的几点思考[J],法学评论,2020(02):13.

3. 维护社会公共利益

我国的现行《反垄断法》第一条的立法目的明确提出"维护社会公共利益"，而《反不正当竞争法》和《消费者权益保护法》虽然没有在第一条中明确写出，但"维护社会公共利益"也是其立法目的。我国的竞争法通过鼓励和保护公平竞争和自由竞争，预防和制止不正当竞争行为和垄断行为维护市场的竞争性，保护经营者和消费者的合法权益，鼓励创新，提高经济运行效率，维护消费者利益来达到维护社会公共利益，促进社会主义市场经济健康发展的终极目标。

4. 维护消费者权益

由于消费者自身难以获得真实有效的商品信息的渠道和经营者常常利用自身优势通过垄断等方式迫使处于弱势地位的消费者在市场供给不足的情况下达成不公平的交易，在生活中消费者权益遭受侵害的情况屡见不鲜。消费者权益受到侵害后的确可以通过调解、诉讼等方式维权，但是损害已经发生，事后的救济只能致力于弥补损失，在大多数情况下很难恢复到原状。因此，将维护消费者权益列入竞争法的目的可以对经营者利用自身优势侵害消费者权益起到预防的作用。

（二）吉尔吉斯斯坦竞争法的立法目的

吉尔吉斯斯坦竞争法的立法目的也是多元化的，旨在预防、限制和制止垄断活动和不公平竞争，保护市场公平竞争，维护消费者权益以及为在吉尔吉斯共和国建立和有效运作市场提供有利条件，提高经济运行效率。对不公平竞争行为和垄断行为的"预防"主要表现在事前的控制；保护市场公平竞争主要是吉尔吉斯共和国竞争法规定的禁止具有市场支配地位的经营者滥用支配地位的行为，即禁止占据支配地位的商业实体（群体）具有或可能具有限制竞争和（或）损害其他商业实体或个人利益的行为（不作为）；在维护消费者权益方面加强不利于消费者的标准合同条款的审查，禁止传播任何可能误导消费者的信息。此外，既要努力推动市场竞争，保持市场竞争的结构性，使市场上保持一定数量的竞争者，又要适度扩大企业经济规模，保持规模经济，以此提高经济运行效率。

1. 预防、限制和制止垄断行为

吉尔吉斯斯坦对不公平竞争行为和垄断行为的"预防"主要表现在事前的控制。"限制"和"制止"主要表现在事中的监管，调节与垄断活动有关的关系中，其中包含保护和促进金融服务市场（银行服务除外）的竞争程序，而银行服务市场的反垄断监管由吉尔吉斯共和国国家银行根据对商业银行和其他由吉尔吉斯共和国国家银行许可和监管的金融信贷机构具有约束力的监管法案进行监管。

2. 保护市场公平竞争

吉尔吉斯斯坦竞争法规定禁止具有市场支配地位的经营者滥用支配地位的行为，即禁止占据支配地位的商业实体（群体）具有或可能具有限制竞争和（或）损害其他商业实体或个人利益的行为（不作为）。这就表明，不合理交易行为可以被视为是不正当竞争的行为，其中就包括不公平竞争。协定经济实体的商业实体限制竞争，相互竞争的商业实体以任何形式达成的全部或部分协议，如果具有或可能具有限制竞争的效果，应予禁止并视为无效。通过对以上两种行为的规定可以明晰吉尔吉斯斯坦竞争法有着保护市场公平竞争的立法目的。

3. 保护消费者权益

吉尔吉斯斯坦竞争法也有着对消费者权益的保护，如在滥用市场支配地位行为中规定禁止占据支配地位的商业实体（群体）具有或可能具有限制竞争和（或）损害其他商业实体或个人利益的行为（不作为），包括同意签订合同，但条件是合同中包括与承包商或消费者不感兴趣的货物有关的条款；协定经济实体的商业实体限制竞争，相互竞争的商业实体以任何形式达成的全部或部分协议，如果具有或可能具有限制竞争的效果，应予禁止并视为无效，包括强加不利于消费者的标准合同条款或限制选择商品和生产商品的经济实体的自由，或规定与合同主体无关的条款；吉尔吉斯斯坦竞争法中规定，不允许出现不公平竞争，包括传播任何可能误导消费者的信息。

4.提高经济运行效率

吉尔吉斯斯坦竞争法第 1 条指出，吉尔吉斯斯坦竞争法为吉尔吉斯共和国市场的建立和有效运作提供条件。既要努力推动市场竞争，保持市场竞争的结构性，使市场上保持一定数量的竞争者，又要注重企业间的联合，适度扩大企业经济规模，实现规模经济，提高整体经济效率和国民经济综合实力。因此，吉尔吉斯斯坦反垄断法的目标模式应当是市场"有效竞争"。

（三）两国立法目的之比较

中国的竞争法和吉尔吉斯斯坦竞争法都明确提出要预防和制止垄断行为、保护市场公平竞争、维护消费者权益和提高经济运行效率。但是，由于吉尔吉斯共和国采取合并立法的缘故，其将不正当竞争行为、垄断行为、损害消费者权益行为由一部竞争法调整。值得关注的是，吉尔吉斯共和国竞争法规定了银行服务市场的反垄断监管由吉尔吉斯共和国的监管法案来监管，该监管法案对吉尔吉斯斯坦商业银行和其他由吉尔吉斯共和国国家银行许可和监管的金融信贷机构具有约束力。吉尔吉斯共和国政府确保其在竞争领域的国家政策的信息公开性，包括在大众媒体和互联网上发布关于授权机构活动的信息。这是非常细致的立法，为执法部门提供了明确的依据。

中国明确把维护消费者利益纳入我国《反垄断法》和《反不正当竞争法》的立法目的之中，而《吉尔吉斯斯坦竞争法》未将消费者利益在其立法目的中予以体现，但是在吉尔吉斯斯坦竞争法后面的滥用市场支配地位的行为、协定经济实体（商业实体）限制竞争、经济实体限制竞争的一致行动、不公平竞争、国家和地方当局旨在防止、限制或消除竞争的行为和作为（不作为）中均提到对消费者的保护。消费者权益是竞争法应有之义，否则经济效率目标也会受到很大影响。正是基于消费者利益与经济效率之间相互影响的关系，美国芝加哥学派甚至将两者等同起来，尤其在反垄断法提出，反垄断法的唯一宗旨就是实现消费者福利最大化。此外，维护社

213

会公共利益也是我国反垄断法和反不正当竞争法立法目的之一，但"国外竞争法明确将其作为重要立法目的的情况并不多见"，[①]吉尔吉斯斯坦竞争法也未将公共利益纳入立法表述中。由于社会公共利益通常是各个国家和地区垄断行为的豁免理由，所以有必要在立法、执法和司法中厘清其内涵和外延，防止以社会公共利益的名义从事不正当竞争、垄断、损害消费者权益的行为。

## 二、滥用市场支配地位规制

反垄断法并不禁止支配地位的存在，而是禁止经营者滥用市场支配地位，但支配地位的存在本身表明相关市场上已不存在有效的竞争压力，如果其行为对竞争产生进一步的排除与限制，则一般具有高度的可疑性与危险性，[②]必须根据反垄断法进行审查，当事人如果无法提出合理的理由，则应立即停止其滥用支配地位的行为并追究其相应的法律责任。

（一）市场支配地位的认定

1.中国的竞争法上市场支配地位的认定

一是，市场份额及相关市场的竞争状况。市场份额是指一定时期内经营者的特定商品销售额、销售数量等指标在相关市场所占的比例。二是，在销售市场或者原材料采购市场的影响力，包括控制销售渠道或者采购渠道的能力、影响或者决定价格、数量、合同期限或者其他交易条件的能力，以及优先获得企业生产经营所必需的原料、半成品、零部件及相关设备等原材料的能力。三是，财力和技术条件，包括资产规模、财务能力、盈利能力、融资能力、研发能力、技术装备、技术创新和应用能力、拥有的知识产权等。分析时，应同时考虑其关联方情况。四是，交易相对方的依赖

---

[①] 时建中：反垄断法——法典释评与学理探源 [M]. 北京：中国人民大学出版社，2008：7-8.

[②] 欧盟法上也认为，支配企业同样有权进行竞争，但它也应承担其行为不得损害共同市场之有效竞争的特殊义务。Guidance on the commission's enforcement priorities in applying Ariticle 82 of the EC Treaty to abusive exclusionary conduct by dominant undertakings.I.1.

性，包括与该经营者之间的交易量、交易关系的持续时间、转向其他交易相对人的难易程度等。五是，其他经营者进入相关市场的难易程度，包括市场准入制度、拥有必需设施的情况、销售渠道、资金和技术要求以及成本等因素。此外，交易自由度、利润率的差距、经营者横向或纵向联合的紧密程度等也是认定企业具有市场支配地位时应考虑的因素。

2. 吉尔吉斯斯坦法上滥用市场地位的认定

吉尔吉斯斯坦对滥用市场支配地位的认定是针对企业主体的特定行为的认定，即具有支配地位的企业限制竞争和（或）损害其他商业实体或个人利益的行为（不作为）。首先是对市场份额的规定，一个商业实体在某一特定市场的份额为35%或更高；超过三个商业实体的累计支配地位且累计超过50%，每个实体的份额都大于该市场中其他实体的份额，或者不超过五个商业实体的累计份额，每个实体的份额都大于相关市场中其他商业实体的份额；在很长一段时间内（至少一年，如果不到一年，则为相关市场的持续时间），经济经营者的相对份额大小没有变化或变化不大导致新的竞争者很难进入相关市场；商业实体出售或购买的商品在消费时不能被其他商品取代（包括为生产目的而消费），有关该商品在相关市场上的价格、销售或购买条件的信息仅可被一定范围的人获得。

其次，根据竞争状况的分析结果，如果一个商业实体在某种产品的市场份额低于35%，并且超过了其他商业实体在相关商品市场上的份额，但它可以对商品市场上的一般商品流通条件产生决定性的影响，如果综合满足以下条件，则被确认为支配地位：经济经营者有单方面决定产品的价格水平的可能性，并对相关产品市场上产品销售的一般条件施加决定性影响；新的竞争者难以进入相关产品市场，包括由于经济、技术、行政或其他制约因素影响；商业实体出售或购买的货物在消费时不能被另一种货物取代（包括为生产目的而消费）；一种商品的价格变化并不导致对该商品的需求相应减少。

最后，金融机构的地位在以下情况下被确认为主导地位：金融机构在某一特定金融市场的份额达到或超过 35%；在相关金融服务市场中占有最大份额的两家金融机构的份额之和为 50% 或以上；在相关金融服务市场中占有最大份额的三家金融机构的份额之和为 70% 或以上。考虑到竞争法规定的限制，承认认定吉尔吉斯共和国国家银行监管的金融机构的支配地位的条件应由吉尔吉斯共和国国家银行确定。考虑到竞争法规定的限制，承认另一金融机构的支配地位的条件由吉尔吉斯共和国政府制定。一个商业实体在自然垄断产品市场上的自然垄断地位被认定为支配地位。

在确立了支配地位后，将根据吉尔吉斯共和国政府规定的程序对竞争环境进行评估，根据对竞争环境的评估结果，按照吉尔吉斯共和国政府确定的程序，对在吉尔吉斯共和国商品市场上占据主导地位并位于常设经济和统计监测区的经济实体进行国家登记，并予以维护。

（二）两国市场支配地位的认定之比较

中吉两国法律都对市场支配地位的概念作了清晰界定。除了强调控制商品价格、数量或者限制竞争者进入市场的条件外，吉尔吉斯斯坦竞争法还认定有能力把其他经营主体排挤出商品市场的经营者具有市场支配地位。对比中吉两国法律关于"市场支配地位"的认定标准，可以发现两国都以市场份额标准为主要标准，其他标准为辅助标准。但是，我国反垄断法的规定相对简单，即第 23 条规定了认定依据，第 24 条规定了份额标准。而吉尔吉斯斯坦的具体认定标准要复杂得多：

第一，通过商业实体的个数认定：在某个特定市场的市场份额达到 35% 或更高的经营主体，采用绝对标准；以商业实体的个数为指标，商业实体个数超过 3 个，3 个商业实体中的每个商业实体的市场份额都大于该市场中其他实体的份额，且 3 个商业实体的累计支配地位超过 50%，则被认定具有市场支配地位；商业实体的个数在 3—5 个商业实体的累计份额，且每个市场份额都大于相关市场中其他商业实体的份额，则被认定具有市场支配地位。第二，通过时间认定：在相关市场大于或等于一年的时间里，经营者的市场份额变化不大，使得新的竞争者很难进入相关市场，则被认定具有市场支配地位；第三，通过竞争状况认定：一个商业实体在某种产品的市场份额低于35%，并且超过了其他商业实体在相关商品市场上的份额，但它可以对商品市场上的一般商品流通条件产生决定性的影响，且满足单方面可以决定产品的价格、该商业实体的商品不可被替代、即使价格发生变化也不导致需求减少中的某一个条件，则被确认为支配地位。第四，通过金融机构的数量认定：某一特定金融市场的份额达到或超过35%；在相关金融服务市场中占有最大份额的两家金融机构的份额之和为50%或以上，则被认定具有市场支配地位；在相关金融服务市场中占有最大份额的三家金融机构的份额之和为70%或以上，则被认定具有市场支配地位。

我国反垄断法第23条的认定依据略有不同，主要包括经营者在相关市场的市场份额，以及相关市场的竞争状况；经营者控制销售市场或者原材料采购市场的能力；经营者的财力和技术条件；其他经营者对该经营者在交易上的依赖程度、进入相关市场的难易程度。

对比中吉两国法律对"多个经营主体"的认定标准：首先，吉尔吉斯斯坦与中国的区分方法不同，我国反垄断法将多个经营主体区分为2个、3个经营主体，吉尔吉斯斯坦将多个经营主体区分为3个以内、5个以内经营主体；其次，吉尔吉斯斯坦竞争法在规定总计份额分别超过35%、50%、70%的标准后，还同时要求商业实体的累计支配地位所占份额都要超过此外的其他经营主体；最后，在市场份额之外明确规定了同时需要满足的其他标准，这一点与中国仅以份额标准即可以推定经营者具有市场支配地位明显不同。

（三）两国滥用市场支配地位行为的认定之比较

对于滥用市场支配地位行为，中吉两国法律都进行了列举式规定。我国反垄断法第22条列举了以不公平的价格销售或购买商品、低于成本销售、拒绝交易、强制交易、搭售和价格歧视等6种行为。吉尔吉斯斯坦法也做出了相似规定，但还有一些明显的区别：

第一，列举了13种行为，但并没有如我国反垄断法第22条第七款中国务院反垄断执法机构认定的其他滥用市场支配地位的行为的兜底条款。

第二，滥用市场支配地位的行为表现所包含的内容广泛，主要有：为其他企业创造市场准入的障碍；在市场上造成或维持商品短缺或提高商品价格；不合理地要求转移资金、其他财产、产权、交易方的劳动力等；在合同中列入歧视性或特权性条款；对交易方（消费者）施加条件；建立、维持一个产品的垄断性高价或垄断性低价；在经济上或技术上不合理地减少或停止商品生产；非因不可抗力而无理拒绝履行合同条款；在经济上或技术上不合理地拒绝或回避与个人买家（客户）签订合同，创造歧视性或特殊条件；在经济上、技术上和其他方面对相同的货物制定不合理的不同的价格（关税），金融机构为一项金融服务设定不合理的高价或低价。

在滥用市场支配地位的表现方面与中国反垄断法相比较而言，首先，维持或提高价格的行为类似于中国"以不公平的高价销售商品"的行为，维持短缺价格行为类似于中国"无正当理由，以低于成本的价格销售商品"的行为。其次，除了规定直接影响价格的行为，还规定了不合理地要求转移资金、其他财产、产权、交易方的劳动力等；最后，对金融机构制定不合理的过高或过低的金融服务价格进行了专门规定。

第三，虽没有规定强制交易行为，但对搭售行为和附加不合理条件的行为表述略有不同，如对交易方（消费者）施加条件，使其有义务只与特定的制造商或买方签订合同；和同意签订合同，但条件是合同中包括与承包商或消费者不感兴趣的货物有关的条款。

第四，规定了其他滥用市场支配地位的行为，如"在经济上、技术上和其他方面对相同的货物制定不合理的不同的价格（关税），除非吉尔吉斯共和国的立法另有规定"和"金融机构为一项金融服务设定不合理的高价或低价"。

三、限制竞争协议规制

限制竞争协议，又称垄断协议，是指具有排除、限制竞争效果的协议、决议或协同行为，包括横向垄断协议（即卡特尔）和纵向限制竞争协议。

（一）横向垄断协议

横向垄断协议，即卡特尔成员通过在价格、数量、地域或其他方面订立协议或做出决议或以其他协同行为垄断市场而获取垄断利益。横向垄断协议限制竞争，损害消费者利益，出现较早且受到各国反垄断法的严格规制。吉尔吉斯斯坦竞争法界定的横向垄断协议主要是协同行为。

第一，中吉两国法律对横向垄断协议类型的规定存在明显的差别：中国法律从垄断协议的行为来规定，吉尔吉斯斯坦竞争法也是通过具体的垄断协议行为进行界定的。总的来说，中国法律对横向垄断协议类型规定更为详细，规定了吉尔吉斯斯坦法律没有规定的某些类型。例如，"固定价格"在吉尔吉斯斯坦竞争法中被表述为"制定（维持）价格（关税）、折扣、附加费（加价）、加价"。吉尔吉斯斯坦竞争法还规定了强加不利于消费者的标准合同条款，或限制选择商品和生产商品的经济实体的自由，或规定与合同主体无关的条款等类型。

第二，市场划分的类型是吉尔吉斯斯坦竞争法的一大亮点。包括按地域划分市场，按销售量或购买量划分，按销售商品的范围划分，按提供服务的类型划分，或按卖家或买家（客户）的范围划分等情形。

（二）纵向限制竞争协议

纵向限制竞争协议是指处于不同商品流通过程中的上下游企业之间的协议。纵向限制竞争协议对竞争的影响与横向垄断协议有本质的区别。对于纵向限制竞争协议并没有普遍接受的经济学理论，因而中吉两国法律对于纵向限制竞争协议的规制有较大的区别。

第一，吉尔吉斯斯坦竞争法所称"纵向协议"即为纵向限制竞争协议，与中国反垄断法第18条规定的纵向价格垄断协议不同。它在规定了导致或可能导致制定商品转售价格之外，还规定了一种独占性销售类型，这使得买家必须只从某个特定的卖家那里购买而不是从其竞争对手那里购买该产品。

第二，专门规定了具体的客户范围和转售价格的设定，如限制领土或客户的范围和对买方从该经营者那里购买的货物的转售价格设定限制。

第三，除了在反垄断法中有专条规定外，吉尔吉斯斯坦竞争法还规定纵向限制竞争协议不适用于属于同一集团的商业实体之间的协议，如果这些商业实体之一控制着另一个商业实体，或者这些商业实体受一个人控制，但从事吉尔吉斯共和国法律不允许一个商业实体同时进行的活动的商业实体之间的协议除外。

### 四、行政性垄断规制

行政性垄断是转型经济国家中的特殊问题，而中吉两国在这个问题上却有一定的共性。吉尔吉斯斯坦竞争法对于行政垄断在第9条有专门的规定。同样，中国反垄断法第五章规定了滥用行政权力排除、限制竞争，具体在第39—45条，规定内容较详细。仅从条款数目上看与吉尔吉斯斯坦竞争法的相应内容相比，中国反垄断法有关行政垄断的规定所占篇幅要更多一点。

（一）垄断行为主体

吉尔吉斯斯坦竞争法对于违法主体的表述都是国家、地方自治机构、公共当局、地方当局、其他行使其职能的机构或组织、这与中国反垄断法相关表述并无大异，规定了两类行政垄断的违法主体：行政机关和法律法规授权的具有管理公共事务职能的组织。

（二）垄断行为类型

中国反垄断法第39—45条列举了7种行政垄断行为，它们分别是：第39条，行政机关和法律法规授权的具有管理公共事务职能的组织不得滥用行政权力，限定或者变相限定单位或者个人经营、购买、使用其指定的经营者提供的商品。第40条，行政机关和法律法规授权的具有管理公共事务职能的组织不得滥用行政权力，通过与经营者签订合作使商品在地区之间的自由流动其他经营者进入相关市场或者对其他经营者实行不平等待遇，排除、限制竞争。第41条，行政机关和法律法规授权的具有管理公共事务职能的组织不得滥用行政权力，实施对外地商品设定歧视性收费项目、实行歧视性收费标准，或者规定歧视性价格；对外地商品规定与本地同类商品不同的技术要求、检验标准，或者对外地商品采取重复检验、重复认证等歧视性技术措施，限制外地商品进入；采取专门针对外地商品的行政许可，限制外地商品进入本地市场；设置关卡或者采取其他手段，阻碍外地商品进入或者本地商品运出；妨碍商品在地区之间的自由流通的其他行为。第42条，行政机关和法律法规授权的具有管理公共事务职能的组织不得滥用行政或权力，以设定歧视性资质要求、评审标准或者不依法发布信息等方式，排斥或者限制经营者参加招标投标以及其他经营活动。第43条，行政机关和法律法规授权的具有管理公共事务职能的组织不得动用行政权力，采取与本地经营者不平等待遇等方式，排除、限制、强制或者变相强制外地经营者在本地投资或者设立分支机构。第44条，行政机关和法律，法规授权的具有管理公共事务职能的组织不得滥用行政权力，强制或变相强制经营者从事反垄断法规定的垄断行为。第45条，行政机关和法律法规授权的具有管理公共事务职能的组织不得滥用行政权力，制定含有排除、限制竞争内容的规定。

而吉尔吉斯斯坦竞争法禁止的内容共15种：禁止或限制在任何活动领域建立新的商业实体，以及禁止某些活动，包括贸易和（或）采购或生产某些类型的商品，但吉尔吉斯共和国法律规定的情况除外；不合理地阻碍商业实体在某一活动领域的活动；赋予商业实体权力，导致限制竞争；对吉尔吉斯共和国各地区之间的产品流动施加不合理的禁令或限制；建立导致其获得市场支配地位的商业实体，吉尔吉斯共和国立法规定的情况除外不合理地给予某些商业实体特权，包括优先获取信息，使其相对于同一市场的其他实体处于有利地位；对商业实体的对外经济活动施加不合理的限制；向商业实体下达合同优先权的指示，优先向某一位消费者提供货物、但吉尔吉斯共和国法律规定的情况除外；防止形成分配、采购和销售货物的平行结构；对新产品和新技术的开发设置与吉尔吉斯共和国的立法相抵触的不合理的障碍对某些商业实体的活动施加限制竞争的其他特权或歧视性条件；在提供公共或市政服务时，设定和（或）收取法律没有规定的费用，以及提供公共或市政服务所必需和必需的服务。如果公共当局、地方当局、其他行使其职能的机构或组织之间或它们与商业实体之间的协议导致或可能导致防止、限制或消除竞争，则禁止此类协议。国家和地方政府机构以及国家和地方政府机构为垄断服务的提供、生产和（或）商品的销售而建立的结构单元和经济实体不得被授予具有（可能具有）防止、限制或消除竞争的效果的权力。禁止将国家机关和地方自治机构的职能与经济实体的职能结合起来，也禁止将国家机关和地方自治机构的职能和权利赋予经济实体，但吉尔吉斯共和国法律规定的情况除外。

（三）垄断行为的认定标准

相比之下，吉尔吉斯斯坦竞争法对于行政垄断行为的认定标准更加细致，适用于具体行为时能够更加准确地判定是否属于行政垄断，不会出现无法可依的法律空白。吉尔吉斯斯坦竞争法对认定标准的表述是：禁止或限制在任何活动领域建立新的商业实体、不合理地阻碍商业实体经营活动、防止、限制或消除竞争的效果的权力。这说明吉尔吉斯斯坦竞争法对行政垄断的认定不仅包括限制、排除竞争效果的情形，还包括不合理的阻碍情形。而我国反垄断法并没有类似的表述。我国反垄断法对于行政垄断的规制仅包括实质性排除、限制竞争这一标准，不包括可能标准。因此，我国反垄断法不仅要对实质性垄断行为加以规制，也需要对可能造成限制或消除竞争效果的危险状态加以防范。

另外，中国认定行政垄断行为主要指的是"作为"的形式，关于"不作为"的形式仅在第 42 条提及"……不依法发布信息……"。而实践中，"不作为"形式的行政垄断是很常见的，如拒绝给予营业执照或牌照以阻止市场进入的情形；而吉尔吉斯斯坦立法中明确规定行政垄断规制的对象是

"防止、限制或消除竞争的行为和作为（不作为）"。也就是说，吉尔吉斯斯坦竞争法规制的行政垄断行为包括"作为"和"不作为"两种，这使法律适用变得清晰简便，而不用根据实际情况再推断或者作出解释。

# 第五章  土库曼斯坦竞争法律制度研究

## 第一节  土库曼斯坦竞争法的研究背景与发展现状

### 一、政治体制高度集权

1991 年，土库曼斯坦随着苏联的解体而获得独立，但事实上土库曼斯坦在政治上和经济上都没有做好准备。土库曼苏维埃社会主义共和国共产党第一任党委书记萨帕尔穆拉特·尼亚佐夫篡夺了莫斯科的决策权，并在 1990 年 10 月举行的直接选举中当选为新独立国家的总统，担任总统直至 2006 年去世。1992 年 5 月土库曼斯坦第一部宪法宣布该国为民主原则和法治基础上的总统共和国。它保证了公民的权利分立和基本公民权利和政治权利。然而，实际上，任何形式的政治活动都受到压制，并建立了一个依靠情报部门和安全机构来维持权力的独裁政权。政权合法性是通过围绕尼亚佐夫总统的个人崇拜而建立的，这种崇拜使他作为土库曼斯坦（土库曼巴希）的酋长而具有传奇般的公众形象。1991 年，失败的八月政变决定了马克思列宁主义作为统治意识形态的命运，民族主义形成了新的社会政治秩序的基础，国家和教育机构的"土库曼化"被积极推行。随着莫斯科中央计划和苏联时代生产者与消费者关系的解体，土库曼斯坦面临着适应 20 世纪 90 年代新形势的巨大压力。国家现在控制的天然气、石油和棉花的出口收入不足以弥补莫斯科预算财政转移的损失。由于俄罗斯管网份额下降、该国最大客户（乌克兰）未付款以及基础设施维护和改进投资不足，天然气产量从 870 亿立方米下降到 130 亿立方米，下降了 85%。1990 年到 1998 年，许多工厂被迫关闭。

2007 年初库尔班古力·别尔德穆哈梅多夫总统上任时，全国掀起了一股希望走向透明、多元化和市场导向型国家的浪潮。然而，这股热潮很快就消退了，真正的进展微乎其微，因为其决策过程以领导层的私人利益为前提，非正式的庇护网络和根深蒂固的腐败是当前秩序的支柱。别尔德穆哈梅多夫的"国家网络"是建立在一个由大约 80 至 100 名亲密支持者和亲属组成的核心圈子上的，他们主要来自他位于巴哈利市和格克代佩市附近的阿哈尔省的家乡地区。总统家族及其核心圈子的成员在政治、商业（包括贸易）和教育领域占据所有重要职位，他们以自己的地位作为私人收入的来源。此外，尽管这一时期内收入下降，但碳氢化合物（主要是天然气）的出口收入仍然为政府机构提供了坚实的资金来源。总统及其追随者受益于故意低水平的教育、政治冷漠以及完全缺乏新闻和信息自由。

土库曼斯坦与朝鲜一样都被认为是世界上政治制度最严格的国家之一。土库曼斯坦是极端集权的国家，在这种政权下，人权和公民自由无法得到尊重，每一个值得注意的项目都需要与总统、副总理或部长直接接触并获得批准，该国总统兼任多个要职，集中了国家的最高权力，可以通过法令独裁式地统治国家。立法和司法部门隶属行政部门，普通民众没有任何机会参与国家治理或监督政府。土库曼斯坦没有任何独立的政治团体，也没有真正意义上的反对派。土库曼斯坦的政治体制高度专制和集权，导致公民基本权利无法得到尊重。司法系统严重依附于行政系统，无法独立公正地履行职责。媒体遭到严密控制，无法进行批评性报道。普通民众参与国家治理的机会几乎为零。

库尔班古力·别尔德穆哈梅多夫总统的主导地位构成了国家垄断使用武力的基础，武力在土库曼斯坦全境发挥作用并得到保障。该国宪法明确规定，以总统共和制的形式行使国家行政权，总统作为国家元首在指导国内外政策方面具有压倒性的作用，只有一小部分与总统关系密切的官员和顾问对政策制定知情。初级反对派团体只能在地区一级（尤其是在玛丽省和首都阿什哈巴德）和国外（主要是土耳其）找到。他们大多来自创业界，受到警察和安全部门的严厉镇压。因此，他们自我发展的机会很少。

## 二、民生与人权保障制度匮乏

土库曼斯坦存在普遍的贫困问题和巨大的社会不平等。该国基础设施建设滞后，教育和医疗资源不足，尤其是在首都以外的地区情况更加恶劣。少数民族和农村居民权利得不到保障，监狱和劳教所存在严重违规行为，表达异见者和政治犯常受骚扰，同性恋者面临刑事定罪，强拆民房和强制迁移事件时有发生。该国人权保障现状堪忧。COVID-19 期间，政府采取了一些违反公民权利的措施。此外，土库曼斯坦的社会保障和福利制度覆盖面有限，无法满足广大民众需求。医疗卫生条件堪忧，教育资源匮乏。土库曼斯坦亟须改善民生，维护人权。

## 三、治理体系存在系统性问题

土库曼斯坦不存在民主的治理体系，三权分立原则被严重破坏。该国在许多方面立法不完善，仍然通过国家临时制定政策、政府文件或总统令来规范，[①] 但政府管理水平低下，政策失败频发，行政系统效能不彰，且腐败问题突出，徇私舞弊现象也严重影响政府管理的效能。土库曼斯坦严重依赖个人统治，机构建设落后。司法系统缺乏独立性，无法制衡行政权力，执法司法缺乏规范性和公平性，信息不透明导致决策脱离实际。当前土库曼斯坦亟须加强机构建设，完善监督体系，增强政府管理效能。同时，亟待加强制度建设，特别是法治建设，从而消除腐败，推进治理现代化。

土库曼斯坦独立后初期通过了多项法律，如《股份公司法》《创业活动法》和《财产非国有化和私有化法》等，为经济逐步转型铺平道路。然而，改革在尼亚佐夫任期的头几年便陷入停滞，并在他总统任期的后半段完全

---

① 朱中华.赴土库曼斯坦投资与承包工程的风险分析[J].中国投资（中英文）,2022,(Z9):64-66.

停止。经济非国有化仅限于零售和服务部门的小参与者以及其他部门最无利可图的企业。集体农场在 20 世纪 90 年代中期解散，农民合作社在租赁合同的基础上出现。然而，国家继续保持对土地使用的控制，并对粮食和棉花实行收购垄断。因此，农民无法获得优质土地和补贴商品和服务导致其农业收入仍然很低。几十年来粗放棉花种植造成的生态退化进一步阻碍了农业部门的重组，导致数十万公顷土地无法使用。

### 四、经济发展和市场竞争环境呈现颓势

#### （一）经济发展严重不均衡，民生困境日益严峻

土库曼斯坦的经济发展表现为严重的不均衡，一方面，土库曼斯坦国际货币制度失衡，该国经济高度依赖碳氢化合物出口，且近年来主要出口商品价格下跌，导致国内生产总值急剧缩水，外汇储备不断减少。并且该国奉行高度管制的计划经济体制，实施严格的货币管制，直接导致进出口大幅萎缩，外商直接投资稀缺。另一方面，土库曼斯坦国内经济发展水平也极度不平衡。首先，在其国内经济发展中的影子经济规模庞大，占比超过国内生产总值的一半。同时，国家坚持控制经济的关键部门，强行压低了汇率，导致通货膨胀，银行体系发育不健全，企业和民众难以获得正常贷款，民众购买力急剧下滑。其次，该国存在严重的贫富差距和社会不平等。除首都地区外，其他地区教育、医疗等公共设施严重缺乏，就业机会稀缺。国家精英阶层垄断了货币汇率的红利，而普通民众的购买力在疫情期间雪上加霜。这种经济发展的失衡，直接导致了土库曼斯坦的医疗卫生条件堪忧，大量农村居民生活在赤贫状态。土库曼斯坦亟须缩小民生差距，提升广大民众的获得感。

#### （二）市场发展环境恶劣，竞争机制有待建立

土库曼斯坦的战略性行业和大部分潜力行业牢牢掌握在政府手中，高利润的行业都控制在权贵家族手中。尽管存在个体商户等小规模私营经济，但它们也受到政府严格监管，没有真正的经济自由。但即便如此，土库曼

斯坦政府也无意引入竞争机制，当然也没有反垄断立法。并且，土库曼斯坦通过国家垄断对外贸易，控制大量商品的进出口，复杂的海关手续和严重的货币管制进一步制约了进出口。外商直接投资稀缺，市场准入存在种种限制。政府强行压低本币汇率，使进口业务面临重重障碍。土库曼斯坦亟须建立公平的市场规则，打破各类壁垒，增强竞争性。

（三）腐败问题突出，私有财产得不到保障

土库曼斯坦存在严重的腐败问题，滥用职权为司空见惯之事。成功的企业常面临被政府无理搜查甚至收购的风险。外国投资者资产也可能被强制征用。强拆民宅等违法行为时有发生。银行体系不规范，企业和民众无法自由支配资产。土库曼斯坦亟须加强法制建设，切实保护私有财产权利。

（四）治理体系落后，政府效能有待提升

土库曼斯坦政府效能低下，存在严重的任人唯亲和官僚主义问题。国有企业改革滞后，资源配置扭曲严重。基础设施建设缺乏科学规划，大量资金浪费在废弃项目上。土库曼斯坦亟须转变政府职能，提升管理水平，提高资源使用效率。

（五）土库曼斯坦亟须全面深化改革开放

当前，土库曼斯坦面临严峻的经济和民生双重困境，全面深化改革刻不容缓。在经济上，土库曼斯坦需要调整经济结构、发展民营经济、吸引外资、全面市场化改革。加强法治和产权保护，打破各种壁垒，创造公平竞争环境，积极融入世界经济体系。在政治上，土库曼斯坦需要加快民主化进程，保障人权，建立健全法治。只有全方位推进改革开放，土库曼斯坦才能真正走出发展困境。

（六）竞争法律体系未成型

依据当前立法现状，土库曼斯坦国内并未形成完整的竞争法体系，目前土库曼斯坦的竞争法散见于其企业、农业监管、食品安全、消费者保护、创新保护等方面的立法，主要有《土库曼斯坦食品安全法》《土库曼斯坦食品安全和质量法》《土库曼斯坦总统关于建立国家农业股份公司的决议》《土库曼斯坦创新活动法》《土库曼斯坦总统关于建立国家农业股份公司的决议》《土库曼斯坦消费者合作法》《土库曼斯坦消费者保护法》《企业法》《国家农业发展监管法》《土库曼斯坦工业家和企业家联盟法》。

## 第二节　土库曼斯坦竞争法的主要内容

### 一、部长内阁职权中关于市场竞争的规定

《土库曼斯坦宪法》第 75 条规定，部长内阁执行土库曼斯坦法律、土库曼斯坦总统和土库曼斯坦议会命令；采取措施确保和保护公民的权利和自由，保护财产和公共秩序以及国家安全；提出国家国内外政策主要方向的建议，制定国家经济和社会发展规划，提交议会审议；实行国家对经济和社会发展的管理；建立对国有企业、机构和组织的管理；确保自然资源的可持续利用和保护；采取措施加强货币和信贷体系；必要时在内阁下设立委员会、理事会和其他部门管理机构；开展对外经济活动，确保发展与外国的文化和其他关系；指导政府机关、国家企业和组织的工作；有权撤销各部委、部门行政机关以及地方行政机关的法律文件；解决与土库曼斯坦宪法、法律和其他规范性法律文件中的权力有关其他问题。

这条法条明确规定了土库曼斯坦部长内阁在经济建设和管理中的职责和权力，其中与经济建设和管理相关的内容占了很大比重。部长内阁在土库曼斯坦国家经济生活中发挥着十分重要的作用，负责维护经济法秩序，而执行土库曼斯坦的法律、总统法令和议会法令是维护经济法秩序的前提。经济活动必须在法律框架内进行，否则会导致经济秩序混乱。部长内阁依法行政，执行经济相关法规，对确保土库曼斯坦经济活动在法制轨道中运行具有关键作用。这不仅符合经济法基本原则，也是所有经济行为的基础性前提条件。

在这一法律框架内，部长内阁在土库曼斯坦国家经济发展过程中主要发挥着保护经济发展环境、制定经济发展规划、实施宏观调控、管理国有

经济、确保资源可持续利用、加强货币信贷体系、统筹各部门工作的作用。

保护经济发展环境。部长内阁负责采取措施保护公民权利自由，保护财产和公共秩序，以及维护国家安全。这些都是经济得以健康发展的环境保障。经济法强调，经济建设必须在民主、自由、安定的政治环境下进行。如果这些前提条件得不到满足，经济就很难良性运行。从这个角度看，部长内阁对创造良好经济发展环境发挥着十分重要的作用。

制定经济发展规划。部长内阁负责提出国家经济社会发展主要方针的建议，制定国民经济和社会发展规划。这符合经济法赋予政府宏观调控职能的要求。在市场经济条件下，国家仍需要对经济发展做出顶层设计和系统谋划。部长内阁起草的发展规划，在获得议会批准后成为指导经济工作的纲领性文件。这对统筹推进土库曼斯坦经济建设事关重大。

实施宏观调控。部长内阁负责实施对经济社会发展的管理，这是国家宏观调控的具体化。经济法认为，政府不能完全自由放任经济运行，需要通过财政、货币、产业等政策进行宏观调节，以确保经济平稳健康发展，这就是部长内阁需要承担的重任。通过科学调控，部长内阁可以引导经济活动向有利的方向发展。

管理国有经济。部长内阁负责对国有企业、机构和组织实施管理。这对完善国有资产监管具有重要的经济法意义。按照经济法原则，国有经济既要提高资源配置效率，也要实现公共利益最大化。部长内阁通过对国有经济的监管，可以促进国有企业改革发展。这也是经济法赋予政府的重要功能之一。

确保资源可持续利用。部长内阁要负责采取措施，确保自然资源得到可持续地利用和保护。这与经济法强调的可持续发展原则一致。合理利用资源，实现经济社会发展与生态环境平衡，是经济法规定的政府职责。部长内阁在资源利用与保护方面发挥着十分重要的作用。

加强货币信贷体系。部长内阁负责采取措施加强货币和信贷体系。这对维护金融经济秩序非常必要。经济法强调政府必须通过法律手段维护金融秩序，防止系统性金融风险。部长内阁在这方面的工作事关土库曼斯坦经济稳定。

统筹各部门工作。部长内阁负责指导各部委和地方的工作，对下级的法规文件实施监督，这对统筹经济社会发展具有十分重要的作用。经济工作涉及多个部门和方面，需要进行有效协调。部长内阁依法调控各方面的经济工作，对实现经济目标发挥着举足轻重的作用。

综上所述，这条法条赋予部长内阁重要的经济管理职责，符合经济法加强政府宏观调控职能的要求，对土库曼斯坦经济建设具有重要意义。它也为分析土库曼斯坦的经济法治建设提供了一个重要切入点。今后土库曼斯坦经济法制建设还需进一步完善部长内阁的权力制衡机制，防止部长内阁过度干预和权力寻租，确保其职责在法治框架内高效地实现，维护竞争秩序。

## 二、保障食品安全的规定

土库曼斯坦第 29-II 号法律《食品安全法》确定了土库曼斯坦国家食品安全政策的主要方向，食品安全是国家经济安全的组成部分，同时确立公民获得健康充足食物的法律基础。

（一）内涵

食品安全的内涵包括确保足量食品供给、预防食品危机、实现国家食品独立、建立国家战略食品储备等。在这一条法律中，明确了食品安全、食品危机、国家食品独立、战略食品储备、主要食品、食品原料、合理营养标准等重要定义，提出了实现必要食品生产水平、食品物理可及性、食品经济可及性等食品安全目标，需要政府采取经济、组织、法律等措施，预防和应对食品危机，以确保食品供给和公民营养所需。

（二）安全确保

土库曼斯坦食品安全法律基于土库曼斯坦宪法，包括本法及其他法规；确保食品安全和质量的关系，由土库曼斯坦食品安全和质量法规管理；如果土库曼斯坦国际条约规定与本法不同，适用国际条约。土库曼斯坦食品安全由内阁、食品安全管理机构和地方政府确保，内阁每年批准食品供需平衡表，作为评估食品安全和独立的计算体系基础。发生或威胁发生食品危机时，食品安全管理机构可以在限期内建立特殊的食品安全制度，包括规定食品配给措施。

（三）食品安全目标和任务

食品安全的战略目标是使土库曼斯坦人民获得安全的农产品、鱼类产品和其他食品，人均食品消费达到合理的营养标准。内部生产稳定和充足的食品储备是实现这一目标的保证。不管内外部条件如何变化，食品安全的主要任务是：及时预测、识别和防范内部和外部的食品安全威胁，最大限度减少不利影响，使食品供应体系时刻准备就绪，形成战略性食品储备；稳步发展国内农业生产，确保国家食品独立；使每个公民都能获得安全食品，数量和种类符合营养标准，适合活跃健康的生活；创造条件，使安全优质食品进入和流通于土库曼斯坦。

（四）确保食品安全的主要措施

食品安全措施的目标是可靠地防范内部和外部威胁。这些措施与国家社会经济发展规划同步制定。为确保食品安全采取一系列措施，如制定和实施法律、经济、组织、技术等措施，生产主要食品和食品原料；确保足够数量的食品持续进入消费地，满足人民需求；考虑收入水平，使人民有购买力获得食品，包括以优惠条件获得；建立和补充国家战略食品储备；对生产和销售的主要食品和食品原料实施监管，确保其符合食品安全和质量标准；为农业和渔业创造发展条件。

以上四个方面的立法明确了食品安全在国家经济安全中的重要地位，符合竞争法维护经济秩序的宗旨，明确政府在保障食品安全方面的责任，有助于形成公平竞争的市场环境，建立食品储备机制，可以有效应对市场食品供应的异常波动，维护市场稳定，加强对食品流通的监管，可以避免个别主体破坏公平竞争秩序。可以明确公民获得食品的权利、政府在确保食品安全方面的责任，建立储备等预防措施，避免食品危机，加强对食品生产流通的监管，防范风险，多种措施综合运用，全面保障食品安全，使得食品安全政策需与经济社会政策相衔接。

《食品安全法》对食品和有关事项做出了具体规定，通过对法人和从事食品加工、处理、包装和贸易的个体经营者实施强制性规定，对政府监管职责进行明确划分来保护公共健康，保障食品安全和食品质量。

确保食品安全的机构和职责。《食品安全法》明确了内阁、食品安全管理机构和地方政府在确保食品安全方面的职责。内阁负责总体方针和重大决策，食品安全管理机构负责具体实施，地方政府负责区域食品供应（第6条—第9条）。这符合竞争法确立不同监管主体权责的原则，也体现了法理学的职责明确原则。

提高食品生产能力的主要措施。为确保食品安全，在食品生产方面需要采取措施提高土地产量、发展畜牧业、扩大水产养殖、推进农业科技进步等（第3条）。这些措施有助于提升食品供给能力，维护市场稳定，符合竞争法的立法宗旨。

调控食品进出口的措施。需要及时调整关税政策，避免食品进口过快增加压力；适当采取贸易保护措施，抵御食品进口快速增长（第4条）。这有利于平衡进出口，稳定国内生产，符合竞争法防止不正当竞争的原则。

食品供需平衡表发挥作用。建立食品供需平衡表，评估食品安全和独立水平（第11条）。这符合竞争法评估市场状况的原则，也体现了法理学的预防原则。

鼓励社会组织参与。允许社会组织参与食品安全规划等制定，提供意见建议（第10条）。这有利于汇聚各方智慧，也体现了法理学的社会参与原则。

建立食品安全监管体系。《食品安全法》明确了内阁、管理机构等在监管方面的职责，所有食品生产经营企业都将接受监管（第12条）。这符合竞争法建立监管体系的原则，也体现了法理学的监督原则。

国家战略食品储备的设置与运用。根据法律设置国家食品储备，并明确了其组成和运用方式。储备的设置可以有效应对市场供应异常波动，维护市场稳定。（第 13 条）这符合竞争法的立法目的。

实施全面的食品市场监管。对食品生产、流通、库存、价格等开展监测，对食品安全和质量进行认证，必要时实施政府定价。（第 14 条）这有助于及时了解市场状况，维护公平竞争秩序。

建立食品安全信息和监测体系。通过收集相关数据，对食品供需、储备、标准遵守情况等进行监测，以科学判断食品安全状况。（第 15 条）这符合竞争法评估市场的原则，也体现了法理学的信息公开原则。

政府调控手段的运用。根据市场状况，政府可以启动储备调节、实施政府定价等措施。这在一定程度上干预市场自发调节，但有利于保障食品安全，维护市场稳定。第 12 条—第 15 条明确了政府在确保食品安全方面的责任和手段，符合竞争法的宗旨，也体现了多项法理学原则。这对保障食品供给和公共利益具有重要意义。

第三章较为简单地规定了食品安全纠纷解决和违法责任。食品安全领域的纠纷，按照法律规定的程序解决，违反食品安全法律，依法承担责任。

综上所述，《食品安全法》明确了食品安全是国家经济安全的重要组成部分，是实现公民健康权利的法律基础。其内涵是确保国家食品独立、实现必要的食品生产水平和供应，预防和应对食品危机，提出了为人民提供安全食品，实现合理的营养标准等食品安全战略目标。国内稳定生产和储备是实现这一目标的保证，明确了内阁、食品安全管理机构和地方政府在保障食品安全方面的职责，建立了监管体系。鼓励社会组织参与食品安全工作。规定了保障食品安全的主要措施，规定了通过经济、技术、组织等措施提高食品生产能力，建立国家战略食品储备，监管食品生产流通等一系列保障措施。要求对食品市场实施监管，建立食品安全信息收集和监测体系，为科学判断食品安全状况提供基础。《食品安全法》规定了解决食品安全领域争议的机制，并明确了违反食品安全立法的责任追究。

因此，该法从战略高度确立了食品安全的重要地位，对推动国内经济发展，维护国家经济安全和公共利益具有重大意义。

### 三、对食品安全与质量的专门规定

土库曼斯坦第 105-V 号法律《食品安全和质量法》专门对食品安全与质量进行了规范。

（一）明确食品安全基本原则，确立监管理念

《食品安全和质量法》明确了预防劣质食品进口、实施食品安全计划、开展食品注册认证、保障消费者知情权等一系列食品安全基本原则，这些原则确立了对食品安全实行全程监管的理念。这符合竞争法维护市场经济秩序的立法宗旨，也体现了法理学的预防原则、信息公开原则等。

（二）建立统一的食品安全监管体系

《食品安全和质量法》明确授权国家机构对食品安全实施监督管理，将监管体系纳入法定轨道，有助于监管权力和职责的明确，形成统一协调的监管体系。这符合竞争法确立专门监管机构的原则。

（三）规范食品生产企业的法定义务

《食品安全和质量法》明确要求企业发现不合格食品时应立即暂停生产并召回产品。这有助于及时发现和纠正食品安全问题，维护良好的市场秩序和公平竞争环境。这符合竞争法的立法宗旨。

（四）建立食品许可注册制度，实施产品认证

《食品安全和质量法》规定对食品实行注册制度，并开展食品安全认证工作。注册认证制度有利于提高市场准入门槛，淘汰低质劣质产品。这符合竞争法的原则。

（五）保障消费者的知情权，提高透明度

《食品安全和质量法》明确规定公众有权了解食品安全信息。这有助于消费者做出理性选择，也体现了法理学的信息公开原则。

（六）加大对违法行为的处罚力度

《食品安全和质量法》通过修改法律条文，加大了对危害食品安全行为的处罚力度。这有助于增强法律的权威性，发挥法律的预防和震慑作用。

通过对食品安全监管的原则和制度做出规定，《食品安全和质量法》进一步健全了保障食品安全的法治体系，这对规范市场经济秩序，维护公平竞争具有重要意义。但该国对食品安全的保障，更多倾向于对国内食品交易安全进行规制和保障，忽视了进出口贸易领域的食品安全问题。土库曼斯坦进出口产品、食品安全法规体系主要以《食品安全和质量保障法》《标准法》和《认证法》等基本法律为基础对进出口食品产品安全进行监管控制。相关的法律法规为近几年新颁布实施或新修订，配套的法规和标准不够完善，需进一步进行完善。[①]

### 四、行业协会法

土库曼斯坦第 177-VI 号法律《工业家和企业家联盟法》规定了土库曼斯坦工业家和企业家联盟活动的法律、组织和经济基础，旨在增强其在土库曼斯坦企业家精神发展中的作用。土库曼斯坦工业家和企业家联盟是联合从事私营和（或）混合（联合）所有制形式创业活动的自然人和法人的公共组织，旨在表达和保护其成员的权利和合法利益，促进土库曼斯坦创业发展。联盟可以在土库曼斯坦境内以及根据土库曼斯坦立法设立联盟结构单位的其他国家境内开展活动，组织、部门（分支机构）、代表处。

（一）联盟的目标和主要任务

联盟的目标是：团结和协调联盟成员的努力，实施有助于发展国家工商业活力、在国内建立互利经济关系以及在国际层面上的经济政策；通过有力联合联盟成员的物质、科技和智力潜力，参与实施国家和国民经济发展规划；在经济和社会发展中全面协助联盟成员的积极参与；在国家权力

---

① 温巧玲,潘芳,易蓉等.土库曼斯坦农食产品技术贸易措施体系研究[J].质量安全与检验检测,2020,30(06):65-69.

机关和地方自治机关以及与其他经济主体的关系中，代表并保护其权利、其成员的权利和合法利益；为成功发展商业和企业活动、市场关系方法、引入社会合作原则、改善企业家的经济、文化、教育和信息保障创造有利条件；保证和发展与国际组织，首先是与经济、科技、社会性质的组织的积极关系；促进经济和市场关系发展，形成现代工商业体系，发展私营经济部门；创造新的工作岗位，提高劳动就业率和人口企业活力。

联盟的主要任务是：团结企业家组织；组织国家机关与企业主体之间的有效互动；促进创造在土库曼斯坦实现企业举措的有利法律、经济和社会条件；参与土库曼斯坦企业活动相关的立法改进工作；代表联盟成员并保护其权利和合法利益；根据土库曼斯坦法律，建立工业和其他生产结构、技术园区、技术城、商业孵化器、生产技术中心、创新中心网络，以及交通物流中心和其他市场结构，在自由经济区开展活动；促进农工综合体和农业部门企业发展；团结在土库曼斯坦旅游系统工作的企业主体，协调他们的活动，参与这一领域的国际合作发展；支持生产新的进口替代和出口导向产品，并推动其在国内和国外市场的销售；协助企业主体培训、再培训和提高员工素质，建立高等中等专业教育机构，包括通过在土库曼斯坦国内和国外组织专业培训和见习；促进在对外经济活动、区域合作以及增加联盟成员出口潜力方面的参与；在社会和国家经济社会发展的最重要问题上形成联盟成员的立场；促进联盟成员参与国家采购货物（工作、服务）；在国家权力机关和地方自治机关代表和保护其权利、其成员的权利和合法利益；在联盟权限范围内，协助建立和发展国家和私人合作企业，使其适应市场经济条件；为联盟成员提供经济、法律、信息方面的咨询和帮助，协助保护其社会和其他权利；组织联盟成员之间的先进经验和信息交流；按一定程序参与制定有关经济、科技、法律、生态和社会问题的国家间协定；制定和实施与联盟章程目标一致的规划和项目；自行或与其他组织共同建立基金会、咨询中心、信息营销中心、研究实验室、培训中心、科研文化宣传旅游等组织；建立信息和编辑出版组织及其他大众传播媒介；在土库曼斯坦和外国举办展览会、培训和科学会议等活动，促进经济发展和合作，提高企业负责人、专家和企业家的企业和专业素质。

（二）联盟的功能

该法律的第4条规定，联盟根据本法律确定的目标和任务，行使以下功能：

代表联盟成员行事，不需授权即代表其成员的合法利益，与土库曼斯坦和境外的国家机关、其他法人进行合作；对非国有经济发展规划进行公共专家评估；参与制定与其权限相关的土库曼斯坦规范性法律文件；分析土库曼斯坦企业状况，制定促进其发展的措施建议；参与国家科技和创新企业活动发展规划，包括参与国家科研；参与实施国家计划的非国有化和私有化进程；采取措施建立新的工业和其他生产结构、技术园区、技术城、商业孵化器、生产技术中心、创新中心网络等市场结构；在联盟成员的要求下开展争议调解工作，促进双方和解；建立包含法律、经济、统计等信息的数字信息数据库，包括总结境外经验；为联盟成员提供法律咨询；促进创造开展积极生产、投资和对外经济活动的条件；在土库曼斯坦和外国组织展览会、产品交流会、研讨会，确保联盟成员参与这些活动；根据土库曼斯坦法律，与外国工商业者组织、国际组织建立和发展关系；编制"企业状况"评级作为对土库曼斯坦企业环境的独立审查，并按行业对企业主体进行评级；进行企业活动公共监测；向土库曼斯坦内阁提出完善与企业有关的国家机关工作建议；准备土库曼斯坦年度企业报告，并公布以使社会和国家了解。

在规范性法律行为规定的程序中参与建立和（或）管理经济区；根据国家和私人伙伴关系，与土库曼斯坦国家机关和企业开展合作；总结企业管理经验；就建立经济区问题向国家机关提出建议；组织培训，提供创业咨询服务，包括建立商业孵化器；为企业主体建立并管理单一互联网门户；按土库曼斯坦规范性法律行为规定的程序，参与土库曼斯坦生产支撑和增加政府采购中土库曼斯坦产品份额的措施，包括维护联盟成员提供的货物、工作和服务统一目录；提出建议，按劳动力市场需求分配培养人才的国家订单；监测企业主体和熟练劳动力需求；制定并实施帮助专业人员就业的措施；建立培训中心，培训、再培训和提高专业人员素质；根据土库曼斯坦法律和国际条约，与外国组织建立商业理事会和其他咨询组织；进行国际营销和支持在世界市场推广土库曼斯坦生产的货物和服务的宣传；收集、分析并向其成员提供有关外国法律中的进出口监管、展览会信息、国际货物流通和支付等问题信息；在其权限内行使其他功能。

（三）联盟活动的原则

独立性、自我管理性、合法性和报告制度；一切联盟企业成员的平等权利；所做决定符合国内和对外政策的基本原则；公共利益、合法性和公开的统一；工作的具体性、对成员的报告制度、责任制度；所做决定和执行的结果导向性、系统性和操作性；跨行业、行业性组织的发展；企业的社会责任；有助于保证产品、工作和服务对人体生命、健康和环境的安全；调和公共和企业利益。

联盟应当根据本法律、土库曼斯坦其他规范性法律行为和章程开展活动。联盟可以进行企业活动，以实现章程确定的目标。这种活动的利润只能用于章程规定的目的。利润不能在其成员之间分配。

（四）联盟与国家的关系

联盟不对国家的义务负责，国家也不对联盟的义务负责，除非根据土库曼斯坦法律，他们自愿承担这种义务。除执行审计和监督任务的法定义务外，不允许国家机关、社会组织和其他组织、机构干预联盟的活动，联盟可以作为国家和私人伙伴关系的主体。

（五）评价

根据竞争法和法理学原则，对《土库曼斯坦工业家和企业家联盟法》的内容和意义可以概括如下：

明确了行业协会的法律地位。《土库曼斯坦工业家和企业家联盟法》明确了土库曼斯坦工业家和企业家联盟的法律地位，作为私营和混合所有制企业主的公共组织，代表和保护成员权益。这为行业协会的成立和合法运作提供了法律依据。

规定了行业协会的宗旨和功能。明确了协会的宗旨是发展企业家精神、建立互利经济关系等，并规定了协会的各项功能，如代表企业与政府进行联系、提供服务、开展调解等。这符合协会依法履行自律管理的原则。

明确了行业协会与政府的关系。明确协会与政府间属于平等主体关系，政府原则上不干预协会活动。这有助于维护协会的独立性，避免政府过度管制，也体现了法理学的职能分离原则。

规定了协会的活动准则。提出了协会活动应遵守独立自主、平等开放、业务导向、社会责任等原则。这对规范协会行为，维护公平竞争具有重要作用。

明确了行业自律在反垄断法中的作用。协会可以代表企业与政府沟通，参与制定规范性文件，开展公共监管等，发挥自律作用，起到补充政府监管的效果。这符合竞争法鼓励发展行业自律的原则，有利于维护市场公平竞争。协会可以开展信息共享、自律管理、争端调解等，有利于制约企业违法违规行为，减少政府监管成本，维护公平竞争。

通过明确行业协会的法律地位和作用，该法为发展工商业协会、充分发挥其自律职能奠定了法律基础。这对规范市场经济秩序具有重要意义。

五、农业发展监管

土库曼斯坦《国家农业发展监管法》规定了土库曼斯坦农业发展国家监管的法律、经济、社会和组织框架。农业发展国家调控领域的国家规划应被视为农产品、林业产品和食品生产发展的主要方向，规范土库曼斯坦的粮食市场，并分配财政、物质和技术资源以及实施机制。国家粮食政策。土库曼斯坦内阁在农业发展国家监管领域的职权包括：制定国家政策；批准国家计划；批准土库曼斯坦的规范性法律文件；确保土库曼斯坦的国际合作；确定国家采购干预措施和国家商品干预措施，以监管食品市场、农产品和食品、商品和食品材料的进出口；根据本法和土库曼斯坦其他规范性法律文件解决属于其职权范围的其他问题。

国家农业政策在农业发展领域的国家调控的主要目标是：确保提高农产品的竞争力，国内和国际市场上的食品和食品原料；确保农村人口的就业和社会经济地位的可持续发展；合理利用土地、水资源和其他自然资源以满足农业生产的需要；形成食品市场，确保农业生产利润的增加和市场基础设施的发展；吸引国内外投资作为国家调控农业发展的一个重要因素；增加农产品出口机会；在农产品生产中发展私有财产；监测农业生产者使用的工业产品（服务）价格指数并维持其平价。

国家农业发展监管领域的国家农业政策基于以下原则：国家对农产品生产者提供支持；国家土地政策信息公开；利用经济激励措施促进土地、水资源和其他自然资源的可持续和合理利用，以提高农业生产效率；农产品市场和食品市场的统一，为该市场的农产品生产者创造和提供平等的竞争条件；采取措施确保国家土地政策及其可持续发展的一致性；农业生产者参与改进和实施国家农业政策。

该法分为第六章 28 条。第一章规定了一般条款；第二章指明了国家对农业发展的调控；第三章规定了规定国家土地政策；第四章明确了国家农业发展规划、国家支持、标准化和保险；第五章列出了执行国家土地政策的参与者；第六章规定了农业人员的培训。该法确立了土库曼斯坦对农业发展实施国家监管的法律框架，这对农业经济的发展具有重要意义，明确了土库曼斯坦政府在农业发展方面的职责，包括制定政策、计划，以及对农产品市场进行监管，这符合经济法赋予政府调控职能的要求；提出了土库曼斯坦农业发展的战略目标，例如提高竞争力、发展出口等，这有利于引导农业生产向正轨发展；强调利用经济手段促进资源合理利用，这与可持续发展的经济法理念一致；鼓励发展农产品市场和私有财产制，这符合建立市场经济的要求；规定国家对农产品生产者提供支持，这对促进农业发展具有重要作用。

总体来看，该法较为符合政府对农业经济实施监管的要求，对土库曼斯坦农业现代化具有重要导向意义。

六、企业法

土库曼斯坦第 28-II 号法律《企业法》规定了土库曼斯坦企业的组建、运作和终止的法律、经济和组织基础。企业是依照本法设立的，为满足社会需要、获取利润，制造产品、销售货物、从事劳动、提供服务的独立的经济活动主体。企业法律地位是企业作为权利主体的权利和义务的立法秩序体系。企业自国家登记之日起即成为法律主体。企业以自己的名义取得并行使权利，承担责任。国家保障企业的权利和合法利益得到遵守，为企业提供平等的机会获得物质、金融、劳动力等资源，有助于自由竞争的发展。如果土库曼斯坦立法或企业组织文件未规定其他活动条款，则创建企业时不限制活动期限。

企业是由其创始人的决定创建的。企业的创始人可以是有能力的自然人和法人实体，包括外国实体。一个企业可以在一个或多个新企业的分立基础上创建，也可以在其分立的基础上创建。企业创建和经营的基础是基金会协议，由企业创始人签订。基金会协议是企业创始人签订的组成文件。创建国有企业以及企业由一位创始人创建时，不签订基金会协议。

公司章程是规定企业法人地位的法律文件。公司章程是企业的组成文件。在土库曼斯坦设立企业及其重组或清算的证明；维持土库曼斯坦境内企业的统一会计，并接受重组或清算；向法人实体和自然人提供土库曼斯坦境内设立、重组或清算企业的适当信息。企业的国家登记由土库曼斯坦财政和经济部根据其地区部门和阿什哈巴德市发布的结论进行。通过国家登记的企业，发给国家登记证书。

企业以下列组织法律形式运营：国有企业；个体企业；合作企业；合资企业；公共组织的企业；商业实体；股份公司。如果所进行的活动、使用的方法和资金不属于土库曼斯坦法律禁止的范围，则执业范围不受限制。

公司按照土库曼斯坦法律规定的方式对员工生命和健康造成的损害承担责任。

　　本法共十一章 63 条。第一章规定了一般规定；第二章是企业章程；第三章关于企业的国家登记；第四章规定了企业的组织形式和法律形式；第五章列出了企业的子公司、分支机构、代表机构；第六章规定了企业联合活动和联合体；第七章确立了企业经济活动的基础；第八章关于企业财产和企业法定资本；第九章涉及企业重组；第十章关于企业的停业、终止和清算；第十一章规定了违反土库曼斯坦"企业法"的责任并规范了争端解决。

### 七、消费者保护与合作

　　土库曼斯坦第 140-Ⅴ 号法律《消费者保护法》确立了消费者保护领域国家政策的组织、法律和社会经济基础。它规范依照购销合同办理商品零售购销问题。国家在消费者保护领域的政策旨在：保护消费者的权利和合法利益，完善与消费者保护有关的法律基础，确保向消费者提供高质量的商品和服务。为了保护消费者的利益，应当授权消费者自愿成立消费者协会。国家机关通过其主管代表在消费者保护领域实施控制和检查。

　　而《消费者合作法》规定了消费者合作社及其工会成立和运作的法律、组织、经济和社会基础。消费者合作社是由个人和（或）法人在会员资格的基础上，通过其发起人以财产捐献的形式自愿结成的协会，为开展贸易和采购活动、生产和销售产品以及其他活动而有序进行。满足其成员、人口和其他消费者对各种商品和服务的需求，主要是在所在地境内。

　　《消费者保护法》确立了消费者权益保护的法律和制度框架，这对完善市场经济秩序，构建社会主义法治国家意义重大。该法明确规定了国家在消费者权益保护方面的政策，包括保护消费者权利，完善相关法律基础，提供高质量商品服务等。这为各级政府制定保护消费者权益的政策法规提供了根本遵循。同时，该法也明确了消费者的重要权利，如获得商品信息、质量承诺、申诉和赔偿等权利。这些权利的法定化，使其具有法律约束力。此外，该法还设想建立消费者协会，这有利于组织和维护消费者权益。需要注意的是，该法在执法监管和违法惩处等方面可能还有不足，这需要进一步完善。

消费者协会的主要目标是：组织批发和零售贸易、公共餐饮；实施采购活动，包括通过向民众、个体企业家和法人购买农产品和原材料、私人农场和工艺品、野果、浆果和蘑菇、药用植物和技术原材料；农产品、食品和非食品、工业和技术用途产品的制造；生产消费品、创造就业机会、发展民族手工业和工艺；在贸易和服务体系中采用最佳做法消费社会的现代化，制定和实施创建新结构的提案；向民众提供有偿服务；参与国际合作运动并促进国际社会基础和目标的股东之间的关系。消费者合作社应有权根据现行立法设想的方式购买地块和土地份额。

《消费者合作法》对规范和发展消费者合作组织具有重要作用。该法明确了消费者合作社的性质、宗旨和运作原则，为其提供了法律地位保障，有助于发展消费者自身的经济组织，维护消费者权益。该法赋予了消费者合作社开展业务的权利，包括贸易、餐饮、采购、加工、服务等，这有利于发挥其维护会员和广大消费者利益的功能。同时，该法也对消费者合作社的业务范围和权利进行了必要限制，防止其商业化和营利化。这对保持其公益性质具有重要意义。此外，该法还规定了消费者合作社的组织原则和运作规则，这对规范其发展也至关重要。

总之，这两部法律为土库曼斯坦维护消费者权益和规范市场经济秩序发挥了重要作用。但随着经济社会发展，也需要继续改进和完善相关法律，加大执法力度，严格惩处损害消费者权益的违法行为，更好地维护广大消费者的合法权益。

## 八、创新活动法

土库曼斯坦《创新活动法》规定创新活动，确保产生新事物并在实践中取得结果的活动；新事物，智力活动的结果（新的知识、技术解决方案、试验或样品等），作为公民法律关系的客体，具有：新颖性，即与现有类似产品相比具备新的品质、属性和其他特征；实际应用性，从消费效用和安全角度来看；竞争力和经济效益。

（一）总则

总则部分共有 3 个条文，对创新活动法中的基本概念进行了较为详细的界定，主要涉及 16 个概念的解释，包括：创新活动：确保产生新事物并在实践中取得结果的活动；新事物：智力活动的结果，作为公民法律关系的客体，具有新颖性、实际应用性、竞争力和经济效益；创新：已经引入公民流通的创新产品；创新产品：创新活动的结果，可以分为产品、过程、营销和组织 4 种创新类型；创新过程：创新活动实施的连续阶段；国家创新体系：创新活动法律关系的组织体系；国家创新政策：国家支持和激励创新的措施体系；创新企业：进行创新活动的企业；创新创业：与创新产品相关的创业活动；创新市场：创新供给和需求的形成领域；创新风险：未能实现创新目标的可能性；技术转移：将创新从开发转向应用的举措；创新潜力：进行创新活动的各种资源汇聚；创新基础设施：支持创新活动的专业服务机构集合；创新规划：创新项目集合，解决创新任务；创新项目：开发创新产品的一系列工作。

明确创新活动法律关系中的基本概念，有助于各方对法律文本形成共同认知，进而在创新活动中达成一致理解，这是制定法律的基本方法与要求。可以减少概念含糊不清带来的误解，防止不同解释导致的纠纷，有利于维护各方在创新活动中的权益；可使各方对国家在创新活动方面的态度和价值取向达成一致，有利于各方积极主动地参与创新活动；使创新活动的内涵与外延有了清晰边界，有利于创新主体及监管部门正确理解法律规定的适用范围。从确保各方权益、减少纠纷、形成共识、明晰范围等方面看，明确定义基本概念，皆符合竞争法和法理关于立法应当明确、精准的要求。这为其他章节的规定提供了基础与前提。

（二）创新活动的种类、客体和主体

这部分共有 4 个条文，对创新活动做了较为全面的描述，规定了创新活动的种类，创新活动类型广泛，既包括研发创新产品，也包括应用新理念改善社会管理、进行工程技术服务、提供信息支持等与创新相关的各类活动。界定了创新活动可以作用的客体范围，创新客体同样非常广泛，包括知识产权、新技术、新产品、组织模式、工艺设备、管理模式等。指明了可以成为创新主体的范围，创新主体既包括直接从事创新活动的个人和组织，也包括相关的政府部门、投资人、中介服务机构等利益相关方。列举了鼓励开展创新活动的动机，动机来源于市场竞争、生产需求、组织效率等方面。

从竞争法和法理判断，这部分规定开放、包容、明确地指明创新活动的范围与形式，它基本覆盖了创新活动可能涉及的各个方面，这有利于发挥社会各方面的创新潜力与积极性，有利于促进技术创新和产业升级，提高经济竞争力。

因为，明确创新活动、客体和主体的范围，可以消除各方对自身创新可能受到限制的顾虑，从而激发创新动力；界定各类创新活动，可以引导社会资源向不同创新领域聚集，形成创新合力；指明广泛的创新形式，可以促进各类组织机构发挥其优势开展创新，提高资源配置效率；鼓励各类主体参与创新，可以形成合力，获取更多社会资源支持创新事业。所以，这部分规定从激发创新活力、社会力量、调动创新资源等方面，契合了竞争法和法理关于立法应当积极引导的价值取向。

（三）国家创新政策

这部分通过 5 个条文确立了国家支持和规范创新活动的方针、任务和原则：明确了国家创新政策的目标是支持和激励创新，以实现经济发展和提升民生。这与国家的职责相一致。规定了国家创新政策要完成的主要任务，涵盖了制定规章、建设体系、预测技术、提供支持、组织人才等多个方面。这为国家创新政策提供了指导思想和行动纲领。提出了国家创新政策应遵循的原则，要求创新活动符合国家发展方向、体现公平、发挥市场作用、吸引投资、保护创新主体权益等。这为规范国家创新政策提供价值取向。明确了国家创新政策的形成程序，分为预测、战略、规划和项目四个阶段。形成程序科学系统有利于使创新政策与国家发展战略相协调。

对地方政府也提出了要制定区域创新政策并负责实施的要求，这有利于结合地方实际发展创新事业。从竞争法和法理判断，这部分规定清晰系统地指明了国家在创新领域的价值取向、行动纲领和活动程序，有利于各地方和部门在一个相对统一的政策框架内推动创新工作。

其主要价值在于明确国家支持创新的政策立场，可以给予创新主体足够的预期和信心；提出支持创新的工作任务，可以增强国家各部门的责任感和针对性；设立科学的政策形成机制，可以使国家创新政策更加符合国情和需求。

（四）支持创新活动

这部分通过 6 个条文，规定了国家支持创新的具体方式和条件：指明了支持创新的目标是促进经济发展和提升公民福祉；提出了支持创新应当有效、公平、透明等基本原则；明确了支持创新的重点领域，包括融资、税收、信息服务、人才培养等；详细规定了可以采取的各种融资支持方式，如国家投入、风险投资、创新基金等；明确了可以给予创新企业以土地、办公场地等方面的支持；提出了通过制度建设激励知识产权创造和应用的措施；要求国家建立创新人才培养和引进的相关制度。这些规定从各个方面为创新活动提供了政策支持和资源保障，为激发社会创新活力提供制度基础。

多渠道支持可以使创新主体更容易获得所需资源；明确支持创新的原则，有利于形成公正的支持环境；完善的制度设计可以进一步激发创新主体的积极性。符合竞争法和法理关于国家应积极支持市场主体、创造公平环境的要求。

（五）创新基础设施

这部分通过 9 个条文明确了创新基础设施的内涵与作用，明确定义了创新基础设施，是支持创新活动的专业服务机构；详细列举了创新基础设施可以提供哪些服务，涵盖了技术支持、咨询服务、人才培养、信息支持、资金支持等方面；列举了创新基础设施的典型机构形式，如科技园区、技术中心、孵化器等；明确规定了各类创新基础设施机构的主要功能定位；明确了可以依法设立创新基金和风险投资基金，支持创新活动；授权政府可以建立国家创新基金，提升创新活力。

这些规定明确定义并支持发展多种形式的创新基础设施，为创新主体提供了强有力的服务支撑，也为政府部门更好地支持和监管创新活动提供了平台和手段。其价值在于发展创新基础设施，可以提高创新资源的集成效率；多样的创新服务机构，可以更好地适应创新主体的不同需求；规范创新基础设施发展，可以有效防止资源浪费和重复建设。

（六）规范创新活动相关合同

这部分通过 3 个条文对创新活动中的主要合同类型进行了规定，明确了合同是创新主体之间合作的主要形式；列举了可能涉及的合同类型，如产品开发合同、合作开发协议、技术转让合同等；对特许经营、再许可、技术进口等类型合同提出了规范要求。这些规定为保障创新活动中各方权益提供了法律依据，也提高了交易效率，具有以下价值：

规范合同关系，可以防止因合作产生纠纷；明确合同要点，可以保护参与方权益；完善的创新领域交易规则，可以降低交易成本。

（七）保护创新主体权利

这部分通过 5 个条文强调了对创新主体权利的保护，明确创新产品知识产权原则上归开发方所有；规定国家对利用财政资金产出的创新成果拥有使用权；要求对国家秘密信息的流通实施管制；要求各类技术信息、知识产权等实行登记保护制度；明确可以采取各种方式保护创新不被侵害。这些规定在平衡国家、社会公共利益与个人、组织权益之间取得了合理的调节。

其价值在于明确创新成果所有权，维护创新主体权益；兼顾国家与社会公共利益，防止资源挪用；建立健全知识产权保护制度，保障各方权益。

（八）国际合作

最后这部分通过 2 个条文，鼓励并规范了创新领域的国际合作，提出在遵守法律与国家利益前提下，可以开展国际合作与交流；明确了可以开展的国际合作形式，如信息共享、人才培养、机构合作等。这体现了立法者积极利用全球创新资源来服务本国发展的思路。

其价值在于鼓励国际合作，可以促进资源共享、提高国家创新水平；

明确国际合作原则，可以防止损害国家利益。

总体来看，这部法律比较完整地规定了一个国家创新法律制度框架，其核心价值在于明确国家支持创新的政策立场，提供制度保障；扩大创新领域，激发社会创新活力；规范创新行为，平衡不同利益需求；积极推动国际合作，利用全球资源。

当然，这部法律的实际效果还有赖于执法和具体实施，需要各方共同努力。但其法律上的设计与价值基本是科学、合理的。


## 九、土库曼斯坦总统关于建立国家农业股份公司的决议

（一）决议的主要内容

决定成立国家农业股份公司，任务是大规模生产小麦、棉花等农产品；要求相关部门将闲置土地划转给该公司使用；明确了该公司的组建方式、经营范围和部分优惠政策；要求制定相关法规，保障该公司的合法运行。

（二）决议的主要价值

从竞争法和法理的角度看，这一决议具有以下几点积极作用：首先，支持发展大规模农业生产，可以提高生产效率，增强农产品供给能力，这符合提高资源配置效率的要求；开发利用土地资源，可以增加就业和收入，这有利于提高农民购买力，提升农民生活质量和水平，进一步促进国民经

济发展。

给予税收等方面的优惠，可以降低公司运营成本，提高其竞争力，这符合支持产业发展的导向。要求修改相关法规，使公司在法治环境中运行。这符合法治精神，政府支持发展新型农业经营主体，可以增强农业竞争力，提高农民收入，这对农业现代化有利。

（三）决议的不足

这一决议在以下几个方面还存在可以改进的空间：第一，没有充分论证大规模农业的优势，存在只发展一种模式的风险。第二，划转土地的程序不够透明和公平，可能影响农民利益。第三，给予的税收等优惠幅度过大，存在扭曲竞争的可能。第四，决策过程中缺乏利益主体充分表达意见的环节，公众参与不足。第五，对公司运营监管和约束不明确，存在权力寻租的风险。总体来看，这一决议对发展现代农业具有重要导向作用，但在制度设计和决策程序上还有完善空间。需要在实施中注意平衡不同利益主体，防止垄断和权力过度集中等问题的产生。

# 第三节　土库曼斯坦竞争法的理论依据

## 一、市场经济理论

土库曼斯坦竞争法建立在市场经济理论基础之上。市场经济强调用价格机制配置资源，政府只负责维持竞争秩序。土库曼斯坦竞争法的目的也是通过规制企业行为，防止不正当竞争，保护市场公平竞争。这与市场经济"看不见的手"思想一脉相承。可以说，市场经济理论是土库曼斯坦制定竞争法的出发点和理论前提。

## 二、新制度经济学

新制度经济学，20世纪60年代兴起于英美国家的一个经济学流派，科斯、诺斯和威廉姆森等人为其代表人物。它主要运用哲学、社会学和心理学方法分析制度的生成及其运行的做法，试图利用新古典经济学的理论与方法解释制度的构成和运行，阐释制度因素在经济体系运行中的地位和作用，寻求制度分析与新古典经济学的耦合，以建立一个涵盖资源、技术、偏好和制度等所有重要经济变量的经济分析体系。其基本内容主要包括产权理论、交易费用理论、契约理论、企业理论、国家理论、法经济分析、制度变迁以及新经济史等方面。[①]分析了制度如何影响经济效率。土库曼斯坦竞争法正是通过设立竞争制度，来规范竞争秩序、减少交易成本、保护市场主体权益、激发市场主体创新创造活力、促进经济发展。禁止卡特尔、滥用市场支配地位等制度设计，都与新制度经济学强调产权明晰、合同履行、诚信环境等制度要素的经济效果分析方法一致。

### 三、公平与效率

土库曼斯坦竞争法在公平与效率之间求取平衡。市场竞争秩序的规制以社会整体效益优先为其基本准则，以追求效率为重点，其目的是保护竞争。市场经济的要旨在于充分利用市场机制在资源配置方面的效率作用。土库曼斯坦竞争法通过惩治反竞争行为来纠正市场失灵，维护公平合理的竞争秩序，同时也考虑企业效率与消费者福利，允许某些市场主体存在一定市场支配力。这种平衡公平和效率的法理基础，也是土库曼斯坦竞争法的重要理论内核。

### 四、政府与市场

土库曼斯坦竞争法反映了政府与市场的互动关系。市场失灵客观上需要政府干预，但政府干预只是手段，其目的在于协调个体利益与整体利益、经济自由与经济秩序、形式公平和实质公平、个体效率与社会整体效率、经济竞争与经济合作、私人物品与公共物品、微观经济与宏观经济发展之

---

① 程恩富，胡乐明.经济发展的新制度经济学理论批判——《新制度经济学》再版前言[J].
学术评论,2022,(06):65-67.

间的关系，使之从失衡走向均衡状态。土库曼斯坦竞争法赋予政府监管职能，通过国家力量干预市场，可以规范企业行为，但又设定了监管的界限，不能过度扩张政府权力。这种授权与限权相结合的方式，调和政府与市场关系的法理精神，也贯穿于土库曼斯坦竞争法之中。

### 五、法经济学

土库曼斯坦竞争法吸收借鉴了法经济学的相关理论成果。例如在规制市场支配力时参考了相关经济模型分析，这种运用法经济学方法实现法律与经济的有机结合，也是土库曼斯坦竞争法制定的重要理论资源。

### 六、国际竞争法规

土库曼斯坦竞争法参考了欧美等发达国家的成功立法经验，使土库曼斯坦的相关法规与国际标准接轨，这对土库曼斯坦融入世界经济具有重要作用。国际竞争法规也成为土库曼斯坦竞争法制定的重要理论来源。

## 第四节　中国与土库曼斯坦国竞争法律制度比较

### 一、立法方式不同

中国的竞争法律体系中主要包含《反垄断法》和《反不正当竞争法》两大部门法。中国《反垄断法》是一部较为完整和系统的专门立法。早在1994年，反垄断立法就被列入了第八届全国人大常委会立法规划。2007年8月30日，第十届人大常委会表决通过《反垄断法》，并于次年8月1日起正式实施。随着社会经济的发展，平台经济领域的垄断行为频发，中国《反垄断法》在2022年进行修订，增加规定了对平台经济领域垄断行为的规制，增加规定了"轴辐协议"，使中国的竞争法律体系进一步完善，适应社会经济发展的需要。中国《反垄断法》从体例上分为总则、垄断协议、滥用市场支配地位、经营者集中、滥用行政权力、调查程序、法律责任等章节，条理清晰，内容明确。中国《反不正当竞争法》，在 1993 年 9 月 2 日第八届全国人民代表大会常务委员会第三次会议通过，2017 年 11 月 4 日第十二届全国人民代表大会常务委员会进行了第三十次会议修订，并于 2022 年 11 月 22 日，市场监管总局起草了《中华人民共和国反不正当竞争法（修订草案征求意见稿）》，向社会公开征求意见，以适应社会经济发展的变化。中国《反不正当竞争法》从体例上分为总则、不正当竞争行为、对涉嫌不正当竞争行为的调查、法律责任、附则五个章节，明确规定了市场主体在市场竞争过程中实施的混淆行为、虚假宣传行为、侵犯商业秘密行为、不正当有奖销售行为、商业贿赂行为、诋毁他人商誉行为以及互联网领域的不正当竞争行为的构成要件及法律责任，体系结构完整；土库曼斯坦相关法规结构不够系统，有关竞争条款散见于《土库曼斯坦创新活动法》《土库曼斯坦总统关于建立国家农业股份公司的决议》《土库曼斯坦消费者合作法》《土库曼斯坦消费者保护法》《企业法》《土库曼斯坦工业家和企业家联盟法》等不同法规中，未形成统一法典。

## 二、执行机构的专门性不同

中国《反垄断法》规定国务院设立反垄断委员会指导反垄断工作，负责反垄断工作的组织协调。另设国务院反垄断执法机构，负责反垄断执法工作。《反不正当竞争法》规定国务院建立反不正当竞争工作协调机制，各级人民政府采取措施，制止不正当竞争行为。[①] 并设有国家市场监督管理总局以及各级政府设有专门的市场监督管理部门；土库曼斯坦没有设置专门的反垄断机构，有关监管职责分散在多个部门。中国实行中央和地方反垄断执法机构垂直领导体制，地方从中央反垄断机构垂直领导；土库曼斯坦没有建立反垄断执法机构垂直领导体系，各部门平行监管。

---

① 参见《中华人民共和国反不正当竞争法（2019 修正）》，第三条。

### 三、法律条文的明确性不同

中国的竞争法体系既包括对垄断行为的规制也包括对不正当竞争行为的规制。中国《反垄断法》对各类垄断行为做了明确规定，包括垄断协议行为、滥用市场支配地位行为、经营者集中行为以及行政性垄断行为四大方面，并详细规定了具体的垄断行为，如价格垄断、拒绝交易、市场分割、搭售商品、联合抵制、掠夺定价、拒绝交易、差别待遇、未依法申报经营者集中、行政性强制经营、地区垄断等；中国《反不正当竞争法》对各类不正当行为的表现形式、认定规则及法律责任进行了明确的规定，如在互联网领域的不正当竞争行为的规定中明确区分网络领域的传统不正当竞争行为与网络领域特有的不正当竞争行为的不同；土库曼斯坦相关法规对垄断行为的规定比较原则和概括，具体类型不如中国法明确。

中国对经营者集中进行了详细的信息报告和审查规定。土库曼斯坦法规未做类似规定；中国还对行政机关干预市场经济做出了限权的规定土库曼斯坦法规未对政府干预经济做出限权的规定，因此极易引发权力寻租的问题。

### 四、反垄断责任的具体性不同

中国《反垄断法》对不同违法行为规定了从责令停止违法行为、没收违法所得，到并处上一年度 1% 至十倍销售额罚款等多种行政处罚，还根据实际情况辩证性地规定了宽恕制度和反垄断法适用除外的内容。《反不正当竞争法》对于经营者不同程度的违法行为也从民事责任、行政责任和刑事责任三个方面进行了全面的规定，并且将行政主体也纳入其法律规制的范围之中；土库曼斯坦对违法行为的处罚规定属于原则性概括，比较宏观，没有明确的罚款幅度和标准。

中国对自然人也规定了罚款处罚。土库曼斯坦相关规定仅针对法人；中国对行政机关滥用行政权力排除、限制竞争也做了处罚规定，土库曼斯坦未作规定。

## 五、违法行为的认定方式不同

中国对不正当竞争行为、经营者集中、市场支配地位以及是否滥用做了详细的认定标准和分析方法，并规定了推定市场支配地位的具体市场份额标准；土库曼斯坦相关规定较原则和概括，没有细致的认定分析标准。

中国规定调查程序时可以采取询问、检查、查封账目等多种调查措施。土库曼斯坦未做类似规定；中国对商业秘密保护也做了详细规定。土库曼斯坦较简单。

综上，中国《反垄断法》和《反不正当竞争法》作为比较系统和完善的专门立法，在立法体系、组织机构、法律条文、执法手段、处罚和认定标准等方面，都更加细致严谨、具体明确。土库曼斯坦相关规定较为原则和分散，竞争法制建设还有待进一步完善。中国竞争法律框架更加完备，也为土库曼斯坦今后竞争法立法提供了借鉴经验。依据土库曼斯坦国内政府体制、法律体系、经济发展状况等方面目前与中国发展状况的不同，笔者认为土库曼斯坦可以在以下几个方面借鉴中国经验：

第一，土库曼斯坦没有实质性的反垄断、反不正当竞争立法，也没有系统性的竞争政策。政府对经济的管制非常严格，大多数行业都由国有企业主导，真正的市场竞争机制并未确立。这与中国正在大力推进建立统一开放、竞争有序的市场体系形成强烈对比。可以明显看出，对转型经济国家而言，推进竞争政策与立法对发展市场经济、提高资源配置效率具有重要作用。我国在这方面的探索与经验可以为其他转型经济国家的竞争法律制度建设提供借鉴。

第二，土库曼斯坦各层级官员腐败问题十分严重，这既严重扭曲了公平竞争环境，也大大降低了政府的管理效率和执行力。这再次表明，厉行廉政、树立服务意识对政府部门来说至关重要。中国在改革开放早期也曾一度存在较为严重的腐败问题，经过持续深化政务公开、监督体系建设等举措已经取得显著成效。这方面的经验或许对土库曼斯坦也具有一定借鉴作用。

第三，土库曼斯坦的司法系统不够独立，很难对行政部门形成有效制约。这既导致无法有效制止滥用行政权力的行为，也无法提供公正的经济纠纷解决途径。中国正全面深化司法体制改革，努力维护司法权威，这对保护市场主体合法权益、营造公平竞争环境至关重要。土库曼斯坦的情况突出表明，没有独立公正的司法监督，很难建立规范有序的市场经济。

第四，土库曼斯坦的媒体与信息高度受政府控制，民众获取信息的渠道相当单一和贫乏。信息流通不畅，既阻碍了消费者做出理性选择，也限制了企业充分了解市场状况。这方面的进步有助于增强经济活力和竞争力。

第五，土库曼斯坦的民间组织发展十分缓慢，独立的行业协会和企业联合体较少。这不利于民间力量对政府制衡，也限制了企业表达诉求和开展自律的途径。中国正在大力鼓励和引导民间组织健康发展壮大，这对构建统一开放的市场体系发挥着重要作用。其他国家也可能从中获得启发。

第六，土库曼斯坦的对外开放程度较低，与周边国家的经济合作也较为被动。这导致土库曼斯坦不能充分利用国际国内两个市场的资源与机遇。中国经过40多年改革开放，深度融入世界经济，这对提升产业国际竞争力和促进企业创新发展起到了重要推动作用。土库曼斯坦的情况表明，过度封闭的市场难以获取新的发展动力。

总体来看，土库曼斯坦的竞争法律和政策建设还比较薄弱，市场经济有待进一步完善。这与中国持续深化市场化改革形成鲜明对比，中国在这方面积累的经验或许可对土库曼斯坦产生一定启发作用。同时，土库曼斯坦也给我们一些负面案例，这有助于我们更好认识市场经济建设中应该防范和避免的问题。

# 参考文献

一、中文著作

1. [ 美 ] 张伯伦 . 垄断竞争理论 [M]. 郭家麟译 . 北京：生活·读书·新知三联书店 , 1958.

2. [ 美 ] 保罗·A. 萨缪尔森、威廉·D. 诺德豪斯 . 经济学（第十七版）[M]. 萧琛主译 . 北京：人民邮电出版社，2004.

3. 叶卫平 . 反垄断法价值问题研究 [M]. 北京：北京大学出版社，2012.

4. 国家市场监督管理总局反垄断局编 . 一带一路相关国家反垄断法汇编上下 [M]. 北京：法律出版社，2021.

5. 王晓晔 . 反垄断法 [M]. 北京：法律出版社，2011.

6. 弗里德里希·冯·哈耶克 . 哈耶克文选 [M]. 南京：凤凰出版传媒集团、江苏人民出版社，2007.

7. 王先林 . 竞争法 [M]. 北京：中国人民大学出版社，2023.

8. 时建中：反垄断法———法典释评与学理探源 [M]. 北京：中国人民大学出版社，2008.

9. 魏磊杰等 . 土库曼斯坦民法典 [M]. 厦门：厦门大学出版社，2016.

10. 中国石油天然气集团有限公司国际部 . 土库曼斯坦法律法规汇编 [M] . 北京：石油工业出版社，2021.

11. 中华全国律师协会 . "一带一路"沿线国家法律环境国别报告 [M]，北京大学出版社 .2016.

12. 王富忠 . "高山之国"塔吉克斯坦／一带一路沿线国家经济社会发展丛书 [M]. 西南财经大学出版

二、中文期刊和论文

1. 廉秀丽 . 塔吉克斯坦税收法律制度研究 [D]，新疆大学，2016.

2. 商务部国际贸易经济合作研究院 . 对外投资合作国别（地区）指南——土库曼斯坦 [Z]，2022.

3. 马幸荣 . 乌兹别克斯坦共和国竞争法评析 [J]. 俄罗斯东欧中亚研究，2015(05).

4. 马幸荣 . 经济转型国家竞争立法变迁路径及对我国的启示——基于对俄罗斯、乌兹别克斯坦、越南竞争法的分析 [J]. 东北师大学报（哲学社会科学版），2015(06).

5. 马幸荣 . 乌兹别克斯坦经济改革与发展——基于竞争法的考察 [J]. 伊犁师范学院学报（社会科学版），2015(04).

6. 王国英，孙壮志 . 乌兹别克斯坦的经济体制改革 [J]. 东欧中亚市场研究，2002(02).

7. 秦放鸣，王庆燕 . 中亚经济转轨对我国经济体制改革的启示 [J]. 新疆大学学报（哲学社会科学版），2001(04).

8. 陈江生 . 中亚的转轨：乌兹别克的经济变革与发展 [J]. 中共石家庄市委党校学报，2006(10).

9. 石越洋 . 浅谈乌兹别克斯坦经济体制改革 [J]. 中国集体经济，2021(15).

10. 王炜，刘琴 . "一带一路"倡议下深化中乌金融合作的思考——以乌兹别克斯坦经济改革为视角 [J]. 新疆社科论坛，2019(02).

11. 张晓玲 . 可持续发展理论：概念演变、维度与展望 [J]. 中国科学院院刊，2018(01).

12. 张江莉，张镭 . 平台经济领域的消费者保护——基于反垄断法理论

和实践的分析 [J]. 电子政务，2021(05).

13. Э.Т. 阿里波夫，高晓慧. "一带一路"：乌兹别克斯坦的新机遇 [J]. 欧亚经济，2019(05).

14. 李宁，施惠. "丝绸之路经济带"视域下中国与乌兹别克斯坦的经济合作研究 [J]. 实事求是，2017(02).

15. 伊尔纳扎罗夫，王时芬. 哈萨克斯坦和乌兹别克斯坦独立以来的转型战略：悖论和前景 [J]. 俄罗斯研究，2009(05).

16. 郝韵，张小云，吴淼. 乌兹别克斯坦创新发展分析 [J]. 世界科技研究与发展，2014(05).

17. 薛旺兵，孙华. 乌兹别克斯坦经济改革历程探析 [J]. 西伯利亚研究，2019(05).

18. 李宝琴，徐坡岭. 乌兹别克斯坦新政及其对中亚区域合作的影响 [J]. 开发研究，2020(01).

19. 艾丽菲热·艾斯卡尔. 新时期中国与乌兹别克斯坦双边关系探析 [J]. 伊犁师范学院学报 ( 社会科学版 )，2019(02).

20. 李莹莹. 中国与乌兹别克斯坦合作 30 年：基本经验与前景 [J]. 中国外资，2022(23).

21. 赵青松. 中国与乌兹别克斯坦经贸关系：历史、现状与前景 [J]. 新疆财经，2014(05).

22. 顾华详. 论国际合作发展视野下的中亚五国经贸法律制度 [J]. 乌鲁木齐职业大学学报，2008(03).

23. 苏畅. 从"边缘地带"到"枢纽地带"：中亚稳定的地缘政治视角分析 [J]. 俄罗斯中亚东欧市场，2023(05).

24. 金欣. 中亚国家民法典编纂：国家建构、民族性与现代性 [J]. 俄罗斯中亚东欧市场，2022(07).

25. 岳强. 塔吉克斯坦法治建设新进展 (2016—2018)[J]. 西伯利亚研究，2019(08).

26. 孙瑜晨 . "一带一路" 倡议中经济法的功能担当及制度供给 [J]. 政治与法治研究，2018(12).

27. 李小明 . 俄罗斯行政垄断规制问题比较研究 [J]. 财经理论与实践，2016(05).

28. 孙超 . 我们是谁？—塔吉克斯坦的认同政治 [J]. 俄罗斯中亚东欧市场，2015(03).

29. 顾德警 .2012 年塔吉克斯坦政治发展的内部影响因素分析 [J]. 前沿，2013(14).

30. 刘国胜 . 哈萨克斯坦共和国《反垄断法》述评 [J]. 俄罗斯中亚东欧市场，2010(10).

31. 冯辉 . 论时代需要的竞争法与竞争法的时代价值 - 从公私对峙到公私融合 [J]. 政治与法律，2010(12).

32. 曾向红 . 中亚各国国家民族的构建：以塔吉克斯坦为例 [J]. 国际政治研究，2006(12).

33. 阿热阿依·赛力克 . 试析《哈萨克斯坦竞争法》[J]. 伊犁师范学院学报 ( 社会科学版 )，2016(02).

34. 薛远远 . 哈萨克斯坦数字化发展法律困境及对策 [J]. 伊犁师范大学学报，2022(01).

35. 吴云峰 . 跨国并购反垄断法规制问题研究 [D]. 上海交通大学，2008.


三、英文期刊

1. Obidov Z,Dodoboev Y,Homidov B. Innovative development of agricultural production in Uzbekistan: condition and prospects[J]. *IOP Conference Series: Earth and Environmental Science*,2019,274(1).

2. J.M. Clark, Towards a Concept of Workable Competition, (1940) 30 *American Economic Review*, pp.

3. Projects to export gas from Russia, Turkmenistan should only compete on

market terms - official[J]. *Interfax : Russia & CIS Energy Newswire,*2019.

4. Yerkebulan S. Political Culture and Participation in Russia and Kazakhstan: A New Civic Culture with Contestation?[J]. *Slavonica,*2021,26(2).

OFFICIAL NEWS; Kazakhstan to adopt new approaches to competition development[J]. *Interfax : Kazakhstan Oil & Gas Weekly,* 2021.

# 后　记

　　本书为伊犁师范大学中国新疆与周边国家合作发展研究中心开放课题"中亚五国竞争法律制度研究"（项目编号：2015ZBGJZX08）的研究成果。中亚是亚欧大陆的中心，是毗邻中国西部的重要地区，是"联通东西、贯穿南北的十字路口"，更是"一带一路"的首倡之地。中国与中亚的经济贸易往来和合作共赢，具有发展的时代性和研究的必要性。正如习近平主席在 2023 年中国 - 中亚峰会上的主旨讲话所言，"加强机制建设""拓展经贸关系""深化互联互通""扩大能源合作""推进绿色创新""提升发展能力""加强文明对话"已经成为中国 - 中亚发展开辟出的新前景。市场是经济活动和经济发展的重要基础，竞争是市场配置资源的重要方式，在中国与中亚五国合作加强的大背景下，当前对中亚五国竞争法律制度研究的更新速度较慢且研究内容较少。因此，帮助读者了解和熟悉中亚国家的最新竞争法律制度，对于我国与中亚国家经济贸易交流合作、企业更好地了解和熟悉当地营商环境，有效裨补阙漏、防范和化解各类市场风险，具有十分重要的现实意义，这也是本书写作的初衷。

　　2023 年全年至 2024 年第一季度，中国与中亚国家互动频繁，经济贸易与人文交往日益密切，成果丰硕：2024 年为中国的哈萨克斯坦旅游年，国家主席习近平于 2024 年 3 月 30 日为旅游年开幕式致贺信强调"两国人文合作方兴未艾，互免签证协定生效，互设文化中心协定签署，鲁班工坊落地，青年交流佳话频传"；2023 年 5 月 18 日上午，国家主席习近平在西

安与出席中国 – 中亚峰会的吉尔吉斯斯坦总统扎帕罗夫、塔吉克斯坦总统拉赫蒙、乌兹别克斯坦总统米尔济约耶夫、土库曼斯坦总统别尔德穆哈梅多夫会谈，将中吉关系提升为新时代全面战略伙伴关系；与塔吉克斯坦元首签署了《中华人民共和国和塔吉克斯坦共和国联合声明》，共同见证签署经贸、互联互通、科技、地方交流等领域多项双边合作文件；通过了《中华人民共和国和乌兹别克斯坦共和国新时代全面战略伙伴关系发展规划（2023—2027）》，深化了与乌兹别克斯坦优先投资项目、减贫、农产品贸易、检验检疫、地方合作等领域的双边合作；同时，表明了中方对与土库曼斯坦合作的态度为"双方要充分发挥互补优势，释放合作潜力，全面提升合作的深度、广度和规模"。

中亚五国属于经济"转型"国家，独立后经济发展虽相对落后，但发展速度普遍较为迅速。虽然每国的竞争法律体系发展程度不同，均有其自身特色和不完善之处，但其对我国竞争法律体系的构建和完善仍具有一定程度上的借鉴作用，而这与我国法学界对中亚五国竞争法律制度研究较少的现状不相适应。当前为数不多的竞争法律制度研究主要集中于哈萨克斯坦一国以及中亚五国整体对外贸易层面。对土库曼斯坦、乌兹别克斯坦、吉尔吉斯斯坦、塔吉克斯坦四国的研究、中亚五国国内具体的竞争法律体系的系统性研究较为稀缺。因此，本书致力于系统性地阐述中亚五国国内竞争法律制度现状并同我国竞争法律体系进行对比，以便读者更为直观系统地了解中亚五国竞争法律体系，弥补当前我国法学界对中亚五国竞争法律制度研究的空缺。

完成本书最大的困难在于资料的欠缺。中亚五国竞争法律体系本身的不完备以及译本的不完整，导致笔者在创作本书时只能四处搜寻零星碎片悉心整理并进一步进行创作。并本着今年事今年毕的原则，选择在跨年这样特别的日子里将本书呈上，以期新的一年能够丰富广大读者的精神世界。在此，要感谢中国商务部网、中亚科技经济信息网、上海合作组织区域经济合作网提供的相关文献。同时，我要感谢我的研究生邱天、买小芳、徐颖、李丹阳同我一起进行本书的创作，感谢闫敏玉、李德维、蔡齐、李双同我一起完成对本书的修改、统校工作，大家认真负责、团结互助、一丝不苟，发扬了朝气蓬勃的团队精神。他们的贡献使本书更加完善和丰富。其中，邱天在哈萨克斯坦和土库曼斯坦竞争法的资料收集和整理方面付出了巨大的努力，他耐心地筛选和整理了大量的文献资料，为本书提供了丰富而准确的信息，他的细致工作为本书的编写扎实基础；买小芳在研究、撰写乌兹别克斯坦竞争法部分做出了巨大的贡献，并完成了整本书的校对和初排，她的专业知识、严谨的学术态度以及对细节的关注，使本书的学术价值得到了显著提升；徐颖作为成稿时行将毕业的研三学生，做出了谦恭俭让的模范表率和个人利益与时间上的巨大牺牲，在参与吉尔吉斯斯坦竞争法部分的撰写与不断修改的同时，她的专业精神也使我们的资料库更加完整而准确，她许多宝贵的意见和建议使本书内容更加充实和有深度，她的努力为本书成稿提供了有力的支持，她力求完美的态度奠定了本书编写的基调；李丹阳在塔吉克斯坦竞争法方面倾注了大量的心血，收集整理文献并参与部分章节的撰写，她的文字表达清晰、准确，为读者提供了易于理解的叙述，她对细节的专注为本书增色不少。本书是大家竭诚合作的结晶。

最后，虽然本人长期从事高等教育工作，但鉴于文献资料和个人水平所限，疏漏和不足在所难免。希望各位专家、领导和同仁能够给予批评指导，以期在今后的研究中能够及时吸收和改正。最后，再次祝愿大家在新的一年万事胜意，喜乐安康！

郭学兰

伊宁市南岸新区家中

2023 年 12 月 31 日